日本内部控制监督实务

Supervision Practice of Japanese Internal Control

（日）日本注册会计师协会授权翻译

企业内部控制标准委员会秘书处
（财　政　部　会　计　司）　　　　组织翻译

（日）山本晃　主译　　刘玉廷　主审

东北财经大学出版社
Dongbei University of Finance & Economics Press

大　连

ⓒ 东北财经大学出版社 2010

图书在版编目（CIP）数据

日本内部控制监督实务／日本注册会计师协会编；（日）山本晃主
译．—大连：东北财经大学出版社，2010.1
（企业内部控制丛书）
书名原文：Supervision Practice of Japanese Internal Control
ISBN 978 – 7 – 81122 – 885 – 4

Ⅰ. 日…　Ⅱ. ①日… ②山…　Ⅲ. 企业管理—经验—日本
Ⅳ. F279. 313. 3

中国版本图书馆 CIP 数据核字（2010）第 003240 号

东北财经大学出版社出版
（大连市黑石礁尖山街 217 号　邮政编码　116025）
教学支持：(0411) 84710309
营 销 部：(0411) 84710711
总 编 室：(0411) 84710523
网　　址：http://www.dufep.cn
读者信箱：dufep@dufe.edu.cn

大连图腾彩色印刷有限公司印刷　　　　　　　　　东北财经大学出版社发行

幅面尺寸：170mm×240mm　　　　字数：370 千字　　　印张：17 3/4　　插页：1
2010 年 1 月第 1 版　　　　　　　　　　　　　　　2010 年 1 月第 1 次印刷

责任编辑：李智慧　刘贤恩　时博　高铭　李栋　　　　责任校对：众 笑
封面设计：张智波　　　　　　　　　　　　　　　　　版式设计：钟福建

ISBN 978 – 7 – 81122 – 885 – 4
定价：36.00 元

翻译说明

  《企业内部控制基本规范》发布以来，内部控制理论与实务受到社会各界的广泛关注。为了研究借鉴世界主要经济体关于内部控制的经验做法和经典文献，加快推进我国企业内部控制体系建设，经日本注册会计师协会独家授权，在世界银行的资助下，我们组织翻译了《日本内部控制监督实务》一书，供企业内部控制标准委员会委员、咨询专家和广大读者参考。

  本书委托信永中和会计师事务所山本晃先生主译，企业内部控制标准委员会秘书长、财政部会计司司长刘玉廷博士主审。参加翻译审核工作的还有财政部会计司李玉环、朱海林、焦晓宁、李莉、王晶、米传军，信永中和会计师事务所郭佳曦、林冬梅、贾昕、黄玲岩、蒋东芳、杨婕、冀语、刘勇、黄芸等。

  东北财经大学出版社为本书的出版做了大量工作，谨此致谢！

企业内部控制标准委员会秘书处

（财政部会计司）

2009 年 11 月

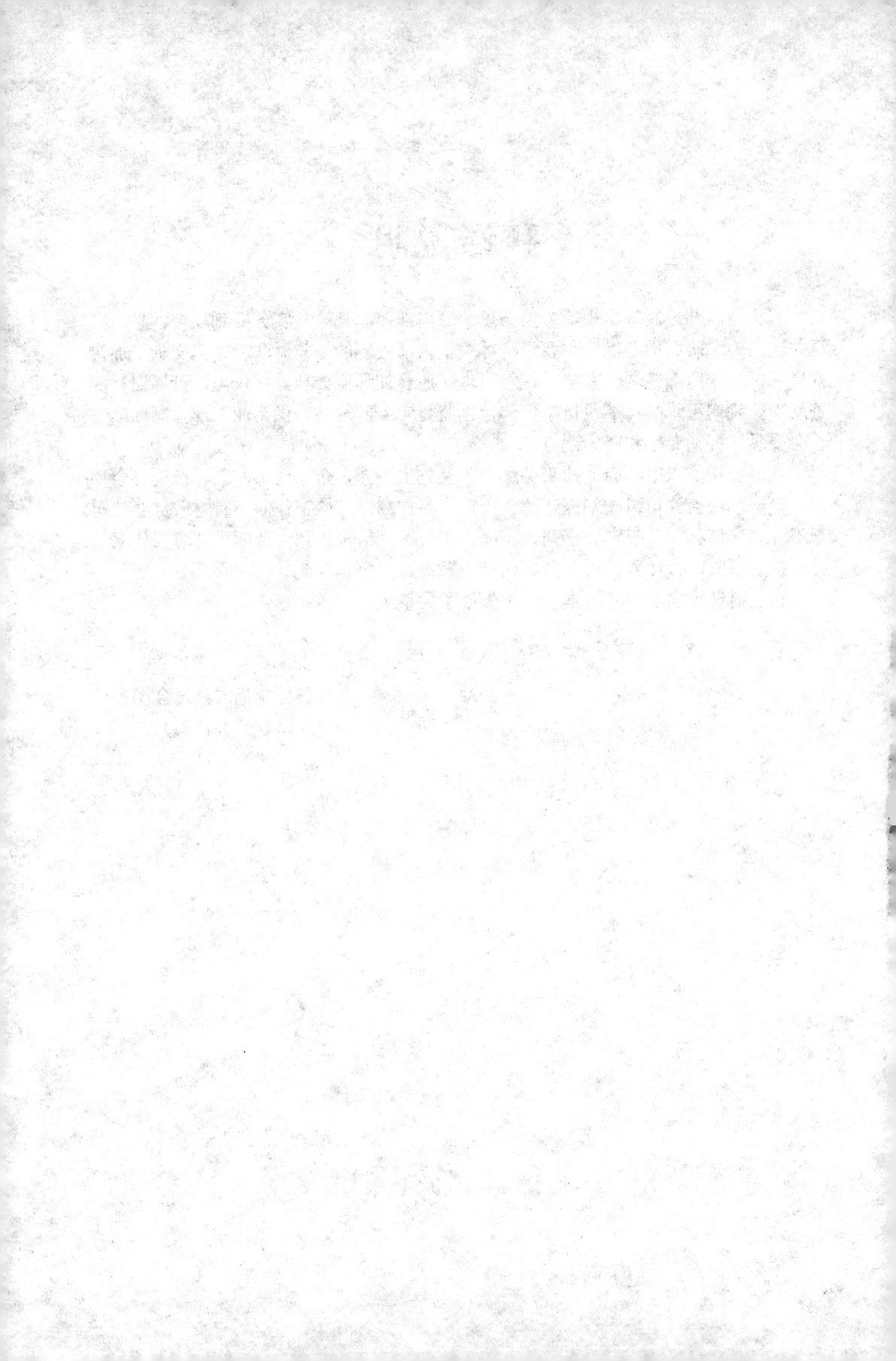

前　言

　　根据 2004 年秋发现的以西武铁道为代表的若干不恰当的信息披露情况,日本金融厅于 2004 年 12 月 24 日总结发布了《关于确保企业决算公开制度可信性的措施》(第二版),要求企业会计审议会对与财务报告有关的内部控制评价标准明确化,以及评价、验证义务化进行研讨。

　　企业会计审议会接受此要求后,于 2005 年 1 月成立了内部控制研究学会,并于 2005 年 1 月 8 日发布了《关于与财务报告有关的内部控制评价及审计基准的制定方法》(以下简称"制定方法")。在此"制定方法"中,记述了应该研讨的充分披露企业内部控制的方法。

　　根据上述事由及研讨事项,在 2006 年 6 月颁布的《金融商品交易法》中引入了内部控制评价和报告制度。从 2008 年 4 月 1 日后开始的经营年度起,上市企业对于与财务报告有关的内部控制需要经管理层评价和审计人员审计。为了准备引入制度,企业会计审议会于 2007 年 2 月发布了《关于与财务报告有关的内部控制评价和审计准则及与财务报告有关的内部控制评价和审计相关实施基准的制定(意见稿)》。

　　日本注册会计师协会针对引入制度,将审计人员实施的具体审计程序、应注意的事项和审计报告例文等归总在内部控制审计实际业务中处理,并于 2007 年 7 月 18 日发表了公开草案。在征求了相关方面的多数意见后,于 2007 年 10 月 24 日发表了审计、保证实务委员会报告第 82 号——《与财务报告有关的内部控制审计实务的处理》。

　　另外,日本注册会计师协会的机关杂志《会计、审计专刊》刊文提出,对于与上述内部控制报告制度相关的一连串举动,应召集相关人员召开座谈会,以供实务参考。这次,日本注册会计师协会出版社整编座谈会的内容,与相关资料一起刊登在出版说明书上,以便相关人员通过本书理解内部控制报告制度及其实务处理。

　　在第 1 章中,日本注册会计师协会审计、保证实务委员会内部控制研讨专门委员会委员长牧野隆一执笔委员会报告第 82 号中心要点等。第 2 章整编刊登了委员会报告第 82 号相关的两次座谈会内容。在第 3 章中,介绍了以金融厅总务规划局企业披露课三井课长等相关人员为中心召开的公开专题座谈讨论会"内部控制与企业舞弊(日本内部控制研究学会)"的内容,以进一步加深对内部控制报告制度的理解。在本书末尾,介绍了内部控制制度的相关资料。

　　如果本书能够在加深内部控制报告制度的理解,同时顺利实施本制度的执行方面,对注册会计师、企业的财务主管有所帮助,我们将深感荣幸。

日本注册会计师协会

会长　增田宏一

2008 年 4 月

目　录

第1章 解说：内部控制报告制度与内部控制审计

内部控制报告制度与内部控制审计

审计、保证实务委员会

内部控制研讨专门委员会委员长　牧野隆一

前言

关于企业合理并高效地推行其业务所需的内部控制，伴随着内外环境的变化，对其重要性的认识也应不断提高。

2006年5月开始施行的《公司法》要求，在设置了董事会的股份有限公司中，内部控制体系设置的相关规定需要进行披露，关于其构成的基本政策由董事会进行决议，该决议的概要应记录于营业报告书中。

另外，2006年6月召开了参议院会议，该会议中决定通过的《金融商品交易法》要求从2008年4月1日后开始的营业年度起，施行与上市企业财务报告有关的内部控制的管理层评价和财务报表须经同一审计师审计的制度。

在此，我想以引入内部控制报告制度的原因为出发点，对与财务报告有关的内部控制的评价及报告、与财务报告有关的内部控制的审计及其意义、日本注册会计师协会于2007年10月24日发布的《与财务报告有关的内部控制审计实务的处理》（审计、保证实务委员会报告第82号）（以下简称"实务处理"）中的要点进行解说。

一、引入内部控制报告制度的原因

2004年秋报道的西武铁道事件是研讨内部控制报告制度的开端。东京证券交易所发现该公司在有价证券报告中，长年对"大股东的状况"做虚假披露，因此决定停止其上市。该公司在有价证券报告中披露为个人所有的股份，实际上是其非上市母公司所有的名义股。

2004年秋，除西武铁道以外，又相继发现了Kanebo化妆品等不符合《证券交易法》（当时）中企业决算公开制度的事例。金融厅在认识到这可能很大程度上动摇了证券市场的可信性的情况下，于2004年11月16日总结发布了《关于确保企业决算公开制度可信性的措施》。

根据《关于确保企业决算公开制度可信性的措施》，作为充实、强化有价证券报告等的审查体制的一环，各财政局指示需要完全披露的企业，自主检查与股东状况有关的有价证券报告书的披露内容，如有必要马上提交修正报告等。

到2005年1月末，需要完全披露企业中的652家企业进行了一些修正并提交了修正报告。自主检查可以说是突然检查，而结果是约14%的需要完全披露企业进行了一些修正并提交了修正报告。

在为了确保《证券交易法》（当时）规定的具有可信性的企业决算公开制度的实施而制定的规定中，虽然有管理层声明书制度、罚款制度等，但金融厅接受自主检查，构筑及充实体制，才便以进行可信性财务报告的审核，即金融厅认识到需要制定规定来充实与财务报告有关的内部控制。对于这一点，应不难想象。

另外，金融厅于 2004 年 12 月 24 日总结发布了《关于确保企业决算公开制度的可信性的措施》（第二版）。作为防止再发生不恰当披露的对策之一，要求企业会计审议会（会长：加古宜士，早稻田大学教授（当时）明确与财务报告有关的内部控制的管理层评价标准及注册会计师等的验证标准，以及明确根据该基准所示的实务有效性等，并对评价及验证的义务化进行研讨。

企业会计审议会在 2005 年 1 月的总会上，通过了内部控制研究会（研究会会长：八田进二，青山学院大学教授）的设置，决定从第二个月开始对基准的策划制定进行研讨。

企业会计审议会内部控制研究会于 2005 年 7 月通过《关于与财务报告有关的内部控制评价及审计基准（公开草案）的发表》，并于同年 12 月，发布了《与财务报告有关的内部控制评价及审计基准的制定方法》（以下简称"基准的制定方法"）。在"基准的制定方法"的开头设置了"一、审议的背景　（1）充实内部控制的重要性"，确定了"因证券交易法规定的企业决算公开，发生了不恰当事例。从这些事例来看，难道不是由于用以确保企业决算公开可信性的企业内部控制没有起到有效的作用吗？另外，日本注册会计师协会的调查报告数据也表明内部控制评价等花费的时间比国外的少。根据这样的状况，为确保企业决算公开的可信性，应认真研讨完善披露企业内部控制的措施"的宗旨。另外，在"（3）今后的工作"中指出，"本研究会期待，相关单位就管理层对与财务报告有关的内部控制有效性的评价及注册会计师等的审计，进行研讨并建立制度。本研究会根据此状况，希望按照需要进行与本基准案有关的进一步研讨"。这样，期待着对制度化讨论有所进展。

"基准的制定方法"公布后，金融审议会于 2005 年 12 月 22 日发布了《面向投资服务法》（暂称）。其中，在"Ⅶ. 披露规则"中，根据"基准的制定方法"，金融审议会认为将管理层对与财务报告有关的内部控制有效性的评价及注册会计师等的审计义务化、制度化是很合适的。《投资服务法》（暂称）最终被命名为《金融商品交易法》，于 2006 年 6 月的参议院会议上通过。据此，上市企业从 2008 年 4 月 1 日后开始营业的年度起，需要自行进行与财务报告有关的内部控制报告评价，将评价结果在内部控制报告中总结，并要配合有价证券报告出具内部控制报告。同时，该内部控制报告应接受对会计报表进行审计的审计师的审计。

再有，企业会计审议会内部控制研究会之后又进行了进一步审议研讨，于 2007年 2 月 15 日发布了《关于与财务报告有关的内部控制评价和审计基准及与财务报告有关的内部控制评价和审计的相关事实基准的制定》。

二、与财务报告有关的内部控制评价及报告

（一）制度概要

与财务报告有关的内部控制评价和报告制度是依据《金融商品交易法》第 24 条 4—4 的。"在按照第 24 条第 1 项的规定应出具有价证券报告的公司（包括按照第 23 条 3 第 4 项规定已出具该有价证券报告的公司，下同）中，第 24 条第 1 项第 1 号刊载的有价证券发行公司的其他政令之规定，在每个营业年度，为确保该公司所属企业集团及与该公司有关的财务核算相关文件的其他信息的适当性，需内阁府令制定体制，即将内阁府令制定时的评价报告（以下简称为"内部控制报告"）与有价证券报告（根据同条第 8 项的规定在同一项中规定的有价证券报告等）合并提交给内阁总理大臣。"

按照《金融商品交易法》第 24 条第 1 项第 1 号，政令规定明确了①股票，②优先出资证券，③发行人为外国人且具备①和②性质的，④预托证券体现的①、②、③有价证券相关权利的是符合条件的（《金融商品交易法实行令》第 4 条 2—7）。

另外，从 2008 年 4 月 1 日后开始，营业年度报告与季度报告同时要求披露，但是内部控制报告制度不适用于季度报告。

如有不提交内部控制报告或做虚假记录的情况，按照处罚规定要处以 5 年以下有期徒刑或 500 万日元以下罚款，或者数罪并罚（《金融商品交易法》第 197 条 2）。

（二）适用对象公司

如制度概要所述，适用对象指上市公司。如果是办理新上市企业，虽然要求内部控制报告与有价证券报告一并提交，但在提交新公开交易的有价证券申报单时，可以不提交内部控制报告。新上市企业在提交最初的有价证券报告时，与内部控制报告一并提交。

（三）委托业务的评价

在确保与财务核算有关的文件的其他信息的适当性所需的体制中，如果公司委托业务，那么也需报告其业务。

如果受托者是国家或者地方公共团体或者此类机关，则不受此限（内部控制府令指导方针 3—1）。虽然有法律等规定，委托公司也没有整备、评价与该委托业务有关的内部控制的余地。以此为标准的机关，例如日本银行，在实务上，在个别、具体的委托业务中做出适当的判断。

（四）内部控制报告

经营者编制的内部控制报告的表述、格式、编制方法是按照内部控制府令制定的。关于内部控制府令未作规定的事项，遵从"一般公认为公允妥当的与财务报告有关的内部控制评价的标准"（内部控制府令第1条第1项）。

至于内部控制报告的记录事项，国内公司是1号样式，外国公司是2号样式。以下以1号样式为例，介绍一下内部控制报告的主要记录事项。

（1）代表人的职位、姓名

按照《金融商品交易法》第27条30—5第1项的规定，如果以书面形式提交内部控制报告，需要代表人亲笔签字并加盖本人印章。一般情况下，代表人即是董事长兼总经理。

（2）最高财务负责人的职位、姓名

公司如果设置了与财务报告有关的、负有代表人责任的人员为最高财务责任者（即CFO），则记录该人的职位与姓名。在这里，如果公司设置了与财务报告有关的、负有代表人责任的人员，则指的是该人员，不包含单纯担当财务工作的人员（内部控制府令指导方针4—1）。

虽然"负有代表人责任的人员"指的是居于仅次于最高经营责任人的职位、总体负责内部控制的人，但是并不限于特定的职位等。"管理层确认书"的签字人，不一定一致。

（3）与财务报告有关的内部控制的基本结构的相关事项

记录以下事项：

a. 代表人和最高财务负责人负有设计、维护与财务报告有关的内部控制和运用的责任

b. 设计、维护和运用与财务报告有关的内部控制时遵从的基准名称

c. 依靠与财务报告有关的内部控制有可能无法完全防止或发现财务报告的虚假记录

2007年2月企业会计审议会发表的基准、实施基准符合"b. 设计、维护和运用与财务报告有关的内部控制时遵从的基准"。

（4）与评价范围、基准日和评价程序有关的事项

记录以下事项：

a. 进行与财务报告有关的内部控制评价的标准日

一般为期末日。如果变更了基准日，应记录其要点和变更理由（内部控制府令第5条第2项）。

b. 评价与财务报告有关的内部控制时，一般遵循被认为公允妥当的与财务报告有关的内部控制评价标准

c. 与财务报告有关的内部控制评价程序的概要

注意简洁地记录评价范围里的控制要点的选择、对与财务报告有关的内部控制

评价产生重要影响的程序概要（内部控制府令指导方针 4—3）。

d．与财务报告有关的内部控制评价范围

简洁地记录与财务报告有关的内部控制评价范围和决定该评价范围的程序、方法等。如果由于不得已，无法对与财务报告有关的内部控制的一部分范围实施评价，则记录该范围和其原因。

从与财务报告有关的内部控制的评价范围来说，关于公司、合并子公司和适用权益法的关联公司，将影响财务报告可信性的重要性观点所需要的范围，应作为与财务报告有关的内部控制评价范围，并予以记录。从决定该评价范围的程序、方法等来说，考虑到对财务报告金额和实质影响的重要性，根据全公司内部控制评价结果，合理地决定与业务程序有关的内部控制评价范围，并予以记录。以合并报表中主营业务收入以外的其他指标一定比例为基准，选择重要事业地点时的该指标和一定比例，与该重要事业地点中的企业的营业目的有很大关联的核算科目等，也应一并记录（内部控制府令指导方针 4—4）。

（5）与评价结果有关的事项

与财务报告有关的内部控制评价结果，应按下面提出的事项区分记录。

a．有效的与财务报告有关的内部控制要点

b．虽然一部分评价程序未能实施，但是仍要记录有效的与财务报告有关的内部控制要点和未能实施的评价程序及其理由

c．有重要缺陷，无效的财务报告要点和该重要缺陷的内容及未在营业年度末更正的理由

根据该重要缺陷更正的政策，如果有为实施该政策而正在研究的计划等，可以将其内容一并记录（内部控制府令指导方针 4—5）。

d．对于未能实施重要的评价程序，则要记录不能发表的与财务报告有关的内部控制评价结果的要点、未能实施的评价程序及其理由

（6）备注事项

如果符合以下项目，则作为备注事项披露。

a．对与财务报告有关的内部控制有效性的评价产生重要影响的日后事项

结算日以后，内部控制报告提交日之前，如果发生了对与财务报告有关的内部控制有效性评价产生重大影响的事项，则记录该事项。

b．为更正重要缺陷，如果有在营业年度最后一天以后实施的措施时的相关内容

如果在营业年度的最后一天，做出有重要缺陷、与财务报告有关的内部控制无效的判断，在营业年度最后一天以后，内部控制报告提交之前，如果有因更正已记录的重要缺陷而实施的措施，则记录其内容。

已在美国证券交易委员会登记的本国上市企业，如果根据内部控制府令第 14 条的规定，按照美国要求的内部控制报告的用语、样式和编制方法编制内部控制报告，则需要在内部控制报告中对与不采用编制该内部控制报告所依据的用语、样式和编制方法以及内部控制府令第 14 条的规定编制所产生的主要不同点进行追加记

录（内部控制府令第 16 条）。

（7）特别备注事项

关于与财务报告有关的内部控制评价，如果有应该特别备注的事项，则记录该要点及内容。

财务报告有关的内部控制的审计及其意义：

由在金融商品交易所上市的有价证券发行公司以外的人通过政令指定的，在根据《金融商品交易法》第 24 条的 4—4 的规定提交的内部控制报告中，必须接受与那个人没有特别利害关系的注册会计师或者监查法人的审计证明（《金融商品交易法》第 193 条 2 第 2 项）。

内部控制审计要求与财务报表的审计由同一审计人员进行。此处的"同一审计人员"指的不仅是审计事务所，业务执行人员也应是同一人。实务处理中定义为"一体审计"。

内部控制审计的目的是审核管理层编制的内部控制报告是否遵从了一般公认为公允妥当的内部控制评价标准，是否在所有重大方面恰当地显示了内部控制的有效性评价结果，由审计人员根据自行取得的审计证据将判断结果作为审计意见进行发表。

（五）内部控制审计报告

关于内部控制报告的审计证明的依据是注册会计师或监查法人编制的内部控制报告（内部控制府令第 1 条第 2 项）。

内部控制审计报告的记录事项如下（内部控制府令第 6 条）：

·内部控制审计对象

·内部控制审计的实施概要

·内部控制审计意见

·追加信息

·根据注册会计师法的规定应予以披露的利害关系

内部控制的审计意见按以下三点区分记录事项（内部控制府令第 6 条第 4 项）。

1. 无保留意见

认为内部控制的审计对象内部控制报告依据一般公认为公允妥当的与财务报告有关的内部控制评价标准，在所有重大方面适当地显示了与财务报告有关的内部控制评价。

2. 附有例外事项的保留意见

认为内部控制的审计对象内部控制报告除例外事项外，依据一般公认为公允妥当的与财务报告有关的内部控制评价标准，在所有重大方面适当地显示了与财务报告有关的内部控制评价、例外事项及该例外事项带给财务报表审计的影响。

3．否定意见

内部控制的审计对象内部控制报告不适当及其理由对财务报表审计的影响。

如果由于注册会计师或监查法人未实施重要的审计程序等原因，没有发表意见所需的合理基础，则需要在财务报表审计的内部控制审计报告中记录未发表意见及其理由（同条第6项）。

另外，说到财务报表审计的审计报告和内部控制审计报告的关系，按照一体编制的原则，将两者合并编制。但是，如果有不得已的理由，则不受此限（内部控制府令第7条）。

（六）审计研究的特性

日本的内部控制审计中，审计人员对管理层实施的内部控制评价进行审计，不采用美国使用的直接报告业务。也就是说，内部控制审计中，以管理层主张的内部控制有效性的评价结果为前提，审计人员对此发表意见，与管理层的内部控制有效性的评价结果无关，不采用审计人员直接验证内部控制的建立及运用状况的方法。

这种情况下，仅实施对管理层已实施的评价工作进行验证的审计程序，是否能发表审计意见就成为了论点。

这一点，为了明确实施基准，审计人员只能根据自行取得的适当的审计证据，发表审计意见，因此审计人员应实施从企业等直接取得审计证据的审计程序。这一点，在实务处理中也修改确认，并记录。

1．解说"实务处理"中的重点

在财务报表审计与内部控制审计的关系方面有多个论点，此处以三个要点为焦点进行解说。

第一点，一直以来实施的财务报表审计结构中的内部控制评价与内部控制审计有何不同。

第二点，一旦开始内部控制审计，财务报表审计的内部控制评价，即面临着是否使用所有的内部控制审计程序的结果，也就是说，全部取消财务报表审计的内部控制评价程序，还是不全部取消。如果不全部取消，那么就是保留哪部分的问题。

第三点，财务报表审计与内部控制审计作为一体进行，也就是说，要有效且有效率地进行一体审计实务，该如何才能做好的问题。

财务报表审计的过程中，审计人员实施的内部控制评价目的是对包含内部控制的建立状况的理解和决定期末实施程序的种类、实施的时间及范围。财务报表审计不是以对内部控制有效性发表意见为目的。

关于第一点，内部控制审计的目的是，对管理层对于与财务报告有关的内部控制有效性的评价结果发表意见，对于审计人员来说是实施保证业务。在管理层建立了对与财务报告有关的内部控制的记录后，审计人员追加实施发表意见的有效程序，以加深与内部控制有关的程序的深度。

说到第二点论点，财务报表审计的内部控制评价，虽然能够利用的实施内部控制审计程序的结果和取得的审计证据会有很多，但是并不是完全没有财务报表审计的内部控制评价。

其原因有两个。一个是，这次虽然决定引入依据《金融商品交易法》的内部控制审计制度，发表实施基准、内部控制府令等，其实务的形式更加明确，但是财务报表审计的结构本身和以前没有任何不同。财务报表审计的结构中，必须实施风险评估程序（日本注册会计师协会　审计基准委员会报告第29号）的部分，即包含内部控制建立情况的理解。

另一个是，依据审计程序的进行方法、研究的部分。通常，财务报表审计中，最终会实施验证财务报表的程序，但是在此程序中，有仅实施程序验证、比较余额的有效且有效率的方法，也有依据内部控制，一边评价其有效性一边实施实质性程序比较有效且有效率的方法。

因为研究得出有的核算科目、工作程序采用后者比较有效且有效率，关于此部分，正在对在财务报表审计的结构中进行内部控制评价的情况进行确认。例如，称为人工费的核算科目就是工资程序。在雇用了相当数量员工的企业中，关于人工费的核算余额，就算是和仅通过实施实质性程序验证余额相比较，可以说也是一边依据内部控制一边执行程序的方法比较有效且有效率。

实务处理中，在"4. 财务报表审计与内部控制审计的关系　（2）为财务报表审计而利用内部控制审计结果的论点"中，记录着"就内部控制审计中，管理层决定的内部控制评价范围与管理层协议的结果，如果审计人员预先判断其妥当，与评价范围以外的工作程序（例如，有关有形固定资产、工资人事的工作程序）有关，在财务报表的审计过程中，审计人员如果假设有效运用内部控制，或仅对财务报表项目执行实质性审计，不能取得充分且适当的审计证据，那么需要研究在内部控制审计之外，作为财务报表审计程序的一环，实施运用评价程序"。

关于第三点，实务处理在"4. 财务报表审计与内部控制审计的关系　（1）财务报表审计与内部控制审计一体化"的开头部分有记录。在同一业务执行人员的指示、监督下组建审计团队，与财务报表审计作为一体实施。即，为取得与审计计划的依据、审计证据的充分性和适当性有关的审计人员的判断及审计证据而实施的审计程序，在发表意见之前实施的全部审计过程，这些成为一体实施。前人引入的美国案例中，内部控制审计与财务报表审计是由同一个审计事务所连续实施的。日本案例的特点是，在实施基准中明确应在同一业务执行人员的指示、监督下，实施一体审计。

2. 研讨评价范围的妥当性

（1）研讨评价范围

实施基准是"管理层在评价内部控制的有效性时，考虑对财务报告的金额及实质影响的重要性，关于以下事项等决定合理的评价范围，必须适当地记录关于该内部控制评价范围的确定方法和根据等"。评价范围的确定也成为与财务报告有关的内部控制评价和审计实务的出发点和主题。

　　为了判断管理层决定的内部控制评价范围是否妥当，审计人员必须研讨管理层决定该范围的方法及其依据的合理性。审计人员取得管理层选定的评价范围和显示其依据的文件，并通过与管理层的协商等，了解评价范围的决定政策（参见图 1—1）。

　　与管理层关于评价范围的协商应在审计对象营业年度中的尽量较早的时间内进行。如果审计人员判断管理层采用的评价范围决定政策或其应用不适当，就会要求管理层修改评价范围。如果最终管理层没有修改评价范围，或受时间限制管理层的评价有一部分未完成，又或由于不可抗力因素内部控制的一部分评价未能实施，那么在发表审计意见之后，讨论是否需要作为评价范围受限处理。

　　（2）讨论从全公司的内部控制及全公司的角度评价比较适当的结算、财务报告程序的范围

　　以全公司的内部控制和全公司的角度评价比较适当的结算、财务报告程序（以下称为"全公司水平的结算、财务报告程序"），包含适用权益法的关联公司，作为原则需要就所有的事业地点进行评价。但是，对财务报告影响非重要的事业地点，检查其重要性，不应将其作为评价对象（实施基准Ⅱ.2.（2））。

　　关于"非重要性的事业地点"的解释，金融厅作出了如下解释："检查该事业地点对财务报告影响的重要性，管理层需要与审计人员讨论，进行判断，一般不会说哪个基准很合理，但是，例如，将主营业务收入不到整体 95% 的合并子公司作为极少的部分去掉，这种处理是很常见的。结算、财务报告程序中，以全公司的观点进行评价比较适当的也采用同样的处理。"（内部控制 Q&A 问 3）。

　　一般而言，全公司的内部控制评价范围与全公司水平的结算、财务报告程序的评价范围一致，但是如果两者产生了差异，那么就需要解释其原因。

　　此图是以一般的制造业等为模型，为促进对与财务报告有关的内部控制的整体理解的印象图。

　　（3）探讨研究与业务程序有关的内部控制评价范围

　　a．重要事业地点的选定

　　如果企业的事业地点为复数，那么根据主营业务收入等的重要性确定作为评价对象的事业地点（实施基准Ⅱ.2.（2）①）。这是打算将企业集团的各事业地点营业活动规模比例较高的事业地点作为评价对象。审计人员在探讨研究管理层如何选定重要事业地点时，应注意以下事项。

　　b．探讨研究掌握事业地点的方法

　　虽然一般认为是由构成企业集团的公司单位来掌握事业地点，但是没有必要拘泥于法律上的组织区分、地理概念，研究探讨管理层是否按照企业集团的经营管理（包括权限委派的状况、事业上的风险、程序、经营管理手法的同质性等）的实际状态来识别事业地点。实务上的处理是，在按照营业部制度运营，能够取得每个营业部有特色的业务和管理体制的情况下，也有包括各在营业部管理下的子公司，将各营业部作为事业地点来掌握是比较适当的。

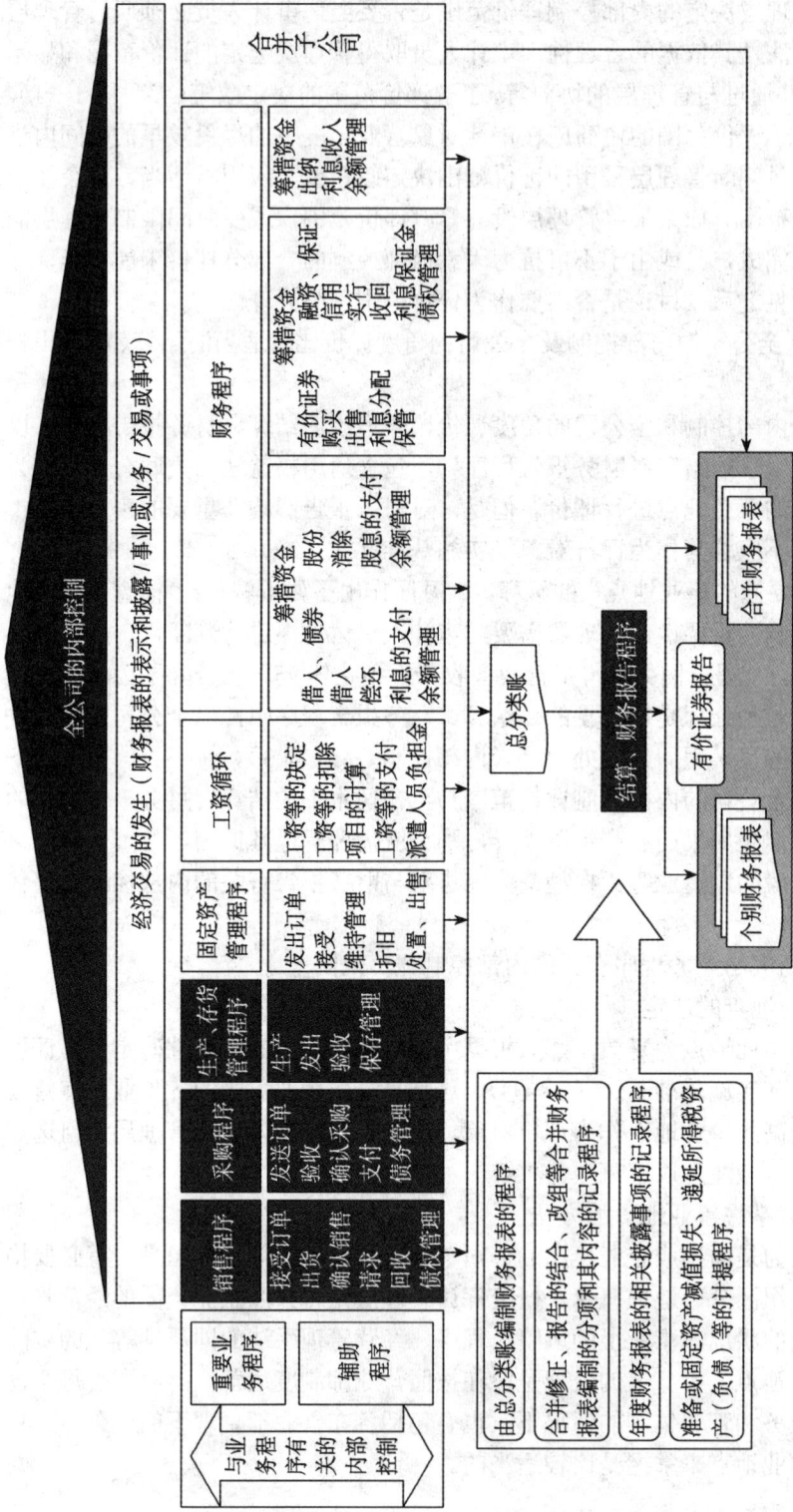

图 1—1 与财务报告有关的内部控制示意图

（母公司、合并子公司 1 家的、重要的事业地点）

注：内部控制评价的对象是以全公司的内部控制有效为前提，达到主要事业地点的相关销售额、应收账款、存货账款、母公司的销售程序、生产、采购程序、存货管理程序）和结算、财务管理程序）、财务报告程序（挂网部分）。

此图是以一般的制造业为模型，为促进对与财务报告有关的内部控制的整体理解而做的印象图。

c．事业地点选定指标的探讨研究

审计人员将探讨研究管理层采用的重要事业地点的选定指标作为体现企业集团的各事业地点营业活动规模的指标是否妥当。作为选定目标，如实施基准Ⅱ.2.（2）①中所例示，在扣除各营业地点的内部交易后的主营业务收入所占合并主营业务收入比例是否适当，但是如果不容易正确把握每个事业地点扣除内部交易后的主营业务收入，也可以采用扣除各事业地点的内部交易前的主营业务收入与单纯核算基础的主营业务收入的比率。

但是，在采用各公司的内部交易取消前的主营业务收入，选定重要事业地点的情况下，由于内部销售较多的事业地点可能会居于前列，则销售给合并集团以外的客户的公司就不会被选定。在这种情况下，应考虑对财务报告的影响，探讨研究是否应将该外销公司的销售程序等作为重要性较大的业务程序，个别追加为评价对象。

（4）识别重要事业地点的业务程序

关于上述③a 中所选定的重要事业地点（适用权益法的关联公司除外），审计人员需要就管理层是否恰当地选定了与企业的营业目的有较大关系的核算科目以及业务程序进行研讨。

a．与企业的营业目的有较大关系的核算科目的选定

在实施基准中，与一般的事业公司的企业营业目的有较大关系的核算科目作为销售、应收账款和存货列示。"与企业的营业目的有较大关系的核算科目"是使用财务报表的一般投资者等利害关系方根据企业主要营业成果、财务状况等而判定为重点关注的核算科目。另外，这些核算科目是在过去各种各样的舞弊财务报告事例中被使用的具有代表性的核算科目。

一般事业公司以外的，根据行业特性什么样的核算科目符合"与企业的营业目的有较大关系的核算科目"，实务上的处理中，考虑其选定科目时的选用方法。

基本上是根据行业特性逐个判断，"也考虑主要的营业活动所不可缺少的要素内容和规模，但是不仅是根据那些进行判断，还要注意考虑核算科目的舞弊风险的存在程度。"

b．与重要事业地点中的企业营业目的有较大关系的核算科目的合并财务报表核算科目余额比例（coverage）

将主营业务收入用于选定指标，选定重要事业地点，例如，存货余额的合并财务报表科目余额比例（coverage）低于一定比例（2/3 程度）的情况。此时，就会出现是否必须追加选定事业地点，直至超过一定比例的问题。

实务上的处理是，只要适当地选定了与重要事业地点或营业目的有较大关系的核算科目，每个核算科目的评价对象比例，不需要达到在选定重要事业地点时使用的一定比例，在此基础上选定的重要事业地点之外的事业地点中，如果存在重要虚假记录风险较高的业务程序，则依据下述"⑤个别追加为评价对象的业务程序"所记录的内容，明确追加为评价对象。

c. 与事业目的有较大关系的核算科目的业务程序

实施基准是，"在重要的事业地点（适用权益法的关联公司除外）中，达到与企业事业目的有较大关系的核算科目（例如，一般的事业公司，原则上包括销售、应收账款和存货）的业务程序，原则上全部成为评价的对象。但是，例如，与该重要事业地点进行的重要事业或业务的关联性较低，且对财务报告重要性的影响也很小的业务程序，可以不作为评价对象"。

实务处理中，与重要事业地点进行的重要事业或业务关联性较低，且对财务报告重要性的影响很小的业务程序，可以从评价对象中除去。这样的案例，例如，批发销售和店面零售的情况（参照实施基准Ⅰ.5.（2）②的业务程序细分化之例），批发销售为主的店面零售定位是为把握市场动向而伴随的销售形式，如果店面零售产生的销售收入很少，那么达到销售、应收账款核算的业务程序，可以仅以批发销售为对象。

选定的重要地点中，是与企业的事业目的有较大关系的核算科目的业务程序，原则上应为评价对象。但是，符合上述两个要点（与该重要事业地点进行的重要事业或业务的关联性较低和对财务报告重要性的影响也很少的情况）的业务程序可以不作为评价对象。

在这种情况下，对财务报告重要性的影响，原则上，从评价对象中剔除的交易种类中，根据金额和实质性的重要虚假记录发生的可能性是否比较高来判断。但是这时，将考虑对财务报告重要性的影响是否很小的实务性判断。例如，如果管理层按照以下某一个方法或其组合，每期持续判断，审计上适当地来处理才比较合理。

• 在各重要地点，从评价对象中剔除的交易种类与相关事业目的有较大关系的核算科目余额，对各事业地点与事业目的有较大关系的科目余额的影响度；

• 在各重要地点，从评价对象中剔除的交易种类与相关事业目的有较大关系的科目余额的总和，对与事业目的有较大关系的合并财务报表核算科目余额的影响度。

并且，根据审计研讨过程中实务处理结果，将事业多样化，在经营大量交易种类的行业中，此类实务问题被大书特书。在这样的行业中，提出了如果一律建立与内部控制有关的记录，并且必须每期持续进行评价、更新，实务就无法进行了的问题。

将事业多样化，在经营大量交易种类的情况下，对财务报告重要性的影响程度，应该有深有浅，即使建立了记录，也应根据对财务报告重要性的影响深浅，实施评价程序，而不能超出实施基准的要求。基于此认识，追加以下记录：

"而且，达到与评价对象营业目的有很大关系的核算科目之一（例如销售）的业务程序，包括复数的交易种类的情况下，不一定要求管理层以相同的模式统一对所有交易种类进行评价，审计人员按照交易种类对财务报告的影响程度，可以对询问管理层、验证记录等程序进行适当的选择。"

（5）个别追加为评价对象的业务程序

关于已选定的重要事业地点和其他事业地点，考虑对财务报告的影响，如果很可能发生重要虚假记录的业务程序，审计人员应对管理层是否将包括适用权益法的关联公司的所有事业地点，以及仅次于重要虚假记录、风险高的业务程序增加为评价对象进行评价。

    a. 与风险大的交易事业或业务有关的业务程序。

    例如，存在财务报告容易产生重要虚假记录有关的事业上的风险的事业或业务（比如，进行金融交易或金融衍生工具交易的事业或业务，持有价格变动剧烈的存货的事业或业务等），进行不动产、金融资产的流动化或证券化交易等复杂会计处理的交易事业或业务。

    b. 与估计或管理层预测的重要核算科目有关的业务程序。

    例如，与准备、固定资产的减值损失或递延所得税资产（负债）等估计或管理层预测的重要核算科目有关的业务程序，对财务报告产生的影响有可能最终会变大。关于各种准备，也应考虑计提准备的具体事项（例如，坏账准备中的货币债权的总额）的情况等。准备、固定资产的减值损失或递延所得税资产（负债）等的估计或管理层预测的核算科目的核算，通常与结算、财务报告程序有关。

    c. 非定型、不规则交易等发生虚假记录的风险高，应特别留意。

    例如，与一般合同条件或结算方法不同的交易、期末集中的交易、从上年度趋势看突出的交易等，在这些非定型、不规则交易的情况下，由于存在处理所谓的定型销售、购买、支付，反复持续的交易的业务程序和相同水平的内部控制不适用的风险，发生虚假记录的风险就高。

    d. 根据上述理由，考虑对财务报告重要性的影响，不是事业或业务整体，仅以特定的交易或事项（或其中特定的主要业务程序）作为评价对象就足够了，在这种情况下，只包括该部分就可以了。

    这些处理方式，以个别选定的事业地点的重要虚假记录风险高的业务程序为前提，即使同样的业务程序存在于其他事业地点，如果该事业地点的交易量少，对财务报告的影响轻微，可以不作为评价对象。在判断对财务报告的影响时，例如，不要求将拥有超过一定金额的重要性的核算科目余额或交易量的事业地点的业务程序，一律作为评价对象，但是，审计人员应注意管理层是否适当地选定了导致重要虚假记录可能性高的业务程序。

    而且，审计人员在财务报表审计的风险评价过程中，应从已识别的重要虚假记录的风险开始，确定需要特别的审计上的研讨的风险，即需要特别研讨的风险（日本注册会计师协会　审计基准委员会报告第 29 号）。

    审计人员通过上年度的财务报表审计经验或风险评价程序的实施，需要对存在已特别指定的需要进行特别研讨的风险的核算科目，是否是与重要事业地点中的企业营业目的有很大关系的核算科目的业务程序，或者是否与个别追加为评价对象的程序有关，进行确认。与存在需要特别研讨的风险的核算科目有关的程序，按其性质，通常应包含在管理层实施的内部控制评价对象中，但是如果管理层未将其作为内部控制的评价对象，那么应慎重研讨是否有合理的理由不将其作为评价对象。

    （6）适用权益法的关联公司的处理

    合并基础的内部控制评价，以构成合并财务报表的有价证券报告的提交公司和该公司的子公司以及关联公司为对象实施，适用权益法的关联公司包含在决定评价范围时的对象中。适用权益法的关联公司影响合并财务报表的是采用权益法的投资损益（合并利润表）和关联公司股份余额（合并资产负债表）的部分，考虑对财务报告的影响，如果风险大的业务程序有虚假记录，验证管理层是否就个别追加为评价对象进行研讨。

而且，实施基准规定，"已选定的重要事业地点（适用权益法的关联公司除外）中，与企业的营业目的有很大关系的核算科目（例如，一般的事业公司，原则上为主营业务收入、应收账款和存货）的业务程序，原则上全部作为评价对象"，需要注意并不是预定在适用权益法的关联公司中，与企业的营业目的有很大关系的核算科目的业务程序，原则上应全部作为评价对象（注2）。

3．结算、财务报告程序

结算、财务报告程序指的是，编制主要包括财务部门负责的月度试算平衡表、个别财务报表、合并财务报表的公告用的有价证券报告的流程（参见图1—2）。

结算、财务报告程序是与财务报告的可信性关系最大的程序。另外，其特征是实施频率低，能够评价的实例数量少，因此需要更慎重地进行执行情况评价的研讨。

内部控制研究会在研究工作中，研讨编制实施基准的草稿时，关于结算、财务报告程序的定位有若干意见。一个意见是，作为全公司内部控制的一部分应紧密结合，另一个意见是，结算、财务报告程序也是业务程序之一。最终，作为介于中间的程序处理。

例如，在结算、财务报告程序中，也包括会计政策的制定或管理层的预测、估计等与管理层的意见确定相近的内容。关于此类性质的情况，适合用作为全公司内部控制一部分的观点进行评价。另一方面，例如在财务部门实施的会计处理的内容或程序，也可以说适合用其他一般业务程序的同样方法进行评价。按照结算、财务报告程序的不同性质，需要按不同的想法用更合适的方法评价。

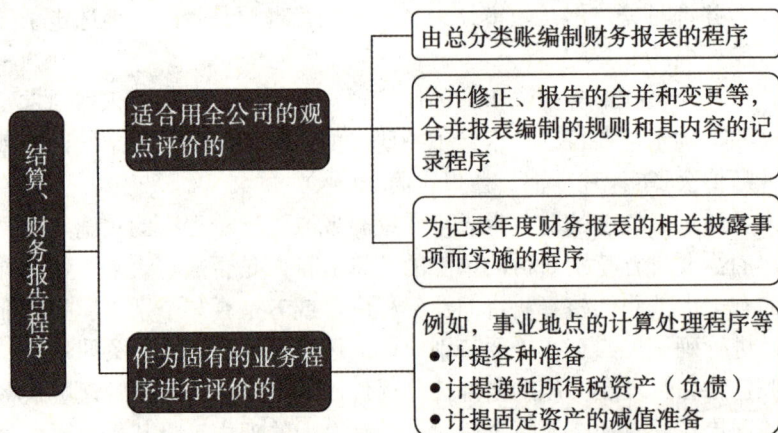

图1—2 结算、财务报告程序的分解（实施基准中的整理）

注：不一定一概而论，按照企业的实情，适合区分设置两者，谋求对应。

①依据全公司的内部控制，以全公司为一体的观点评价

作为以全公司为一体的观点评价的结算、财务报告程序之例，在实施基准中，例示为由总分类账编制财务报表的程序，记录合并修正、报告的合并和变更等合并报表编制的规则和其内容的程序，记录财务报表的相关披露事项的程序。

在企业中表现在企业集团会计政策，如果有明确的程序，特别是内部控制不会变得复杂，审计人员依据全公司的内部控制评价工作，可以取得管理层实施的核对清单等，则需从全公司的观点进行研讨。

②考虑对财务报告的影响，个别追加为评价对象

准备或固定资产的减值损失、递延所得税资产（负债）等估计或伴随着管理层预测的重要核算科目的相关业务程序，如财务报告产生的影响有可能最终会变大，则应对是否追加为管理层的评价对象进行研讨。如果个别追加为评价对象，应取得流程图等的记录，原则上，实施与对其他业务的审计程序同样的程序，明确管理层对该程序的内部控制建立情况或运用情况的评价是否妥当。

关于与结算、财务报告程序有关的内部控制执行情况评价的研讨，假定通过该程序发现内部控制不健全，对财务报告有影响或到该营业年度的期末日未实施修正措施，则很可能存在重要缺陷。即使是基于美国企业改革法的内部控制审计，也大量报告过期末财务报告程序的重要缺陷。如果以期末后的评价、审计程序为中心，相应地会增加工作的负荷，可能会引起结算发表的延迟。

实施基准表明了对内部控制评价时间的弹性处理，即到期末日为止，如有内部控制的相关重要变化，以实施适当的追加程序为前提，不一定是当期的期末日以后，在合适的时间进行评价就可以了。因此，通过年度执行情况、季度结算等工作，在期中对结算、财务报告程序进行验证，以确认其是否有效且有效率。最好从期中的较早阶段进行验证，如有不健全或重要缺陷，在较早阶段进行修正。

③使用电子表格

在对实务上的处理研讨的过程中，从较早阶段开始成为议论的论点。大多数企业的见解是关于对渗透进实务的电子表格的控制，不能什么应对方法都不做。

实务上的处理，明确以下研讨要点：

a．如果使用电子表格，编制财务报告的基础资料，验证宏或计算公式等

b．如果没有进行电子表格的宏、计算公式等的验证，采取手算确认等的代替方法

c．验证针对电子表格的存取控制、变更管理、备份等

而且，实务上的处理，没有采用整体依靠在企业的实务中大范围使用的电子表格的想法。直接对财务报告产生影响的解释，在"（3）结算、财务报告程序"中整理。

④存在不可抗拒事项的情况下，审计师的意见形成

由于不可抗拒事项，管理层不能对内部控制的一部分实施评价程序，编制不包括未能实施评价程序的范围的内部控制报告时，审计人员在评价时应剔除该部分因素的影响范围，看是否合理，以及对去除该范围带给财务报表审计的影响进行充分

研讨。"不可抗拒事项"指的是，在临近期末日，由于发生了收购或合并其他企业、发生灾害等缘由，在编制财务报表并得到董事会的认可之前，在通常需要的期间内，实施以本基准为基础的评价程序是比较困难的。实务上的处理中，在实施基准时，追加由于大规模的系统变更、政变等政局不稳定，造成企业活动的阻碍的情况。

在此，负责内部控制评价的要职或负责人突然调动、离职，因疏忽造成内部控制评价的基础之文件缺失等，因减轻企业责任的事情而不能实施内部控制评价的情况，不符合"不可抗拒事项"。

虽然要求审计人员对管理层评价程序不能实施的那部分是否符合不可抗拒事项进行判断，可以在判断为符合的情况下，发表无保留意见。而且，根据实施基准，即使由于存在"不可抗拒事项"，但未能实施内部控制评价范围的影响，重要到不能发表对内部控制报告意见的程度，在这种情况下，即使不可抗拒事项有正当理由，审计师也不得发表意见。

审计人员即使判断为"不可抗拒事项"，也要评价其重要性，对是可以发表无保留意见，还是不发表意见进行判断（注3）。

⑤重要缺陷的判断准则

在实施基准中，"重要缺陷"是指，内部控制的不健全很可能引起超过重要性水平金额的虚假记录，或实质性的重要虚假记录，即内部控制不健全很可能对财务报告产生重要影响。

是否符合重要缺陷，不是是否实际发生虚假记录，而是通过在多大程度上存在，在将来不能防止发生或适时发现重要缺陷的危险性（潜在性）来判断的。

而且，与内部控制有关的重要性的判断准则，最终与财务报表的可信性相关，因此，与财务报表审计中的重要性同一。

金额的重要性，用合并总资产、合并主营业务成本、合并含税利润等的比例判断。这些比例不是统一使用的，需要根据企业的行业、规模、特性等情况，适当地使用，例如合并含税利润大概是其5%的程度，也就是所谓的5%基准。

但是，5%基准不是统一的、绝对的基准，可以根据企业所处情况修正。实务上的处理，有"计上合并含税损失或合并含税利润的金额非常小的情况等，将合并含税利润的大概5%程度作为金额的重要性的判断标准，机械的运用是不适当的"的记录。

实质的重要性，在实施基准中，有上市废止基准或财务限制条件、与关联方的交易或大股东的情况的相关记录事项。与财务报告有关的内部控制的重要缺陷、有实质的重要性的重要缺陷是什么成为论点。

实施基准明确用与带给投资判断的影响程度，或对财务报表编制的重要判断产生的影响的关系思考。例如，上市废止基准，东京证券交易所株式会社公布的上市废止基准中有上市的股份数、股份的分布情况、时价总额、破产、有价证券报告等的虚假记录，审计师的不适当意见或拒绝发表意见，交易额等的规定等。如果与这些判断有关的内部控制不健全，实务上对是否全部为重要缺陷的处理是，调整为"考虑这些事项对财务报表编制中的重要判断产生影响的大小后进行，例如，避免破产等，财务报表的虚假记录在触犯上市废止基准的情况下，判断有实质的重要性"。

另外，关于大股东的情况，有价证券报告上，记录拥有股份数最多的前十名股东的相关股东名称、地址、拥有股份数。判断为有实质的重要性的重要缺陷，与大股东情况的整体不正确记录的情况不相符。如果用记录的大股东的情况的信息与财务报表的关系，考虑对重要判断的影响，也是指大股东中拥有更多股份数的股东。例如，符合母公司、其他关联公司、主要股东的判定。在实务上的处理是，"与关联方存在有关的内部控制研讨中，名义股的研讨、大量保有报告的研讨等、财务报表提交公司的母公司、其他相关公司、主要股东的判定内部控制中不健全的，判断为有实质重要性"。拥有股份数多的股东的记录貌似出现任何不健全的情况，按有实质重要性处理。

此外，在实质重要性中，财务限制条款、关联方交易的判断，请参考所附的图（图 1—3）或实务上的处理的文本。

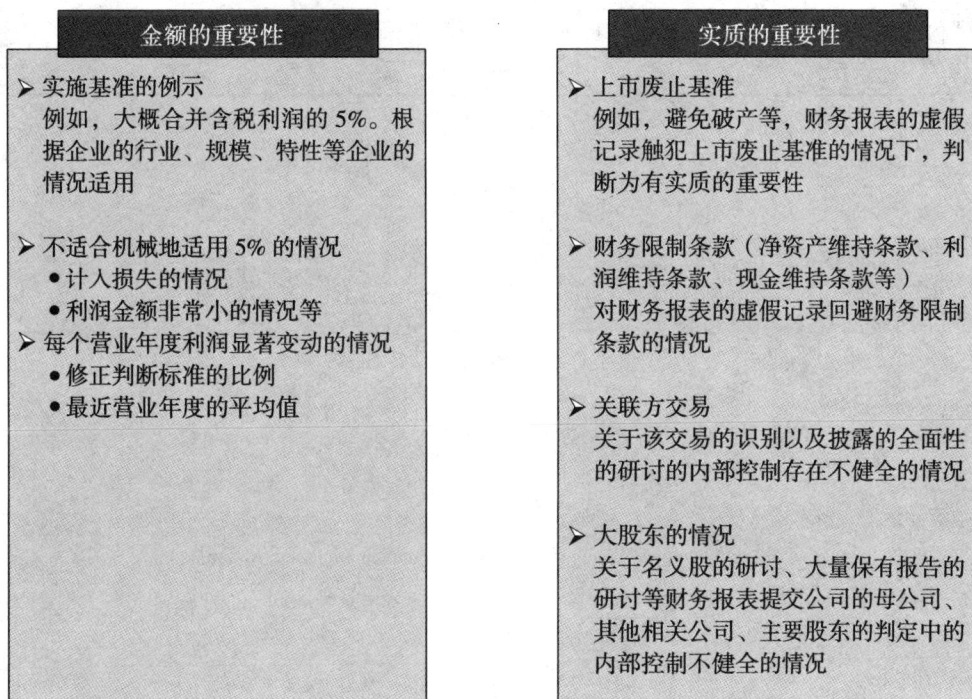

金额的重要性	实质的重要性
➤ 实施基准的例示 例如，大概合并含税利润的 5%。根据企业的行业、规模、特性等企业的情况适用 ➤ 不适合机械地适用 5% 的情况 ●计入损失的情况 ●利润金额非常小的情况等 ➤ 每个营业年度利润显著变动的情况 ●修正判断标准的比例 ●最近营业年度的平均值	➤ 上市废止基准 例如，避免破产等，财务报表的虚假记录触犯上市废止基准的情况下，判断为有实质的重要性 ➤ 财务限制条款（净资产维持条款、利润维持条款、现金维持条款等） 对财务报表的虚假记录回避财务限制条款的情况 ➤ 关联方交易 关于该交易的识别以及披露的全面性的研讨的内部控制存在不健全的情况 ➤ 大股东的情况 关于名义股的研讨、大量保有报告的研讨等财务报表提交公司的母公司、其他相关公司、主要股东的判定中的内部控制不健全的情况

图 1—3　与财务报告有关的内部控制重要缺陷的判断准则

参考文献

（注 1）周刊经营财务　2718 号（2005 年 4 月 18 日）

（注 2）企业会计　February 2008 Vol. 60 No.2　牧野隆一稿"关于《与财务报告有关的内部控制审计的相关实务上的处理》的发表"

（注 3）旬刊财务信息　H19.11.20 号 No.1166 牧野隆一稿"《内部控制审计的实务上的处理》的主要要点"

（注4）

本稿中，使用以下省略语：

正式名称	省略语
"关于与财务报告有关的内部控制评价和审计基准以及与财务报告有关的内部控制评价和审计的相关实施基准的制定（意见稿）"（2007年2月15日　企业会计审议会）	本书引用之处，"与财务报告有关的内部控制评价和审计基准"省略为"基准"，"与财务报告有关的内部控制评价和审计的相关实施基准"省略为"实施基准"
"确保财务核算的相关文件以外的信息的适当性的体制的相关内阁府令"（2007年8月10日　内阁府令第62号）	内部控制府令
关于"确保财务核算的相关文件以外的信息的适当性的体制的相关内阁府令"的处理注意事项（2007年10月　金融厅总务企划局）	内部控制府令指南
"内部控制报告制度的相关Q&A"（2007年10月　金融厅总务企划局）	内部控制Q&A

第 2 章　座谈会：关于财务报表内部控制审计的实务处理

金融厅总务企划局企业宣传科

企业会计调整官　**野村　昭文**

青山学院大学大学院教授　**町田　祥弘**

审计负责常务理事　**森　公高**

审计·保证实务委员会委员长　**持永　勇一**

审计·保证实务委员会

内部控制检讨专业委员会委员长　**牧野　隆一**

（主持人）机关志编集委员会　内部编集员　**荒井　卓一**

本次座谈会的内容是关于审计·保证实务委员会报告第 82 号《财务报表内部控制审计的实务处理》的，综合日本注册会计师协会机关杂志《会计、审计专刊》在 2007 年 10 月号刊登的公开草案发布时的座谈会纪要和同杂志 2008 年 2 月号（其他册）中刊登的委员会报告第 82 号公布后的座谈会纪要，进行的重新编辑。

在 2007 年 10 月号刊登的座谈会出席者为以下几位。

金融厅总务企划局企业宣传科

企业会计调整官　**野村　昭文**

青山学院大学大学院教授　**町田　祥弘**

审计负责常务理事　**森　公高**

审计·保证实务委员会委员长　**持永　勇一**

审计·保证实务委员会

内部控制检讨专业委员会委员长　**牧野　隆一**

（主持人）机关志编集委员会　内部编集员　**荒井　卓一**

一、前言

（一）基于《金融商品交易法》的内部控制报告制度

主持人（荒井）（以下简称主持人）　2007 年 10 月 24 日，审计·保证实务委员会报告第 82 号《财务报表内部控制审计的实务处理》（以下简称《第 82 号》）公布后，成为财务报告相关的内部控制报告制度和审计实务指南。今天，归纳《第 82 号》的各位相关人士，町田祥弘先生（前企业会计审议会内部控制部会专门委员），以及野村昭文先生（金融厅总务企划局企业宣传科企业会计调整官），以《第 82 号》的内容解说为核心，围绕企业会计审议会的基本观点以及《内部控制报告制度相关的 Q&A》为关键点，进行讨论。

首先，基于《金融商品交易法》的内部控制报告制度走向法制化的原因以及在制度中的位置等，请野村先生进行讲解。

野村基于《金融商品交易法》的内部控制报告制度，围绕着 2004 年以后相继发生的违规案例，对企业中财务报告相关的内部控制是否发挥有效机能表示了质疑，对上市公司等财务报告内部控制有效性相关的经营者的评价，以及对该评价由公认会计师和审计法人负责审计，以强化财务报告内部控制，确保财务报告得以恰当地、真实地反映等表述了观点。

（二）内部控制报告制度相关法令等的发布原因、所处地位、主要项目等

主持人　基本的内部控制报告制度确定以后，作为内部控制报告制度相关的法令，内部控制府令、府令实施指南、《内部控制报告制度相关的 Q&A》即将公布，请您对其原因、所处的地位、主要的项目进行简略的讲述。

野　村　内部控制府令遵照《金融商品交易法》的规定，处于内部控制评价以及审计的基准的位置，规定了内部控制报告书的样式、内部控制审计报告书的记载事项等。府令实施指南规定了该内阁府令相关的注意事项。另外还有当局制定的关于内部控制报告制度问题的法规，当局已经回答的事例中，整理了被认为具有前瞻性价值的问题，即《内部控制报告制度相关的 Q&A》，与指南并行，并于 2007 年 10 月 1 日公布。

（三）《第 82 号》归集的原因以及繁琐点

主持人　一方面，日本公认会计师协会（以下简称 JICPA）通过公开草案等归集为《第 82 号》，请您谈一下具体情况。

森　此公开草案在 2007 年 7 月 18 日公布，截至 2007 年 8 月 13 日进行意见的收集。在公布当时，听说有很多电话来询问，相关人员的高度关心，此次收集的个人意见超过 30 个，团体意见超过 500 个。这些是 JICPA 向委员会报告的必经程序，公众的参与，汇集了最大范围的意见。

此公开草案意见的答复，以及实务的处理，不仅得到会计师业界而且也得到包括经济界、学界的广泛关注，我认为会尽可能快地确定和公布。在 2007 年 9 月公布后，汇集了很多的意见，数量之多，出乎意料，总务企划局要整理意见并进行分类，由专门委员会以及本委员会针对意见进行研讨，公开草案的修改以及确定工作非常多，需要花费很多的时间。结果《第 82 号》在 JICPA 内的确认程序结束已经是 2007 年 10 月，按照计划于 2007 年 10 月 24 日，以审计·保证实务委员会报告第 82 号进行了公布。

　　汇集了各种意见，有感想、期望，或是疑问、确认内容，还有今后应实行的对策，并进行了整理、分类。对这些意见的对策，因为用语和表述不统一或不贴切，不统一的要进行统一，用语不贴切的要进行修正。

　　另外，公开草案发表后，很多人都读过，反映有若干不明了的地方。对此，为防止引起误解，对内容进行了更为明了的修正。还有报告书全文的构成，为便于理解和使用，进行了进一步的修改。并不是对意见的对策，公开草案发表后，内阁府令也进行了共表，也进行了相应的处理。

　　得到很多的评论，很难一一介绍，但主要的评论是，来自 JICPA 审计基准委员会的意见，用语的定义有若干的不恰当。

　　提起这是什么意思，这是实务上的处理，实施基准也同样，使用"重要缺陷"的用语。另一方面，在审计基准委员会报告书等上面，使用"重大缺陷"的词汇。关于这一点，公开草案中，虽然在用语的解释上两者的意思是相同的，审计基准委员会、JICPA 对于这一点可以说是权威的，是专门的委员会，因此，目前 IAASB 正在讨论这个重要缺陷的定义，有可能他们的结论和我们的结论不一致，因有今后必须统一的评价，在此说明时已经消除。以上这一点是比较典型的一个例子。

　　第二是讨论评价范围的恰当性。讨论此业务程序相关的内部控制评价范围时，涉及重要的会计科目业务程序，执行重要的程序，因与重要的业务或是与业务的关联性很小，对审计报告重要性影响很小，允许从业务程序评价范围中去除。这种允许去除的情况，被指出审计人员对业务程序的重要性水平的最终评价过高。认为此"过高"的陈述是否过于模糊的意见也很多。

　　关于此点，为使之更具体，对财务报告的重要性影响很小的业务程序，可以从评价对象中去除，审计处理的必要前提是确定标准。

　　另外，有公司整体内部控制评价研讨方法存在重要缺陷，导致公司整体内部控制不健全的例子。不健全的例子中，内部控制的重要缺陷，是否属于重要缺陷也应进行研讨。因有未必能明确的两者关系的意见，故对两者的相关性进行以下探讨。

　　关于报告书结构的修改，在公开草案审计调查书的记载案例中，统计抽样调查的数据显示，结合型的内部控制报告书例文，以及经营者确认书例文中，该部分的记载各异。例文的各部分中，有过长难以读懂的意见，从报告书整理简单化的观点来看，将这些在报告书的末尾，以附注的形式进行归集比较好。

　　前面谈到内部控制府令《第 82 号》公示前公示的，其内容为：不同决算日下，合并子公司的会计年度末之后，因内部控制重要变更的对策已经比较明确，应追加内部控制审计程序。

　　关于审计报告书的例文，内部控制报告书中，因有重要缺陷，记载内部控制无效或是不恰当的理由，内部控制的评价范围，对于评价程序以及评价结果，经营者进行的记载是否恰当，明确审计报告书中重要缺陷以及是否恰当的理由没有必要反复记载，对该部分进行修正。

（四）《第82号》的总体构成以及关键点

主持人　JICPA 汇集的 500 条左右的评论，森先生进行了详细分析，在法令总体构成中，这些方面也是非常的重要。《第82号》的归集，作为委员会中的一员，持永先生有何感想？能否对关键的部分进行讲解？

持　永　首先，以牧野专门委员长为首的各位专门委员非常的努力是最重要的。目前，森先生的谈话中已经提到，这个《第82号》是忠实地描述内部控制的意见书和实施基准，其后公布的内阁府令等的内容是最新的。

特别是在这次意见汇集的过程中感触很深，目前为止，对内部控制评价业务内容包含哪些不明确的意见很多，作为公司评价的范围，以重要业务领域的 3 个会计科目为基础，开始业务评价的工作，在实际的基础上审计人员接受询问，对这样具体的询问进行解答，这与此次《第82号》的主旨是相符的。

业务程序的评价范围和重要缺陷，被计入其中，《第82号》对审计人员来说是实务指南，公司方面也必须参照。

（五）意见书和《第82号》的关系

主持人　从实务的观点来看，评论能够顺利地归集的感触我们已经体会到了，那么对至今的经过是如何看待的？

町　田　此次公示的《第82号》，是在 2007 年 2 月企业会计审议会发出的内部控制意见书公示后，金融厅公示的，也是在内阁府令以及指南、Q&A 等内容的基础上做成的。

特别是本指南，是从审计实务上的角度公示的，实际上，有几个在意见书等文件上尚未确定的事项也进行了详细的公示。

例如，之后会提到，对重要性水平判断的事项，在对重要性相当明确的情况下，有几个具体的例子进行公示，对于内部控制的构造，审计人员与企业合作，可以实施的方面进行了解释。

还有，抽样调查显示，如有包含附录的说明，对于评价对象和业务程序、覆盖率的问题，金融厅的 Q&A 公示的观点是，使用表格的方式比较容易理解。

这样，虽说是审计相关实务上的处理，今后企业方面，涵盖部分内部控制实务方向，目前持永先生有公司方面一定要参考的解释，内部控制的意见书以及指南等也同样，以此为方向，融为一体，使日本内部控制形成规范的体制。

二、内部控制审计的意义

（一）在日本没有采用直接报告方式的缘由及意义

主持人　首先，关于"3．内部控制审计的意义"中，特别意见书中提到不采用直接报告方式，对于审计人员请简要地强调一下要点。广濑先生，请谈谈您的想法。

广　濑　确实意见书中的结果是不采用直接报告方式。虽然会计师不用直接报告的方式来表明意见，但是从审计实施的方面来说，我认为同采用直接报告方式的手续和实质都没有很大差异。也就是说，《金融商品交易法》发布以后，管理层自己评价和财务报告相关的内部控制状况并得出结论。之后，会计师再单独加以评价，和管理层自己的评价结果相对照。只是因为审计师会尽量以管理层的评价为依据，或者推荐利用管理层的评价，所以结果是利用了管理层的评价结果。从这点来说，这是个非常特殊的制度。

主持人（角　田）　有关特殊的制度，有什么补充说明吗？

广　濑　我认为之所以不采用直接报告方式，最大的理由就是为了减轻企业的负担。从审计师的角度来说，我个人认为直接报告方式在与审计财务报表相连的方面不是很强。

主持人（角　田）　关于这一点，我认为从实务界会渐渐改善的。

（二）与意见书中财务报告的范围的差异

主持人　到目前为止，我们从法律构成等方面讨论了很多，现在开始具体讨论内部控制审计的内容吧。关于意见书中财务报告的范围的确认，请野村先生谈谈您的意见。

野　村　关于财务报告，刚才也提到了意见书，在内部控制府令中有其定义。其定义如下，"对于财务报表及其可信性产生重要影响的披露事项相关的外部报告"。不限于财务报表，还包括：①概要、摘录、分解等表述财务报表时的记载，②列举了诸如判定关联企业、决定连接范围、制定财务报表时，与判断密切相关的事项，这一点我认为很重要。

主持人　请町田谈谈与美国的差异。

町　田　刚才野村先生提到：在日本，在"财务报告"当中，除了财务报表和注释之外，有价证券报告书当中，换一种说法，范围还扩充到运用财务数据，或对财务报表有重大影响的事项等内容。与此相反，美国的"财务报告"的范围只包括财务报表及其注释。关于为什么必须比美国的范围要更宽广，日本这样做太繁琐等有一些批评意见，我认为这些都没有点中要害。

首先，这个制度的发起背景不一样。在美国是因为发生了安然、世界通信等做假事例，从怎样应对（这些问题）而开始讨论制度化的问题。而在日本，是源于铁路公司的有价证券报告书中有关股东的信息披露不属实而引起的事端。其后在金融厅的要求之下开始实施的有价证券报告书的自主检查中，发现了有价证券报告书的内容没有正确披露的企业非常多，因此关于制度化的议论才开始。所以从日美开始制度化的契机来看，两者之间存在的差异，从某种意义上说也是必然的。

还有一点，很少被讨论的观点，就是"凡是美国的什么都对"这种观点不太正确。实际上，信息披露的问题以财务报表为焦点，或者财务报表以外的披露事项，特别是对于文字记述部分的披露事项,和财务报表分开,以及管理层及审计者的责任采用别的概念框架,是最近在美国比较有特色的讨论。与此相反,欧盟或者是国际审计会计等准则,关于管理要求等方面的叙述性披露,则有只是作为"财务报告"的一部分,作为管理层和审计人员的责任的一部分来定位的倾向。从这点来说,我认为把"财务报告"的范围理解得更广,反而是顺应了国际上审计会计的潮流。

本来,投资者作出投资决定不只是看财务报表,另外关于在决算、财务报告过程中制作、披露的事项,从建立有效的内部控制的必要性的角度出发,范围的界定也比较准确。

(三)《第82号》中关于财务报告范围的解释的要点

主持人 《第82号》中所涉及的关于实践中的要点,怎样考虑,请牧野先生讲解一下。

牧 野 野村先生刚才解释了财务报告的定义是,"与对财务报表及其可信性产生重要影响的披露事项相关的外部报告"。我们跟有价证券报告书的目录相比较的时候,考虑怎样才能读出这层意思呢?我们可以理解为,除了财务报表审计的对象"会计的情况"的部分以外,还涵盖了"会计的情况"以外的部分。

关于《第82号》中记载的注意事项的地方,有三点说明。

第一点,先整理一下"对财务报表的可信性产生重要影响的披露事项的地方",可以列举出:在财务报表上记载的金额、数值、注释的概要、摘要、分解或者利用应该记载的披露事项等。换言之,可以理解为引用财务报表的记载部分是(审计的)对象,其中包括有价证券报告书的"生产、订货和销售情况"中出现的订货信息。订货信息本身在建筑公司、订货型产业或许是一个很重要的经营指标。可是订货情况不是在财务报表上记载的金额、数值、注释的概要、摘要、分解之后的内容,不应该算入财务报告的范围。

第二点,整理一下与财务报告相关的内部控制的评价范围应该尽量整合的想法。比如,公司概况中会出现研究开发活动时的研究开发费的记载金额这样的题目。由于研究开发费的流程中虚假记载的可能性比较小,不计入评价的对象范围的情况也存在,这种情况下记载着"包括在财务报告的评价对象中"不这样整理也行的想法。

第三点,关联企业的判定、连接范围的决定、权益法是否适用、关联相关者的判定、其他制作财务报表时与判断密切相关的事项等,比如说"公司概况"中大股东情况的记载就可以讨论一下。

刚才町田讲到这个制度的开端是由于铁路公司的事件引起的,在有价证券报告书的大股东状况中,按照持有股票数量由多到少的顺序,股东的姓名或名称、地址、持有股票数量等都列在一张表中加以披露。如果作为制作财务报表时与判断密切相关的事项来解释的话,不是财务报告的范围作为评价对象,而是这个表一体的正确性,判定利益相关者时有必要考虑,有关持有股票数比较多的股东的信息会成为评价的对象。

（四）有关内部控制报告制度的 Q&A 第 18 问的解释

主持人 刚才我们以财务报表项目和审计对象的范围为中心进行了讨论。可是内部控制审计报告书中的 Q&A 第 18 问中提到了，"审计人员基本上以管理层的评价结果为审计对象"，请再补充（详细）说明一下。

野 村 话题涉及了 Q&A。我们把有关内部控制报告制度向（政府）当局提出的问题及其回答综合整理成了 Q&A（问题集），其中，包括准则、内部控制府令的想法等，还包括需要更明确说明的项目等。

其中第 18 问是，"审计人员是审计管理层的评价结果，基本上不进行更详细的评价手续的验证"，有点不太好理解。公布准则的时候，评价范围本来是属于审计的对象的，再加上管理层评价手续中，对于内部控制的要点识别是否妥当，同评价范围的验证有类似之处，需要验证其是否妥当。在此基础上，有关内部控制的整顿状况和运营状况是否有效的验证，管理层具体采用怎样的评价方法（比如运用测试的具体内容）等并不需要详细的验证。

但是，审计人员把管理层的评价结果作为审计证据加以利用的时候，实施准则和"Q&A 问题 19 种"提到了，判断管理层的评价方法是否妥当需要一定的验证。总而言之，在不把管理层的评价结果作为审计证据加以利用的时候，也不需要验证管理层的评价方法是否恰当。

三、财务报表审计与内部控制审计的关系

（一）财务报表审计与内部控制审计中，审计和内部控制的评价一体化、内部控制审计的差异

主持人 接下来，关于财务报表审计与内部控制审计的关系问题，因为是用"一体审计"来表现的，请说明一下实施一体审计时审计人员的（工作）重点。

牧 野 在《第 82 号》中，"2.用语"的部分定义如下，"按照内部控制审计准则，表述与财务报表审计同时实施的内部控制审计为一体审计"。在美国是用"综合审计"和"一体化审计"，在日本则使用"一体审计"的定义。

（二）在财务报表审计（过程）中，内部控制的评价与内部控制审计的差异

牧 野 关于财务报表审计与内部控制审计的关系，有很多可以讨论，大体上分为 3 点。

第一，以往财务报表审计的实施过程中的内部控制的评价和内部控制审计在什么地方有怎样的不同等内容。

第二，内部控制审计开始后，在财务报表审计中的内部控制的评价，全部以内部控制审计为根据。即在财务报表审计中的内部控制的评价的手续，是否完全没有了，若有，尚留部分是什么等内容。

第三，关于一体审计的争议，怎样才能使一体审计比较有效率地进行？大体来说有三个要点。

关于财务报表审计中实施的内部控制的评价的部分，众所周知，其目的是决定期末的实证手续的种类、范围和时期。

另一方面，如果引进内部控制审计，也就意味着对于与管理层的财务报告相关的内部控制是否有效的评价结果发表了意见。这是正当审计，即对于我们来说就是担保业务的实施。所以，我们可以理解为对和内部控制有关的手续的审计深度更加深了。

（三）由于引进内部控制审计，财务报表审计中内部控制评价的手续就没有了吗？

牧 野 关于财务报表审计中内部控制的评价的工作存在与否这一点，财务报表审计中内部控制的评价，实施内部控制审计的手续的结果而得到多少东西可以作为审计证据来利用的，并不意味着财务报表审计中内部控制的评价（手续）就没有了。

有两个理由。第一，此次决定了引进内部控制审计制度，实施准则、内部控制府法规、进行的方式都已经明确。可是财务报表审计的框架本身没有任何改变，所以从财务报表审计的框架来说，风险评价手续的部分、包括内部控制的整顿状况的理解就一定会实施。

第二，审计的进行方式、手段。通常我们在财务报表审计当中，最终是确定余额的手续。在此过程中，分为：（1）只需要实证手续就可以确定余额的有效的部分和（2）根据内部控制，一边评价其是否有效一边进行实证的手续，即手续的延续（展开）。

有的会计科目，关于业务流程，是后者的手段更有效、效率高。这部分还是归结于财务报表审计的框架中内部控制的评价。关于内部控制的对象，所针对的核心科目为销售额、应收账款和库存资产三个科目。

内部控制审计中，与不是审计对象的会计科目相关的业务流程中，比如如果着眼于工资人事关系的流程，大企业有数千人、数万人存在。关于这个工资流程，与其只靠实证手续来确定余额，还不如依据内部控制流程运行更有效、效率更高。所以财务报表审计的框架中内部控制的评价也还存在一些问题有待讨论。

然后（于是），提起财务报表审计的框架中的流程，实际上检查内部控制的配备状况、运营状况主要是依据审计人员的判断来进行的。与哪个会计科目、业务流程相关的作为内部控制的对象，什么时机实施，当然都要与审计的窗口——会计人员商量的，但首先是根据审计人员的判断来实施。不过，以后如果加上内部控制审计，先由管理层决定内部控制的评价范围、有效性评价。审计人员在管理层的评价在某种程度上成形的阶段，才开始审计。

内部控制中，有作为内部控制审计对象的领域，也有不作为内部控制审计对象的领域。刚才已对前者进行了说明。另一方面，不作为内部控制审计对象的领域，与以往一样，什么时候审计人员来评价内部控制都行。从这个角度说，哪些部分属于管理层评价的范围，成为界定内部控制审计的对象非常重要的因素。

（四）一体审计如何能有效、高效地进行——《第 82 号》的要点

主持人　高效有什么要点吗？

牧　野　有关高效的内容，"4. 财务报表审计与内部控制审计的关系"（第 5页）的导言之处有所记载。在同一业务执行社员的指示、监督下组成审计队伍，与财务报表审计同时进行。也就是说，从审计计划的立案、关于审计证据的充分性和恰当性的判断、为了取得审计证据的审计手续的实施，直到发表意见的审计实施的所有过程中，全部作为一个一体同时进行。据说美国的情况是，是同一审计事务所来进行的，如在实施准则中明确说明的那样，日本是由统一的业务执行社员的指示、监督下来实施的。

四、审计人员的独立性

（一）内部控制审计时审计人员应注意的事项

主持人　接下来，换一个话题，关于"5.审计人员的独立性"，特别在日本正式引进内部控制审计的时期，请牧野讲讲其注意点、要点等等。

牧　野　关于审计人员的题目，在实施准则中，有如下记载："在内部控制的构建阶段，与管理层进行必要的意见交换、与构建内部控制相关的作业和决定，不是由审计人员，而是由企业或管理层来进行的前提下，不妨碍为了构建有效的内部控制而进行的恰当的指导。"（Ⅲ. 与财务报告相关的内部控制审计）　。

（二）内部控制审计和财务报告审计的关系

"有关内部控制审计业务和非审计鉴证业务的同时提供服务的限制"，在这里"不妨碍恰当的指导"的具体内容，出于有必要更深挖掘的问题意识，研讨之后记载了审计人员的独立性的论点。

众所周知，JICPA 于 2004 年 3 月，发布了关于独立性法律修订对应解释指南第 4 号（中间报告）"关于大公司等的限制·非审计证明业务（之 2）"，禁止了审计自己本身的业务，以及被认为与委托人的经营判断相关的业务。另外，2006 年 3 月，伦理委员会发布了"有关职业伦理的解释指南"，其中关于和财务报告有关的内部控制的劝告建议、指导业务，列举了 6 项禁止的业务，其中包括："1.成为被审计公司的项目的运营管理责任者或组成人员，或者对项目运营进行管理。"

根据以往 JICPA 公布的实务指南，怎样理解"不妨碍恰当的指导"成为一个争论的内容。

《金融商品交易法》中规定 2008 年 4 月 1 日以后开始适用已进入视野（思路）的企业，这就为这些企业留出了一个内部控制的构建、准备阶段。为帮助这些企业明确在这些准备、构建阶段如何操作，从"1.基本的计划以及方针的决定"开始，到"6.由管理层的内部控制的有效性的评价的支援"为止，用表的形式进行了总结（参见表 2—1）。

表 2—1

构建与财务报告相关的内部控制的流程	同时提供内部控制审计和非审计鉴证业务
①制定基本计划和方针	
• 为实现恰当的财务报告应构建内部控制的方针和原则、范围及水准	因为会代替管理层的机能，所以不允许。但是，实质上企业的构建内部控制的责任者若作出了决定，可以对企业编制的方案提出意见
• 构建内部控制时，管理层以下的责任者及全公司的管理体制	同上
• 构建内部控制时需要的顺序和日程	同上
• 与构建内部控制相关的每道手续的相关人员、编制以及事先的教育和训练方法	同上。而且，教育和训练的内容可以实施
②把握内部控制整顿状况	
• 对于全公司的内部控制，根据既存的有关内部控制的规则、习惯以及遵守状况等，来把握全公司内部控制的整顿情况，加以记录和保存	可能。另外可以把内部控制的基本框架和现状相比较，并指出不足之处。但需注意不要被误解为审计人员在亲自构建内部控制
• 关于重要的业务流程，整理、理解有关交易的流程、会计处理的过程、根据需要灵活运用图表	可以把握企业内部控制的现状并作记录。但是最多不过是现状的纪录，需注意不要被误解为（审计人员）在构建内部控制
• 识别在重要的业务流程中虚假记载发生的风险，这些风险与财务报告或会计科目等有何关联，或者若被识别风险已被输入内部控制，能否充分减少（风险），根据需要有效运用图表，并加以研讨	审计人员注意到整顿状况的不完备并加以指出，此行为在以往的财务报表审计中也会进行，可以实施。但有必要注意：不要参与提案企业具体的内部控制设计
③发现不完备之处时的应对及改正	
• 设计出采纳了新的内部控制的业务流程	因为会造成把自己进行的工作当成审计实施的对象的情况，所以这种行为是禁止的
• 支持引进订正措施	关于如何改正之事，可以与管理层交流意见。但需注意不要被误解为审计人员在亲自构建内部控制
④为使内部审计的手续与"与财务报告相关的内部控制的评价及报告"相对应，提供关于审计手续的评语（批注、讨论）	可能
⑤根据管理层的评价范围作出决定	不可直接帮助。对于管理层已经决定的评价范围，可以提出意见
⑥支持关于管理层对内部控制有效性的评价	不可以承办有效性的评价的实施工作。可以针对有效性评价的想法提出建议

五、审计计划的策划制定

（一）签订审计合同时应留意的事项

主持人 接下来，我们想把亮点打到审计计划的制作方面。可以预想到实施内部控制的审计手续需要追加很多时间，签审计合同时有什么应注意事项吗？

森 关于审计合同，《第82号》没有直接记载，可是谈到合同，首先，认真领会内部控制审计的宗旨很重要。和财务报表审计同时实施之事是最基本的（注意事项）。关于审计报告书，准则中要求：内部控制审计报告书原则上与财务报表审计的审计报告书一起记载；《第82号》中也要求：原则上内部控制审计报告书和财务报表审计报告书作为一个审计报告书一体制作。因此我们认为，签审计合同时，合同虽然是当事人之间达成的，但多数情况内部控制审计与财务报表审计是一体进行的，应该是同一个合同。关于审计合同，法规委员会已经发表了研究报告，列出了编制指南和标准格式。现在，听说法规委员会正在讨论内部控制的审计合同，我认为会按照刚才提到的宗旨（主要内容）来归纳总结的（注：2008年2月13日，法规委员会发布了研究报告第6号"关于审计及季度审核合约的编制"）。

内部控制府令的引导（指南）中写着概要的记载，规定有关从业（审计）人员，审计期间等与内部控制审计相关的内容都应写出来。我认为如果合同中能区分的话，从业（审计）人员或预定时间、报酬也应区分写出。

而且，关于《金融商品交易法》的信息披露制度，从2008年4月开始实施了季度报告制度。和我们有关的是季度财务报表的审核，这是在年度财务报表审计的前提下进行的。所以我想季度审核也会一起签约。结果是财务报表审计、内部控制审计和季度复核等内容从2008年起作为一个整体来签约就成为标准形式。

通常，在审计业务开始之前签订审计合同，以往公司3月决算，审计业务于8、9月开始，签约也会在此前后。季度复核的业务会在第一季度的中间开始，所以就会出现3月底决算的公司必须在6月份签订合同的情况。

（二）在一体审计中制定审计计划时应注意的事项

主持人 刚才森先生精辟地给我们做了解释。那么，在这种一体签约的情况下，制定审计计划成为大家瞩目的对象。我们应怎样考虑审计计划的要点呢？

持 永 从最近的趋势来看，本来作为财务报表审计的前提条件，对近代审计中大规模的被审计公司来说，不依据内部控制来进行财务报告审计已经不可想象。要紧的是重要的虚假表示风险，这是审计本身固有的风险和（内部）控制风险，2005年10月审计准则中修订的就是要同时考虑分析这些风险。与重要的虚假表示风险相关联，由公司明确提出管理层的想法，先是对内部控制的理解，再包括管理层的想法等，可以期待着比现在更高的审计水平。把这些（内容）编入审计计划中，不是刚才的审计计划，无论怎样在计划的早期阶段开始实施即成为重点。

实际上在《第 82 号》中"协商"这个词出现了 20 处之多。虽然这是审计人员的实际操作行为，但是内部控制是管理层的事情，是企业运营自身的问题。从这种想法出发，《第 82 号》中强调了这一点，对于审计人员来说也是如此，与管理层的协商非常重要。这里的"一体"这个词语就成了关键词！

（三）与决算日不同的子公司协调时应留意的事项

主持人　之后，我们关于协调的范围再详细解释，与决算日不同的子公司协调时应该怎样考虑呢？

牧　野　关于这个问题，刚才由森先生讲解了修订的要点，"与子公司的会计年度末日后的财务报告相关的内部控制的重要变更"的内容，内部控制府令第 5 条第 3 项的规定公布之后，《第 82 号》公开草案发布后，在最后的过程中作为追加记载的项目（来处理）。

众所周知，母公司和子公司的决算日期有所不同，是因为"3 个月原则"的存在。是这样的想法：只存在 3 个月的差异，原则上合并决算保持不变即可，内部控制的评价也可以进行。另一方面，与子公司的会计年度末日后的财务报告相关的内部控制方面有重要的变更时，内部控制府令中明确规定：由管理层自己评价。

这个府令，于 2007 年的 5 月发布了公开草案，听说那时候有一个公众意见："考虑到有限的时间内的应对措施，不作为管理层评价的对象，而是由信息披露方面来调整怎么样？"

最终还是按照原方案确定了下来。

接下来追加谈谈，按照内部控制府令第 5 条第 3 项的规定，审计人员应该怎样应对。也就是说，由管理层评价的整顿状况、运营状况，还有其评价结果是否适当等，都由审计人员来研究决定。审核的对象是：不是要求对该子公司的内部控制全部重新评价，只是有变更的地方作为评价的对象来追加就足够了，总之只有这部分成为评价的研究对象。

另外，考虑到决算日期后的情况，实际操作中存在时间的限制的问题，在此期间估计管理层也不可能作出评价，若存在这样的情况，审计人员就得讨论是否存在"无可奈何的情况"。

还有要补充的是："内部控制指南"是于 2007 年 10 月 1 日公布的，其中规定：与子公司的财务报告有关的内部控制的重要变更包括"合并、决算方法和使用商品的大幅度变更等内容"。

六、评价范围有效性的探讨

（一）关于事业机构业务流程的追加选定等（关于内部控制报告制度的 Q&A 的问题 6 和 4）

　　主持人　听了以上的各种解说，就评价范围来讲，审计师和管理层的协商是非常重要的业务和审计流程。希望能够重新就 Q&A 中回答过的问题 6 和 4 进行更进一步的说明。

　　例如，重要的事业机构的金额合计没有达到合并会计中该科目的一定比例，即三分之二的情形；在 Q&A 问题 4 的回答中提到的，就与企业经营目标密切相关的会计科目，银行业中特殊科目的设定。请进行综合说明。

　　野　村　首先，重要的事业地点的金额合计没有达到合并会计中该科目的一定比例的情况下是否有必要追加选定业务流程的问题，在 Q&A 的问题 6 中已经进行了说明。美国是这么做的，结果是几乎所有的业务流程均成为评价对象。而日本没必要这么做，在实施标准中，就与企业经营目标密切相关的会计科目，不要求合计金额达到合并会计中该科目的一定比例的业务流程作为评价对象。例如，在占合并销售额三分之二的事业机构中，可以明确地锁定那些达成与企业经营目标密切相关的会计科目的业务流程。本次的《第 82 号》，以图表的方式具体、明确地演示了这一过程。

　　至于金融机构的与企业经营目标密切相关的会计科目，正如 Q&A 问题 4 中所解释的，银行等机构与一般业务公司的业务内容不同，在考虑到此因素的基础上，银行业务趋于多元化，因此不能一概而论，本来应当根据各个业务的内容来判断。但是对于大多数以存款和贷款业务为中心的银行来说，相对于一般企业的销售额、应收账款和库存资产，与企业经营目标密切相关的会计科目一般可以设定为存款额、贷款额和有价债券。这仅是一种示例。

（二）如何理解"与企业经营目标密切相关的会计科目"

　　主持人　野村先生为我们阐述了行政的看法，其他的一般业务以外的公司对"与企业经营目标密切相关的会计科目"是如何理解的，请持永先生就其内容和范围进行阐述。

　　持　永　据说内部控制报告制度的对象企业有 3 700 家，一般来讲这些企业共通的规则制定是很困难的。野村先生介绍了银行业的情况，从经济学、经营学来讲，只要是上市公司，计算销售额并获得利益基本上都是企业持续发展的大前提。在此认识的基础上，当然计算销售额就成为主要流程，这就造成会计科目在一般企业来讲是销售额、应收账款和库存资产，而对银行业来讲则是存款额、贷款额和有价债券。如果把主要流程称为销售流程，则自然而然就决定了重要的会计科目。从 2008

年度开始使用的 XBRL 中涉及的科目标准化，要判断会计科目的属性，我们希望应该会比较容易理解。

审计师在执行审计业务过程中，与会计科目的选定一样，货物和现金的流动，以及是否与票据联动也是最重要的。这三项会计科目在必须定量衡量风险时非常重要，因此从包括服务在内的货物和资金的关联可以确定重要的会计科目。

主持人 听了以上说明，以业务流程为焦点，对比重大的业务流程，不论是否计算，都要进行归纳。然后根据企业的性质，会计科目设定为销售额、应收账款和库存资产，而对银行业来讲则是存款额、贷款额和有价债券。

持 永 "归纳"一词在意思上有些偏差。

主持人 对，前提是就范围的决定进行协商。

持 永 重要的是，一般情况下可以用这三个会计科目进行总括，如果存在风险的话则考虑个别的风险。这才是正确的考虑方式。

主持人 对此想法，请町田先生发表意见。

町 田 一般企业的销售额、应收账款和库存资产，或银行业的存款额、贷款额和有价债券，也就是所谓的三大会计科目的基础业务流程，在实施标准公布的当初，就有恐怕无法达成内部控制的评价、为何是三大会计科目等的意见。

在此提出这一意见是因为，稍后可能会有以下的讨论，日本的内部控制报告制度最大的特点是彻底执行了由上而下的风险处理方式。由上而下是指，以管理层的视点来看企业或企业集团。这也说明日本的制度中，企业整体的内部控制、决算、财务报告流程所占的比重很大。仅以这些部分为对象谋求内部控制的建设，也是有意义的一种行为。

因此，在日本的制度中，承认对其他业务流程的大量削减。于是，在评价范围内留下哪些业务流程，则有必要关注歪曲财务报告风险高的方面。由于在以往的虚报等事例中有很多销售额和应收账款的无凭据记账、库存资产的不当评估等，因此将其作为重要会计科目。我的理解是，这终究只是一种示例。

现在企业现场正在正式地推进业务流程内部控制的构筑工作，真正推行起来，现在实施这三个会计科目就已经很困难，在各种真实情况调查中，有期望谋求减负措施的呼声。虽然很困难，但实施标准所要求的三个会计科目已经是实施内部控制评价的最低标准。

（三）关于企业整体的内部控制以及决算、财务报告流程的省略

主持人 刚才谈到单独审查企业整体的内部控制和财务报告流程也非常有意义，那么如何看待对于极少的事业机构来讲可以省略企业整体的内部控制和财务报告流程的问题呢？

野 村 关于可以不作为评价对象的极少的事业机构，应该对这些事业机构对财务报告的影响的重要性进行斟酌，然后由管理层根据需要与审计师进行协商判断，

不能一概而论。

　　然而，本次的《第 82 号》所涉及的这个问题可以这样理解。正如 Q&A 问题 3 中所提到的，即使是企业整体的内部控制，在"一般情况下"的前提下，例如全体销售额的 95% 以外的子公司，可以考虑作为极小部分而排除在外，希望各企业制定一定的合理标准而进行判断。

　　但是，Q&A 问题 3 中的数字 95% 仅仅是一种示例，另外不能理解为无论 4% 的事业机构有多少均可除外，希望能够注意的是，全体的 95% 以外的事业机构这一概念。

（四）关于达成与企业的经营目标密切相关的会计科目的业务流程的实际判断要点

　　主持人　关于达成与企业的经营目标密切相关的会计科目的业务流程，是重要的事业机构所进行的重要业务活动，还是与业务相关性很低而对财务报告的影响极小的情形，如何理解在实际操作过程中的判断要点，在野村先生的论述的基础上，请牧野先生发表意见。

　　牧　野　作为实施标准的辅助规定，一旦选定重要的事业机构，其中的达成与企业的经营目标密切相关的会计科目的业务流程，原则上应全部作为评价对象。

　　实施标准中有两项除外条款，明确说明，重要的事业或者业务相关性很低，对财务报告的影响的重要性极小的业务流程可以从评价对象中排除。

　　在《第 82 号》中，例如批发销售和商店零售分开的情况，以批发销售为主，零售只是为了把握市场动态，也就是触角式零售的情况，而且零售的销售额很少，以批发销售为主的情况下，达成销售额、应收账款的计算的业务流程可以仅以批发销售为对象。另外，针对对财务报告影响的重要性很低的情形，追加记载了具体实际操作中判断的要点。

　　《第 82 号》第 23 页中，记述着以下的看法：在各个重要的事业机构中，管理层判断重要性很低的，考虑排除在评价对象之外的关联交易与经营目标密切相关的会计科目余额对各个事业机构的与经营目标密切相关的会计科目余额产生的影响度，或者各个重要的事业地点的排除在评价对象之外的关联交易与经营目标密切相关的会计科目余额的合计对与经营目标密切相关的会计科目的合并财务报表的余额产生的影响度，如果管理层在每个会计季度持续利用这两个方法之一或其组合进行判断的话，审计上可以视为适当的处理方式。

（五）关于管理层的评价过程

　　主持人　关于管理层的评价过程，是否是基于用同样的方式采取同样的方法进行评价的前提进行讨论呢？

　　牧　野　正如现在的问题，实际上在《第 82 号》的最终审议、探讨的过程中，针对业务多元化、有大量的交易种类的行业，对其实际操作中的问题进行了重点讨论。一旦选定重要的事业机构，为达成与企业的经营目标密切相关的会计科目的业务流程，原则上应全部作为评价对象。评价方法也是一刀切的，例如被称为三件套的记录、书面化，将这些记载下来，进行评价，并对记录和书面化进行更新（维护）。如果这样的话，恐怕无法实际操作的呼声很高。

即使假设经营种类很多，各个经营项目对财务报告的影响也高低不同。既然重要性程度不同，则希望根据程度进行记录。至于评价的程序，根据对财务报告的影响程度适当地选择、应用，不能说成是偏离实施标准的要求。规定中有以下的追加记述："另外，被指定为评价对象的为达成与企业的经营目标密切相关的会计科目之一（例如销售额）的业务流程包括多个营业项目的情形下，并不强求管理层对所有经营项目采取同样方式的一刀切的评价，审计师应该注意，根据经营项目对财务报告的影响程度，管理层可以适当地选择，采用询问、记录的检验等方法。"

（六）权益法适用企业的内部控制评价的对象范围

主持人　以上的讨论中心是业务流程的评价，另一个重要课题是权益法适用企业的内部控制评价的对象范围问题。请就如何决定对象范围发表意见。

野　村　对于权益法适用企业的内部控制评价的对象范围，实施标准中也有规定。基本考虑方法如下：相关企业对各家相关企业对财务报表影响的重要性进行判断，而后决定评价对象，根据需要管理层应当同审计师进行协商，恰当地判断。Q&A 问题 5 中列举了以下定量的判定方法，即相关企业的利益乘以权益比例后与合计税前利益相比较的方法，或者相关企业的销售额乘以权益比例后与合并销售额相比较的方法等。

（七）关于与权益法适用企业的接触

主持人　假设通过与管理层的协商选定了适用权益法的企业，审计师如何与管理层进行接触，才能判断出内部控制的程序是适用的？

持　永　刚才町田先生也谈到了，内部控制的通报制度与美国的制度不同，权益法适用企业也是评价对象。在财务报表审计中，由于对合并本期利益有影响，因此权益法适用企业也成为审计对象。从这个意义上讲是正论，在合并本期利益中权益法投资损益占的比重越大，就越不能说不评价也行。但是，与管理层协商的审计师有时会非常苦恼。虽然取得了企业 20%的股份而行使影响力，但在其他的支配股东存在的情况下，可以想象内部控制的机制会按照该支配股东的想法实施。在此情况下，应当如何对企业整体的内部控制和业务流程进行评价，确实是非常恼人的问题。

话虽然如此讲，以向关系企业投资的方式运用受股东委托的资金，对合并本期利益的收益很大的情况下，还是应当与管理层协商，争取作为评价对象。

关于权益法适用企业的问题，由会计转为经营本身就不敢苟同。有过某企业对关联企业的投融资处理的事例。出现关于风险资金是否是真正必要的投资的议论也不奇怪。就此问题，超过在内部控制审计的阶段，正在成为财务报表审计过程中与管理层讨论的话题之一。

七、企业整体的内部控制评价的讨论方法

（一）企业整体的内部控制是什么样的

主持人　刚才町田先生解释到企业整体的内部控制和决算、财务报告流程非常重要，可是如何理解企业整体的内部控制呢？

町　田　企业整体的内部控制的定义是这样的，"广泛影响企业全体并以企业全体为对象的内部控制"，总而言之是以企业集团为对象的内部控制。就像刚才谈到的，基本上来讲，集中体现了内部控制意见书中显示出的由上而下的风险处理考虑方式的部分，可以说是企业整体的内部控制。

谈到由上而下，可以说是以管理层的视角进行评价。内部控制的构筑是由管理层负责的，以管理层的立场进行评价的重要性无与伦比。同时，还有纵观企业集团整体，从企业集团整体的角度去评价的意思。从一开始就不是着眼于详细的业务流程，而是俯视企业集团整体，确保最终编制、公开的合并财务报表和有价证券报告的可信度。

另外，还有一点想说的是与美国的区别。美国也有对称为企业层面控制的企业整体的控制的评价，但与日本不同的是，仅仅是作为业务流程中内部控制的评价的前提或基础而进行的企业层面控制的评价。日本则与之相反，在实施标准中明确了评价科目示例，要求以此为基础进行企业整体的内部控制的评价。在此之上，指出针对企业整体的内部控制，有可能会识别出重大缺陷。从这种操作上也可看出，日本的制度中对企业整体的内部控制非常重视。

听说在企业内部控制实际操作过程中，各企业根据自身情况，对实施标准中列举的企业整体的内部控制的评价项目示例进行修正和追加，通过对子公司和事业机构的问卷调查和反馈听取等方式，把握本企业的内部控制状况，从而进行评价。这说明了，日本的企业整体的内部控制的处理方式，按照制度的宗旨逐渐向企业渗透。

（二）企业整体的内部控制评价探讨方法的要点

主持人　下面请住田先生讲解"企业整体的内部控制评价探讨方法"的要点。

住　田　在日本的内部控制评价、审计制度中，非常强调由上而下的操作方式，而其起到的关键作用就在于这个企业整体的内部控制。实施标准中说明了企业整体的内部控制通常是适用于企业集团全体的控制，因此在企业集团全体进行筹备、运用的情况下，总公司有可能对筹备状况和一定程度的运用状况进行评价。

由于内部控制的评价、审计制度的实施，企业整体的内部控制原则上应对极少

的事业机构之外的所有机构进行评价，因此相对于传统的财务报表审计来讲，作为评价对象的事业机构数量会增加很多。

那么，过去没有进行过审计的机构，是否也必须就管理层实施的企业整体的内部控制评价，实施审计程序呢？如果是的话，审计所需的人力物力有可能大幅度增加，因此委员会中讨论了控制这种增加的合理的理论结构的可能性。讨论结果说明，由于企业整体的内部控制是对企业集团全体而适用，因此大多数可以在总公司层面完成。所以可以实施在必要情形下在子公司进行评价的审计方法。

在这个《第 82 号》中规定，虽然极大地依赖于企业的全体控制的评价方法，但是运用状况评价的前提是监控内部控制的统一性的内部审计的完善运用。如果总公司的内部审计部门直接对子公司的全体控制的运用状况进行测试，或者对子公司实施的有效性的测试结果进行一定程度的证据收集的话，总公司的审计部门就可以在总公司层面实施对子公司的全体控制评价的审计程序。这些是管理层的评价方式和审计程序的组合的问题。无论是管理层方还是审计师方，都有必要更有效地实施这一制度，因此尽早就如何评价进行协商是重要的要点。

主持人　听了上述说明，企业整体的内部控制的评价，根据企业组成的方式，或企业评价的方式，而各个不同。但在实际操作中，恐怕会有很难判断的情况，委员会中有过关于这一点的讨论吗？

住　田　刚才也提到了，虽然审计师在财务报表审计过程中对相当于企业整体的内部控制的部分进行评价，但通过实施标准中列举的 42 项评价科目示例也可看出，非常抽象的，很难回答的问题很多。也有受问卷回答负责人的主观判断所左右的部分。因此同样是管理层的评价方式，对于同样的科目，根据部门和级别看法当然会不同。通过收集这样的信息，进行企业整体的内部控制的有效性评价是非常困难的。

因此规定中使用了"高级判断"一词。由于企业全体的控制具有影响范围广的性质，确实存在审计师比较倾向于保守判断的情况。例如，在某一个事业机构中审查出企业全体内部控制的 42 项科目中某一个不完善，就有可能发展到内部控制整体是无效的这种议论。但也不一定是如此。用这种制度对企业整体的内部控制进行评价的目的，终究只是将重点放在担保财务报告的恰当性上。因此主要逻辑就总结成，通过充分探讨企业整体控制的不完善对财务报告的虚假记载的可能性的影响，来判断是否是重要缺陷。

当然也需要管理层的高级判断。由于依赖于主观判断的部分很多，因此出现各种各样的议论也不奇怪。

（三）企业整体的内部控制中出现不完善部分的情况下当做重要缺陷来处理吗？

主持人　刚才町田先生解说了由上而下和企业整体的内部控制。当企业整体的内部控制中出现不完善部分的情况下，当做重要缺陷来处理吗？请持永先生进行说明。

持　永　企业整体的内部控制是持续地维持、运用业务流程的大前提。但是，并不是说企业整体的内部控制中有了重要的不完善就等同于重要缺陷。当然必须探讨影响的程度，但是还存在补充控制的论点没有载入现阶段的《第 82 号》中的情况。作为将来的研究课题，在企业整体的内部控制和业务流程的关系之外，关于决算、财务报告流程，刚才町田先生也谈到了，对企业整体的内部控制和决算、财务报告流程进行评价本身就很有价值。它意味着，企业整体的内部控制以及决算、财务报告流程中有可能存在导致重要缺陷的不完善状况，因此审计师当然应该引起注意，尤其应该重视决算、财务报告流程。

　　主持人　关于与舞弊行为的关系，持永先生是如何考虑的？

　　持　永　迄今为止的被称为舞弊的事件中，既有管理层的违法行为，也有中间管理人员的违法行为。最近，过去很少见的管理层违法行为逐渐增多。这种状况引起了内部控制是否真正起到了有效的作用的疑问。传统的内部控制的思维方式中，牵制中层管理很难的意见很多，因此本次的意见书和实施标准的基本思维方式认为，一旦有效运用企业整体的内部控制，即使是管理层的舞弊行为等，也可以在一定程度上对应。这也意味着，可以有效地利用企业整体的内部控制，或对其进行评价，这些企业本身的自查自检是很有效的。

（四）企业整体的内部控制及其对业务流程的影响

　　主持人　那么，业务流程对审计的影响又是如何考虑的呢？请牧野先生讲解。

　　牧　野　刚才町田先生也阐述了由上而下的风险处理方式，也就是说，在企业整体的内部控制的评价结果的基础上，对业务流程相关的内部控制进行评价。具体的进行方式，在《第 82 号》第 31 页中以表的形式进行了总结（见表 2—2）。总结描述了，根据企业整体的内部控制的评价结果有效和无效的情形，业务流程相关内部控制评价程序的示例。

表 2—2

企业整体的内部控制评价结果	业务流程相关的内部控制的评价手续示例		
	样本数量	程序的种类	多个分支机构的情形下的审查点的选择
有效	少	以问卷和相关文件的阅览为中心，就重要的内部控制进行观察和重新实施	1. 对一定数量的多个会计季度进行轮查，从而选定评价程序的审查点 2.根据业务内容和规模等业务机构的特点进行分组，然后在各组中选定样本点
无效	多	为得到更有力的证据进行问卷和相关文件阅览之外，更广泛地进行观察和再执行	1.慎重地探讨对一定数量的多个会计季度进行的轮查，从而选定评价手续的审查点的方法 2. 慎重地探讨选样的采用

如果企业整体的内部控制的评价结果有效的话，少量的样本也可以对应。程序的种类的确定，则以问讯、相关文件的阅览为中心，对重要的内部控制进行观察和再执行。另外，存在多个分支机构的情形下的审查点的选定，一定数量的会计季度的轮查，以及选样等方法也可以对应。

但是，在企业整体的内部控制的评价结果不是有效的情形下，必须通过更广泛地检查业务流程相关的内部控制，来检验是否降低了弄虚作假的风险；样本数量也必须增加；程序的种类也需要实施可以得到更有力证据的程序；另外必须慎重地探讨选样和轮查的方法问题。

八、关系到业务流程的内部控制的评价的讨论方法

（一）关系到业务流程的内部控制评价的程序

主持人 有关审计程序我们也谈到了，作为关系到业务流程的内部控制的评价手续，在审计程序上，整理阶段和运用阶段时如何的不一样呢？持永先生，请谈谈您的见解。

持 永 我认为没有混乱。建立状况的评价的时候，通过公司的内部控制能预防或者能发现不完备或重要缺陷，确认这些关于控制上的要点是否被无遗漏地评价。我认为这个很重要。与此相比，关于运营状况的评价是，评价在此建立状况上是否按照设计的原样被运用即可。

但是，这个时候，有一条必须注意的事项，那就是批准手续的负责人有没有权限和能力。有关这些在《第 82 号》中是有好几处记载的，我想有关批准的权限、批准的内容，如果有公司没有意识到的情况，那些要点若能得到审计人员的提醒就太好了。

（二）25 件事例被举例说明的原委和在《第 82 号》上的对应

主持人 把部分作为审计的重点合适，持永先生谈过了，在意见书上列举出了25 个测试样本的具体数字。能讲解一下这个经过吗？

野 村 我想町田先生也相当地了解。有关加入 25 件的这个数字之事，经过多次的讨论，有一种见解是加了反而被误解为不应该加，但大多数的意见希望明确地列出具体的数字。

我认为实例数可以成为运用阶段的复核。按理说考虑内部控制的重要性或复杂性，用前一年度的评价结果等，来决定运营状况的评价实施方法就可以了，但是当制定实施准则时，就像现在所讲的，因为有很多希望尽量出示具体准则的要求，所以就不怕被误解，而列举出了具体的数值来举例说明。

牧 野 为了讨论关于业务流程中内部控制的运行的评价而进行的程序，例如，

关于日常反复连续交易，当把统计上的正规分布作为前提时，为了获得 90% 的信赖，被评价对象在控制上的每个要点最少需要 25 个实例的这点上，在实施准则中很明确提到了。在《第 82 号》里，刚才也稍微谈到，只是 25 件这个数字的部分不要徒有其名，应该被记载到实务的注意事项里。

要点有两点：一点是在决定实例的数值时应该考虑的要素到底是什么；另一点是，运用的评价的结果，如果发现了偏差，或者想提高信赖度时应如何处理。有关这两点，在整理这个想法的同时，还有因为审计人员之间不能出现偏差，在这样的认识下，拿到在美国的实务上利用的 AICPA 的抽样调查表，讨论研究之后，添上附录。

另外，作为补充，关于这份抽样调查，我们认识到这个题目本身就很大，因此，在《第 82 号》中并没有罗列这份抽样调查的全部论点。完全是受到 25 件的影响，才记载了有关理论背景的开端部分。

町　田　我赞同牧野先生的意见。起初抽样调查只不过是抽查的一个方法。JICPA 也公布了有关抽查的实务指南，但是，因为是很早以前公布的，从现在的状况来看不一定完全。

关于这次的《第 82 号》中，在附录 2 的部分，在 AICPA 的抽样调查的指南里，引用了统计的抽样调查的表格，这并不是美国独立开发的，只不过是编制出的表格。我认为这回是因为没有日本的实务指南，不得已才引用了此表。

如果可能，以此为契机，我们期待着把有关日本的实务指南方面的检查和抽样调查的规定或者说明，从某些程度上更新或修订成反映现有的实务的内容。

（三）能否利用非统计的抽样调查

主持人　"在关于业务流程内部控制的评价的讨论方法"的部分，部分提到了统计的抽样调查，对于这部分内容，请广濑先生讲解一下。

广　濑　对于母公司对象非常多的情况，以抽样检查评价来评价全体，就是所谓的抽检。这是传统的抽检做法，我认为在进行内部控制评价时，管理层方面的评价、审计人员的审计，作为实施标准也都在使用这个抽检的概念。

这个抽检的方法，我认为可以大体划分为统计的抽样检查和非统计的抽样检查。统计的抽样检查是抽出一部分样品，能得到表示全体的应有的数字的证据方面，对有关采用抽样调查方法的合理性、举出证据方面很出色，但是另一方面，好像有抽样调查件数会变得很多等问题。

对于实施准则，有关抽样调查的方法，因为有"预定统计的抽样调查"的记述，好像存在着误解。我理解为，原本实施准则并不要求统计的抽样检查。在 JICPA 的《第 82 号》里，虽然说有关统计的抽样检查比实施准则说明得稍微详细些，但并非解说了全部。因为题目本身太大了，在内部控制审计的实务指南中详细解说统计的抽样检查反而不太恰当。但是，实施准则里既然列出了 25 个或具体的数值，就不得不解说这个理论的背景的开端和一些起码的介绍。由此判断而（把此内容）加入到《第 82 号》里。

《第 82 号》并不是尽力推荐统计的抽样检查，利用非统计的抽样检查也不是不可能的。

（四）关于月度、季度账目决算方面的抽样检查

主持人　另一个方面，从企业方面来看已经了解了 25 个的实例，但是关于如何抽样检查，我想这个疑问一定很多。到现在为止究竟有过什么样的议论呢，例如，在每月账目决算或季度账目决算进行抽样检查的时候，企业方面抽样检查该考虑什么要点，请您讲解一下。

持　永　在《第 82 号》之前的审议会的意见书以及实施准则中也是如此，讨论所需的时间是要点之一。根据从审议会得到的信息，我们可以理解为：根据企业管理层的抽样检查，若是没有随意操作，是合理性的抽查即可。对于这一点，因为审计人员的情况是基本上按照已经制定的财务审计报表进行抽样检查，所以对审计人员没什么担心。

有关 25 个，刚才野村先生和町田先生也谈到了，关于此数值标准确实有过可有可无的讨论。并且目前在提过的决算和财务报告流程中，月度决算 12 次，季度决算只不过 3 次。因此，对于只有 3 次的季度的决算 25 件抽样检查是做不到的，在实施准则里附上了"日常反复性"这个词。

在《第 82 号》中提供更多的说明是困难的，总而言之，企业管理层如果实施没有随意性的适当的抽样检查就足够了，对于审计人员则被要求利用审计财务报表的经验等，根据抽样检查，从而得到充分的并且适当的审计证据。

（五）关于在决算日前评价决算、财务报告的流程

主持人　刚才提过了两个要点：全公司的内部控制和决算、财务报告的流程部分。决算、财务报告流程，我们认为无论如何也必须评价决算日以后的过程。关于在决算日以前是否可以进行评价的讨论，应考虑什么样的内部控制，或者应该经过什么样的流程评价等，请野村先生讲解一下。

野　村　在此次的内部控制的基准、意见书中，最基本的想法就是要尽量灵活地处理。有关这一点，Q&A 的第 11 问也指出，有关决算、财务报告流程，不是决算日以后而选择适当的时期实施也可以。

决算、财务报告流程当中的对象，是决算、财务报告的全部流程，并没有特别的规定限制。此前提条件为：到期末决算日之前关于内部控制有重要变更的时候，实施适当的追加手续。特别是关于决算、财务报告流程，通过前一年度的运营状况或季度决算等，在年度的早期实施评价会更高效、更有效。

有意见说，因为是决算、财务报告流程，所以没决算完当然不可能实施。这回总结意见书时，将尽量有效率性、有效性地实施作为重点，阐述了决算、财务报告流程，在年度的早期实施评价是可能的，并且更加有效、高效。

（六）在《第 82 号》中采用有关决算、财务报告流程表计算的意图

主持人　下面的"9. 有关业务流程的内部控制的评价的讨论方法"的"（3）决算、财务报告流程"中，有关审计项目如果有应注意事项的话，请牧野先生讲解一下。

牧　　野　决算、财务报告流程，在实施准则中，考虑关于决算、财务报告流程的业务流程要以全公司的内部控制为标准，适于用全公司的观点来评价所有的事业单元；如果考虑到对财务报告的影响，适于对对象个别评价。在《第 82 号》中，把这两者再稍微具体化就更浅显易懂，以全公司的内部控制为标准、用全公司的观点来评价的时候，举了内部控制的事例，列举了从 a 到 f 的 6 项条款。A.制定在这个期间的决算时，采用的会计方针、记载了注意事项的决算流程书等，分发到各个事业单元，进行说明，力求众所周知。f.因法令的修改而新适用的披露项目，提前探讨研究，必要时和法律专家或审计人员等协商解决（第 36 页）。

此外，考虑对财务报告的影响，对评价对象个别追加的时候，在实施准则中有以下记载：涉及计提费用、固定资产减值、递延税款资产（债务）等估计项目，或者是在与需要管理层预测的重要的会计科目相关的业务流程中，最终对财务报告影响较大的项目，必须讨论是否包括在追加的由管理层来评价的对象当中。比如，考虑在事业单元决算的手续，还稍微涉及有关审计程序的实施方法。

说起决算、财务报告流程，通常具有期末决算日以后才运用的特征。但是也有人认为：如果坚持决算日以后运用，可能导致实际工作无法进行。不能把前期的或者季度的资料完全置之度外，在期末日以后运用的这个时期，决算数字的确定、决算的发表，加上其他事由，事情非常繁忙。（特意）加上了以下说明：按照计划进行也很重要，到期末决算日之前关于内部控制如果有重要变更的话，以实施适当的追加手续为前提，有关运用未必是期末日以后，在适当的时期进行评价也可以。这一点即是实施准则中所记载的灵活性，在《第 82 号》中也再次被举出了。

还有一点，Excel 表计算的使用，就是常说的 EUC（End User Computing）题目，亦即专门委员会从很早的阶段开始讨论的题目。对于渗透到很多企业的实务中的表计算的控制，是不是不用去管呢？在第 37 页已经记载了有讨论的必要性。a.使用表计算，编制财务报告的基础资料时，用宏语言或者计算式来检验。b.表计算的宏语言、计算式等验证不合适的时候，用手工计算等代替性的方法来确认。c.对于表计算的存取控制、变更管理、保存备份等的对应进行验证。

但是，在企业的实务中广泛使用表计算这种想法是不可取的。若是要求表计算广泛使用，对于实业界就有可能是非常大的工程。所以，在（3）决算、财务报告流程中（用了这样的语句）："③使用表计算的时候"。

（七）关于委托业务，在内部控制府令指南中所谓的"国家或地方公共团体或相当于这些的机构"的问题

主持人 我想在决算、财务报告流程中有非关联的业务，根据委托人作为委托业务方有在公司外的事例，在内部控制府令指南的3—1中提到的所谓的国家或地方公共团体或相当于这些的机构，在指南里被设想成什么样的机构予以陈述的呢？

野 村 像刚才所说的，指南的3—1说的是，有关委托业务成为内部控制的对象的时候，但是，有关国家或相当于地方公共团体的机构不在这个范围里。这个想法是根据法令等的规定，一个是被委托方是被指定为国家、地方公共团体，或者是相当于这些的机构。另一个是委托业务或者有关业务的实施方法，被要求遵从有关法令等进行的时候，作为委托方的公司这样考虑，即使说是根据合同来进行内部控制，也没有整理、评价关于有关委托业务的内部控制的余地。对于这些机构整理、评价内部控制很困难，不能成为评价内容的。

要是整理有两点，国家、地方公共团体，或是相当于这些形式的机构，还有委托的内容由法令等来决定，把委托业务没有余地的这些东西说成相当于机构的形式，不只是形式上的机构，就是内容上的东西也没有整理、评价的余地，不能成为评价的范围的。从这些措施上，有关什么样的机构，在个别具体的委托业务方面通过适当的判断来决定。

九、内部控制的重要缺陷

（一）内部控制的重要缺陷是什么样的事情，还有，内部控制的不完备和重要缺陷是什么样的关系

主持人 "11.内部控制的重要缺陷"，我认为这是个非常重要的方针。请牧野先生讲解。

牧 野 内部控制的重要缺陷，在实施准则里，被定义为"对财务报告带来重要影响的可能性很大的内部控制的不完备"。在这里谈一下金额的重要性的把握方法，还有质量的重要性的判断的方针。

首先，质量的重要性，在实施准则中，列举出了退市标准和财务限制条款，还有，关于和有关当事人的交易或大股东的状况的记载事项。在这里最重要的是，与财务报告相关的内部控制的重要缺陷，质量的重要性的重要缺陷到底是什么。

这是从对投资判断影响的程度和在财务报表制作时带来重要判断影响的关系来考虑的，比如，上市公司退市标准的情况，东京证券交易所公布的上市公司退市标准里有上市公司的股票数或股票分布状况、市价总额、资不抵债、有价证券报告书

中的虚假记载，以及审计人员的保留意见或者无法表示意见、买卖量的规定等。要是关于这些内部控制的判断结果有了不完备的话，所有这些是否成为重要缺陷，是一个争论点。

同样，也有考虑根据这些在财务报表制作时带来重要的影响的大小后再进行。其中有这样的记载："避免资不抵债或对财务报表有虚假记录触犯了上市公司基准的情况，质量的重要性（可能有问题）。"

还有，找出大股东的状况，如果按照有价证券报告书，要记载拥有股票数最多的 10 名左右的股东。股东的名字、住所、拥有股票数等，也就是说，大股东的状况这张表是记载的对象项目，在这里有质量的重要性的判断，并不是这个表的全体不正确而是判断质量的重要性。

也就是说，若是从被记载的这些大股东的状况和财务报表的关系来看对重要判断的影响的话，就是大股东中拥有股票数比较多的股东。直截了当地说，有总公司、其他的关联公司、主要股东的判定。关于这些拥有股票数多的股东的判定的内部控制出现了什么不完备的时候，当然属于质量的重要性。

（二）和美国的内部控制报告制度中重要缺陷的不同

主持人　稍微改变一下话题，谈谈有关重要缺陷的报告的事情。请调查美国的内部控制报告的实务的町田先生，讲解一下关于和美国的内部控制报告制度中重要缺陷的不同。

町　田　首先，日本和美国，从关系内部控制的问题事项的范畴的阶段开始就不一样。在日本要是有内部控制的问题事项的话，作为不完备来认识，这当中把给财务报告带来重要影响的东西判断为重要缺陷，用两个范畴来处理。相反，美国在两者之间放入严重的不完备这个范畴，对于审计人员要求给审计委员会等部门发通知。

那么，若是说有关重要缺陷的内容是什么，把财务报告的范围和内部控制的评价范围等方面排除在外考虑的话，基本上是会被认为在日美之间对于重要缺陷没有很大的不同。因为重要性的判断，完全是考虑在财务报表审计中的重要性后作决定。

但是，在日本和美国同样的数字或内容的重要缺陷是不是会报告呢，人们认为未必不会那样的。

美国已经在 2004 年、2005 年，还有 2006 年进行了内部控制报告。第 3 年有 200 家公司总计将近 1 000 件重要缺陷被报告，作为重要缺陷被报告的事项，大体分为相关的 3 个领域。第 1 个是关于控制环境的，第 2 个是人事，也就是，关于会计，即会计主管的知识和能力的问题等。有关这两个部分，在日本和美国被认为没有大的差异。不过，在另一个领域，日美之间，或许有出现很大差别的可能性。这一点是，会计事务周围的领域。实际上，现在，在美国占据了重要缺陷的大部分的就是，在会计事务周围领域的重要缺陷。

这些就和刚才野村先生的话有了关联，在日本，制定了关于决算的评价，特别是把内部控制的运用评价手段灵活地提前实施也可以。另外，在美国有着内部控制报告进行年度决算的流程，也就是说，因为有必须在期末日后进行运用评价这条，既然决算流程结束后再评价运营状况，就算发现重要缺陷，当然也不能改正了。也可以说，允许报告很多的重要缺陷的同时，牵扯到耽误内部控制报告的提出。这一点，在日本，根据刚才讲的运用评价程序的灵活性，人们认为相当程度上可以降低。

比如，对在第一季度和决算一样的流程，进行运用评价的时候，万一重要缺陷被断定的话，在第二季度之前改正，进行再评价。即使这样还有问题的话，在第三季度之前改正，再次进行评价。还有，假使到了最终决算时也不能改正的话，这就也许没有办法了。这样考虑的时候，当然，决算流程和季度报告不一样的情况下有时使用固有的流程。在日本，人们认为相当程度上，在这部分是不是重要缺陷的报告事件在减少。

还有，如果从对日本的企业，日本人的制度的对应力，制度上，业务流程的范围相当程度缩小这一点上来说，重要缺陷是不是不像美国那样多的予以报告，而且还可以预想到关于内部控制报告的拖延的情况。

（三）关于重要缺陷的测定

主持人 把刚才这个议论作为前提，转移到下一项。在意见书上陈述了关于重要缺陷的测定。请野村先生讲解一下意图的部分。

野　村 意见书上的测定方法，我想说说关于发生可能性的测定方法。意见书里考虑到了用抽样调查的结果来统计进而得出发生概率，如果认为此办法比较难，也可以用下面的办法：比如，把握风险的程度，按照发生的可能性定性，分为高、中、低，再把事前规定的比率作为发生概率来计算。只列举了这两个例子。

并且，在审计人员的部分列举了，有关重要缺陷的判断的时候发生可能性的测定方法，考虑到了各种各样的方法，还是认为在实务中合适的选择是必要的。但是，刚才说的实施准则里展示的两个抽样调查和定性的掌握风险的方法，（这些）方法，依然不是很普遍。但是，刚才有关抽样检查大家也说过了，因为有一些不能使用统计性的抽样调查的决算、财务报告流程等东西，对于这样的情况还是不得不采用一些定性的掌握手法。

（四）关于金额的重要性

主持人 关于合并扣除税款前利润根据事业的性质等每年度显著的变化的情况，请讲解一下有关的留意点。

牧　野 刚才的钱款的重要性的部分。在实施准则里，用对于合并总资产、合并销售额、合并税前利润等的比例来判断。这些比例不是统一地使用，是有必要根据企业的种类、规模、特性等适当地使用。而且，这之后，比如有关合并税前利润大概是 5%，也就是说例示出 5%的基准。因为决定实施一体审计，所以重要性的基准值在财务报表审计和内部控制审计时不一样的情况不可取。二者必须前后保持一致。另一方面这个 5%不是绝对基准。因为各个企业情况不同，比如，去年利润上升到了 10 亿日元，但是，今年却降到了 1 000 万日元的情况也应考虑，为应对这种情况修改也是有可能的。

（五）有关企业管理者应付特定的重要缺陷时，或相反情况的时候

主持人　有关企业管理者要是应付特别指定的重要缺陷时，或相反情况的时候，作为审计人员应采取什么样的应对措施呢，请持永先生讲解一下。

持　永　我认为这是内部控制报告制度的特征。并不是因为有了重要缺陷就说不可以。企业管理者特别指定重要缺陷，若是在内部控制报告书里适当地指出的话，审计人员还是可以提出无保留意见，若是特别指定的话，对有关这个评价的结果进行审计，并且，在决算期以后也对这个重要缺陷的改正措施继续跟踪。

有困难的就是企业管理者不特别指定重要缺陷的时候，就连《第 82 号》也记载了若企业管理者不指定重要缺陷，审计人员发现后，就成为重要缺陷的讨论对象之一。似乎接近于循环理论，若企业管理者不指定重要缺陷，审计人员发现后，内部控制的评价是否出现问题成为一个争论点。

这种情况下审计人员的应对，应写得很直截了当，当然，向公司报告、要求改正，有关改正结果也要进行确认。然后，把相关改正结果向董事会以及监事会报告等，这些都要求审计人员采取充分的应对措施。

主持人　现在提到直截了当地的记载，那在内部控制审计上应留意什么样的事情呢，请牧野先生讲解一下有关这方面的议论。

牧　野　重要缺陷这个论点，如大家知道的在事业年度末的时候，没有重要缺陷，或者在期中的时候，重要缺陷被查出，若是在期末日前可以改正的话，管理者可以判断关于财务报告的内部控制有效。还有，有重要缺陷，期末日后，在内部控制报告书的提出日前的时期内完成改正的话，可以在内部控制报告书上备注事项的地方写上。

另外，可以设想到内部控制报告书提出之前，因为某些理由出现没有完成改正的情况，这个情况，从管理者的立场来说，不应该出现是不是对重要缺陷置之不理的误解。这个时候，我们这样理解"内部控制府令指南 4—5"的规定：如果有解决办法和计划的话，可以一并记载。

在《第 82 号》中记载着根据内部控制府令指南的 4—5，管理者应记载针对重要缺陷的改正的方针，在施行方针、计划等时候，作为审计人员，要讨论这些方针、计划的有效性。有关方针、计划的有效性，也就是说整理对于重要缺陷是否有效，要求判断的理解。

（六）有了重要缺陷的时候对于财务报表的影响

主持人　刚才，在持永先生的讲解中稍微说到了一些，有了重要缺陷的时候，对财务报表有什么样的影响呢？

持　永　很有意思的，实际上在销售流程等有了重要缺陷的时候，还有，刚才町田先生说过的在决算、财务报告流程中有了问题的时候，实际上被认为后者的问题大。事实上有关决算、财务报告流程，审计人员在财务报表审计中只顾着进行实质性测试程序，因此，被认为即使决算报告流程有了重要缺陷，事实上对财务报表审计也没有影响。从这个意思上说，可以考虑为至今在财务报表审计上没能得到的情况追加性地得到，这一点关系到审计水平的提高。

对于这方面的问题是，在销售流程或业务流程中有了重要缺陷的时候，作为审计学的一般解释评价公司的内部控制，依据对应这个结果的公司的内部控制，进行具体性的抽查。如果销售流程里有重要缺陷，则不能依据这个内部控制。因此，在《第82号》中记载着，重要缺陷的改正有必要提前进行，要是发现了有必要修改审计计划。说句多余的话，在实际工作中，上市公司基本上没有销售流程等重要缺陷，如果出现了重要缺陷，就把这些形成原因掩盖起来是很不正常的。

主持人　这是管理者的责任吧？

持　永　既是管理者的责任，作为审计人员也应该在适当的时候指出。在销售环节等重要的业务流程上作为重要缺陷提出来这事本身就比较少见，希望能够改变这一情况。

（七）有了重要缺陷的时候在证券交易所的使用

主持人　这个理解中，要是有了重要缺陷的时候，在证券交易所怎么样处理呢？

野　村　我认为说上市标准不合适。2007年4月24日东京证券交易所公布了"上市公司制度综合整理项目2007"，其中对于内部控制报告制度的对应，"对于上市公司，立足于在内部控制有重要缺陷并不直接意味着财务报表存在虚假记载，不会由于内部控制报告书以及审计报告书的记载内容而退市"。我们也一再强调，内部控制有重要缺陷并不直接意味着财务报表存在虚假列报。

十、管理层的评价利用

主持人　刚才，也给我们讲解了有关审计计划的事情。森先生，从有效性和效率性的审计观点出发，如何把利用管理层的评价加进来，考虑审计计划的制定以及更改才更好，有过什么样的讨论吗？

森　管理层自身必须实施内部控制的评价。这个评价怎样进行，做法可以有好多种。依靠管理层一方全部完成是一种，利用从评价的对象业务独立出来的工作岗位的内部审计等方法也是一种。或者，也有利用公司以外的专家的方法。所以，我认为如何进行内部控制的评价，每个管理层的做法是不一样的。

野村先生的讲解里也有，有关评价的范围和评价的程序在控制上的要点的识别是审计对象，其他的评价程序就不是（审计）对象，为了利用管理层的评价，必须在审计过程中充分地理解管理层用什么样的形式、什么样的程序进行评价。内部审计等的实施状况也要确凿地评价，以便考虑审计时能否利用。

如果在审计上能利用管理层的评价，通常，就会比不能利用的情况更有效。因此，我认为也包括管理层的评价程序，从最初的计划制定的阶段开始，管理层的评价范围的决定，评价程序的选择，评价程序的实施等，在形形色色的场面，要和管理层充分地进行磋商，依据和利用管理层的评价，能更加有效、高效地进行内部控制审计。

主持人　在起初的谈话里野村先生讲解到，决定范围的这种程序，还有评价程序也大体包括在对象范围中。从这个观点出发对于刚才森先生所讲的有什么意见吗？森先生的讲解能理解为大体上前后一致吗？

野　村　是这样的，我基本上认为森先生的讲解已经很完善了。就像在 Q&A 陈述的那样，我考虑在管理层的评价程序当中成为审计对象的是，验证控制上的要点识别的妥当性。

不过，审计人员为了阐述审计意见，必须得到足够的审计证据。就像方才的话题，评价范围的决定，或是在其他审计过程中，刚才提到的管理层的情况等，这些内容必须要得到充分的证实。

十一、审计调查书

从一体审计的观点出发如何进行审计调查书的编写，以及保存

主持人　从一体审计的观点出发，作为审计证据如何总结审计调查书才会被认为是很确凿的呢，请牧野先生讲解一下。

牧　野　正如大家所知道的，关于财务报表审计中的审计调查书，审计准则委员会报告书第 36 号已经公布，其中明确了审计调查书的意义，编写目的、特征，还有格式、内容及范围，审计文件的最终整理，例外状况时关于审计报告书日后的审计调查书的更改。因为内部控制审计要和财务报表审计一体化进行，审计准则委员会报告书第 36 号也指出了涉及内部控制审计的审计调查书的编写，依照实际业务上的准则逐步编写审计调查书。

还有，在品质管理委员会报告书中也有规定，通常，每编写一次审计报告书时随之编制审计文件。再重复一遍，若是从财务报表审计和内部控制审计的操作的关联性上考虑的话，就是一体审计。还有，审计报告书原则上也要一体编写，因此，不要分别编写审计文件，可以作出一份审计文件。

再有，在内部控制审计关于审计调查书上记载的事项，刚才森先生开头讲解的

部分，审计计划的制定，实施以后审计程序的结果，不完备之处的统计，每条项目里如何记载的例子用附录这样的形式汇总在后。

十二、内部控制审计报告书

（一）编写内部控制审计报告书的注意点

主持人 想请教一下有关内部控制审计报告书的事情，原则上要求和财务报表审计报告书同时编写，在《第 82 号》也记载了实例。关于注意点，请住田先生讲解一下。

住 田 我认为在阅读实施标准等的阶段时，是很难具体地想象出内部控制审计报告书和财务报表审计报告书同时编写的情况，所以出示了具有代表性意见的典型的实例。首先，实例 1，在审计报告书的前半部分，以前审计人员出具的财务报表审计的部分。上面的 3 个段落是财务报表审计的部分，和以前的审计报告书的记载顺序完全相同。

内部控制审计报告书的实例从《第 82 号》的附录 3 开始，记载了内部控制审计的对象，依据基准实施以后的要点的审计概要，在最后的章节里形成了表明内部控制审计的审计意见的形式。在一张审计报告书里形成了分别记载着财务报表审计报告的部分和内部控制审计报告的部分的样式。

在管理层的内部控制报告书当中特别指定的重要缺陷被记载时，审计意见会怎么样，管理层特别指定的确切的重要缺陷，只要在管理层报告书中适当地披露出来，审计人员的意见就会是无保留的意见。在这一点上，可能有一些人觉得不协调。但是，因为表明管理层的内部控制报告书是否妥当才是内部控制审计报告书的目的，只要管理层的内部控制报告书是合理的，即使有重要缺陷，审计人员的意见就应该是无保留意见。不过，要把重要缺陷在补充文件里明确地记载。

（二）公开草案后的变动点

主持人 和公开草案比较后，要是有变动的话，有关这些内容和补充文件，请合并在一起讲解一下。

牧 野 对于内部控制审计报告书的实例的问题，已经用公布的准则解释清楚了，因为设置了财务报告表审计的审计报告书和内部控制的审计报告书合并起来一起编写的规定。最初，我们看到这条规定时，也是有点体会不到具体内容的印象。用出具实例的方法是不是就能更好地应对呢，所以，举出了 6 个实例。

和公开草案比较后有了变动的部分，这个问题也就是附录里记载的实例 2 的例子，说的就是管理层自己在内部控制报告书中汇报了没有改正重要缺陷的理由。判断有关记载比较合理，表明无保留意见时，有关重要性缺陷的补充文件的例子，这一部分是在公开草案和《第82号》的决定版中关于有了变动、变更后的重点。

当初，在公开草案的阶段中记载了重要性缺陷、不能改正的理由和财务报告表审计中的影响这3点。也有内部控制府令的确定，对于不能改正的重要性缺陷的部分，审计人员在审计过程中确认后，认为没有必要重复的情况也有，最终，内部控制府令接受了只是用重要性缺陷来编写补充文件，对公开草案的用语，文章略作补充。只记载补充文件对于财务报表审计的影响的部分是变更的重点。

还有，补充文件的题目，正如大家知道的，判断内部控制审计报告书为无保留意见时，在内部控制审计报告书追加对于这个判断有附加说明的必要事项时，必须要和表示意见明确地区分开来记载。

实例1　财务报表审计报告书（无保留意见）和内部控制审计报告书（无保留意见）一体化

独立审计人员的审计报告书以及内部控制审计报告书

年　月　日

〇〇公司
董事会

　　〇〇审计法人
　　指定职员业务执行职员　　　　公认会计师　〇〇〇〇印章
　　指定职员业务执行职员　　　　公认会计师　〇〇〇〇印章
（注1）

（财务报表审计）

　　本审计法人（注2）根据《金融商品交易法》第193条的2第1项的规定对后附财务报表履行了审计，即对公司编制所记载的〇〇公司从〇年〇月〇日到〇年〇月〇日的会计年度的合并财务报表，即合并资产负债表、合并利润表、合并股东权益等的变动明细，合并现金流量表以及合并附属明细表进行了审计。编制合并财务报表的责任者是管理层，本审计人员（注2）的责任就是从公允的角度对合并财务报表表明意见。

　　本审计法人（注2）依据日本的公允的审计的基准实施审计。审计的标准是要求本审计法人（注2）得到没有重要虚假记载的合并财务报表的合理的保证。审计在抽查的基础上进行，包括检查管理层采用的会计方针以及适用的方法和根据管理层的估计评价全方位地讨论合并财务报表。本审计法人（注2）得到了意见表明的合理性的基础后，作为审计结果做出判断。

　　本审计法人（注2）认为，上述的合并财务报表依据日本的公允的企业会计准则在所有的重要部分公允地表示了〇〇公司和合并分公司的〇年〇月〇日的财务状况，以及到今天为止的会计年度的经营成绩和现金流动的状况。

（内部控制审计）

　　本审计法人（注2）根据《金融商品交易法》第193条的2第2项的规定履行

审计证明，对〇〇公司的〇年〇月〇日的现在的内部控制报告书实施审计。整理和运用关系到财务报告的内部控制。编写内部控制报告书的责任是在管理层，本审计法人（注2）的责任是，从公允的角度对内部控制报告书表明意见。还有，由于关系到财务报告的内部控制，存在不能完全防止或发现财务报告中虚假记载的可能性。

本审计法人（注2）依据日本一般被认为公正妥当的与财务报告相关的内部控制的审计基准，实施了内部控制审计。与财务报告相关的内部控制的审计基准是，要求本审计法人（注2）得到没有重要虚假记载的内部控制报告书的合理的保证。内部控制审计是在抽查的基础上进行，包括与财务报告相关的内部控制的评价范围、评价程序以及评价结果等，还包括检查管理层实施记载的全面的内部控制报告书。本审计法人认为（注2）作为内部控制审计的结果，我们得到了支持意见表明的合理性的基础（资料）。

本审计法人（注2）认为，表示着"公司〇年〇月〇日的现在的与财务报告相关的内部控制有效"的内部控制报告书，依据日本一般被认为公正妥当的与财务报告相关的内部控制的审计基准，在所有重大方面都公允地表示了与财务报告相关的内部控制的评价。

公司和本审计法人或是业务执行职员（注2）之间，根据《公认会计师法》不存在应该记载的利害关系。

以上

（注1）审计人员是审计法人的情况，不是指定证明的时候，格式如下：

〇〇 审计法人
代表职员 业务执行职员　公认会计师 〇〇〇〇印章
业务执行职员公认会计师 〇〇〇〇印章

还有，审计人员是公认会计师的情况，格式如下：
〇〇〇〇 公认会计师事务所
　　　公认会计师　〇〇〇〇印章
〇〇〇〇 公认会计师事务所
　　　公认会计师　〇〇〇〇印章

（注2）审计人员是公认会计师的情况，改称"我"或者"我们"。
（注3）关于（注1）（注2）在以下的实例中也是同样。

因为编写内部控制报告书的责任是管理层的，在这点上和财务报表是一样的。没在内部控制报告书上记载的情报，审计人员不该代替管理层提供。《第82号》中举出了几个例子：第一个是给涉及财务报告的内部控制的有效性的评价带来重要影响的后发现象。第二个是期末日后，实施的改正措施等。第三个是因为管理层的评价程序的一部分不能实施，不得已的事情发生的时候，在对这种情况表明无保留意见时，不能实施充分评价程序的范围以及它的理由的部分。

还有，讲解了在审计报告书中的变动的部分，管理层自身明确指出在涉及财务报告的内部控制有重要性缺陷的事例。还有，没改正的理由也包括在内。判断这条记载是适当的、表明无保留意见时，给财务报表审计带来的影响要作为补充信息。只限于给财务报表审计带来的影响，是审计人员自己为内部控制审计报告书提供的情报。

（三）有关补充文件的不得已的事情以及关于内部控制报告制度的 Q&A 的 15 问和 16 问

主持人 在补充文件中有不得已的事情这样的说明，请野村先生把 Q&A 的 15 问和 16 问合并起来更加详细地讲解一下。

野 村 不得已的事情的例子，在 Q&A 的 15 问和 16 问中举出了在即将审计结束前，收购了别的公司或是合并的例子。16 问中提出，大规模的体系变更的情况，是否被承认是不得已的事情，并给予了解答。

其中，说的是"在审计结束前"，但是，对于这个结束日的眼前具体是什么时候，大多提问集中在这点上。实施基准中没有明确指出什么时候审计结束。为了不出现万一明确表示时期，反而不能灵活应对的情况，在不得已的事情发生时，在"明确表示除外的范围或理由"的前提下，具体情况具体分析，（特意）不明确指出具体时间。

因此，用比较极端的话来说，这个期间有可能是 3 个月或是半年。有人问 3 个月就可以了吗？实际上不一定是 3 个月，只是表示：在不得已的事情发生时，在"明确表示除外的范围或理由"的前提下，可以把此范围排除。

实例 2 财务报表审计报告书（无保留意见）和内部控制审计报告书（关于无保留意见和重要性缺陷的补充文件 ）一体化

独立审计人员的审计报告书以及内部控制审计报告书

年 月 日

〇〇公司
董事会

　　　　　〇〇审计法人
　　　　　指定职员业务执行职员　　　　公认会计师　〇〇〇〇印章
　　　　　指定职员业务执行职员　　　　公认会计师　〇〇〇〇印章
（注 1）

（财务报表审计）
（财务报表审计的部分省略）

（内部控制审计）

本审计法人（注 2）根据《金融商品交易法》第 193 条的 2 第 2 项的规定履行审计证明，对○○公司的○年○月○日现在的内部控制报告书实施审计。整理和运用关系到财务报告的内部控制。编写内部控制报告书的责任是在管理层，本审计法人（注 2）的责任是，从公允的角度对内部控制报告书表明意见。还有，由于关系到财务报告的内部控制，存在不能完全防止或发现财务报告中虚假记载的可能性。

本审计法人（注 2）依据日本一般被认为公正妥当的与财务报告相关的内部控制的审计基准，实施了内部控制审计。与财务报告相关的内部控制的审计基准是，要求本审计法人（注 2）得到没有重要虚假记载的内部控制报告书的合理的保证。内部控制审计是在抽查的基础上进行，包括与财务报告相关的内部控制的评价范围、评价程序以及评价结果等，还包括检查管理层实施记载的全面的内部控制报告书。本审计法人认为（注 2）作为内部控制审计的结果，我们得到了支持意见表明的合理性的基础（资料）。

本审计法人（注 2）认为，表示着"公司○年○月○日的现在的与财务报告相关的内部控制有效"的内部控制报告书，依据日本一般被认为公正妥当的与财务报告相关的内部控制的审计基准，在所有重大方面都公允地表示了与财务报告相关的内部控制的评价。

补充说明

在内部控制报告书中所记载的重要缺陷，即公司对于在○○程序中办理的全部交易，已经根据公司的合同内容再次核对，其结果特定的必要的修正已经在所有的合并财务报表中反映出来，不会因此给财务报表审计带来影响。

公司和本审计法人或是业务执行职员（注 2）之间，根据《公认会计师法》不存在应该记载的利害关系。

（四）美国的 SEC 注册企业的内部控制审计的要点

主持人 另一个方面，已经在实际操作中有了经验的美国的 SEC 的上市公司的操作，什么样的地方是重点呢？

森 有关这个操作在内部控制府令已经明确了。日本上市公司在美国 SEC 注册的时候，在日本如果美国式的合并财务报表的提出如果能够得到金融厅长官的批准，除了（金融厅）长官认为必要而作出指示的事项之外，根据美国的内部控制报告书的方法来编制也可以。明确规定（的内容）是：这种情况下的审计，也附带着条件，除了长官认为必要而作出指示的事项之外，可以依据美国的内部控制的审计的标准、习惯来实施。

但是，这种情况，依据内部控制审计报告书的审计基准，还必须记载和日本的审计基准的主要不同点。实务中如何进行还需观看。至少府令规定可以利用美国的（东西）。

十三、结尾

（一）关于《第 82 号》有关今后的应对

主持人　2007 年 10 月 24 日公布了《第 82 号》，想问一些有关今后的应对的问题。也许今后企业或者审计法人还会向 JICPA 提出各种各样的询问。对于这个问题，森先生考虑怎么应对了吗?

森　谋求《第 82 号》的会员最大限度的理解是最重要的，所以牧野先生也给予了很大的帮助，在全国各地奔走，积极地召开培训，谋求大家理解。

但是，内部控制报告制度，即使有过美国的前例，但是在日本因为是初次制定的制度，所以我认为依据《第 82 号》并不能解决所有的问题。因此，从今以后也要认真听取审计人员方面的或者是企业方面的想法，在实际操作上出现了哪些问题点和疑点，关于如何解决这些事情，JICPA 也要好好地应对。当然也要和当局共同研究对策。

（二）有关企业和审计人员的筹备、应对

主持人　企业以及审计人员如今在做什么样的筹备和应对，请持永先生根据自己的经验讲解一下。

持　永　承办人在入秋的时候展开调查，现在正在归纳阶段。在公司组建了计划小组，公司全体的内部控制的评价很好地在进行。有关业务程序的实施正集中在主要的程序上，包括分公司等的横向展开的状况感觉有点晚了。最担心的是，决算、财务报告的程序和 ITGC（涉及 IT 的所有控制）的评价工作状况，很多公司几乎还没有着手。关于这两个评价对象，在财务报表审计中是一样的，特别是有关 ITGC，感觉到各个公司都很吃力。

以前的真实情况是，用一个词"认定"（assertion）来说，就是和公司不能直接对话，然而，由于有了内部控制的报告制度，和公司有了共同语言。而且原来都是审计人员认为这里有问题这种形式，拿医生作比喻，犹如给公司看病。（现在）公司自己发觉的问题也能了解了。这就是野村先生考虑的在制度化中表现出效果的一个实例。

面向未来，在经过了 3 年制度运行的美国强调了补充控制的重要性。日本企业的情况，将处在引入这个制度的阶段，首先，实施第一轮的评价程序，之后，若是可以灵活地应用补充控制，包括现场的补充控制、本公司的补充控制的话，就能形成更加有效的、高效率的评价，更加提高内部控制的水平。

（三）有关行政方的今后的应对

主持人 由持永先生讲解了制度化的效果，今后，对于公认会计师、审计人员、行政方有什么要求吗？

野　村 在讲解之前，先说一下，为了顺利地引入内部控制报告制度，现在，JICPA 很努力地宣传《第 82 号》。金融厅的工作人员也在继续努力，进行制度的推广，还有基准的明确化等。重要的一个就是关于 2007 年 10 月 1 日公布的 Q&A，要是有必要的话可以考虑追加的部分。

持永先生讲解了有关从 2008 年 4 月开始的制度引入、进度状况。现在各个公司都在致力于恰当的内部控制的整理。我们希望，在涉及财务报告的内部控制的整理时，正确地把握，分析损坏财务报告的信赖性的风险，对于真的存在风险的部分加强合适的内部控制是最重要的。关于这些主要内容，在意见书和这回的《第 82 号》中也明确了。

对于全体审计人员来讲，《第 82 号》的序章里也写到，要求充分地立足于意见书和实际业务方针，实施有效、高效的内部控制审计，谋求适当的实际业务的应对。

同时，像持永先生说的那样，毕竟在日本是新的制度，对于企业来说还处在摸索状态，对于全体审计人员，要考虑到审计人员的独立性的同时，和企业进行恰当的磋商，希望最后能配合企业构建出恰当的内部控制。

（四）面向内部控制的顺利引入

主持人 刚才，由野村先生讲解了顺利形成内部控制的评价和报告。为了顺利地进行，有什么建议吗？请町田先生讲解一下。

町　田 刚才，持永先生和野村先生都强调了这是个新的制度。关于这一点，例如，财务报表审计，作为基准，有国际审计准则，实际业务上有海外网络格式提供的审计手册，某些程度上日本以前的程序是接纳了实际业务的积累。

可是，这回的制度，例如，财务报告的范围、决算、财务报告程序是从公司整体的观点和业务程序的观点分开来看的，或是说大幅度地缩短业务程序，引入了和美国不同的日本独自的制度。无论是这回的《第 82 号》，还是以此为依据审计法人各自整理出的手册，都是考虑对于这个制度的审计上的应对，某种意义上来说并不是在初次摸索的状态中展开的。

我认为很可能今后在实际业务展开中也会出现各种各样的问题。比如说，并不是只是按照美国的内部控制报告实际业务的经验来推测，是应该不要迷失了日本的内部控制报告制度追求的宗旨上来应对。

还有，从提问中的顺利引入的观点来说，前一年度的试行也是很重要的，最理解企业内部控制的问题事项的还是财务报表审计人员。进行前年试行时，由审计人员进行了预备审计，这个是最有意义的。

　　老实说，我认为如果有可能用什么形式在《第 82 号》中加入有关前年试行的部分就好了。比如说可以出示公司在前年试行的时候，审计人员出具的内控建议的报告，如管理建议书（management letter）等。

　　还有，听说现在由于审计人员对于内部控制的构筑的应对是各种各样的，有时和企业之间发生了问题的例子也不少。对于这些事例，JICPA 可以像在美国谋求内部控制报告的落实那样，也许有必要以大公司的审计法人等为中心设立协商部门，通过协商调整实际业务。

　　总之，初次的实际业务，也许对于企业来说是要花费巨大的成本和劳动力的。所以希望审计人员们尽可能地为了顺利引入更多地展开讨论。

　　（本期座谈会举行于 2007 年 8 月 6 日和 12 月 3 日）

第3章 公开座谈研讨会：内部控制与企业舞弊

参加者

金融厅总务企画局企业披露课课长	三井　秀范
藤沼亚起公认会计师事务所所长	藤沼　亚起
鸟饲综合法律事务所代表律师	鸟饲　重和
日本公认舞弊检查师协会专任理事	甘粕　洁

主持人

青山学院大学大学院教授　　　八田　进二

　　2007 年 12 月 8 日，以日本公认会计师协会会长为首的 60 名产业界、学界同仁和会计师发起成立了日本内部控制研究学会。初任会长由原日本公认会计师协会会长、现在负责咨询的川北博先生担任。作为此学会对社会的贡献，2008 年 1 月 21 日举办了题为"内部控制与企业舞弊"的公开研讨会。在公开研讨会上，根据 2008 年 4 月 1 日开始实施的《金融商品交易法》的规定，内部控制报告制度开始实施之际，不仅是上市公司适用，与内部控制关联业务相关的人们，在正确理解日本这个制度的宗旨的基础上，关于怎样不错误理解制度本身的目的、有效地实施这个问题，进行了热烈的讨论。讨论会的内容在日本内部控制研究学会的《会报》（设立纪念号、2008 年 3 月 25 日）已经登载了，此次对本书的发行意义给予了理解，并得到同学会转载的许可，在此表示衷心的感谢。另外，转载之时，有一部分体裁有所变更。

一、前言——关于内部控制的议论过多

　　八　田　我们已经说明，2007 年 12 月 8 日成立的日本内部控制研究学会，基于向社会的贡献或者说回应社会的需要的观点，计划召开这次公开讨论会。

　　开会的通知发出以后，令我们大吃一惊，短短 10 天之内居然有 1 000 多人报名参加。这种状况也正反映了现在内部控制的大环境，今天希望能够听到针对现状有意义的谈话。

　　讨论进行的方式是，先请诸位谈一谈关于"内部控制与企业舞弊"的重点话题。当然先请金融厅的三井先生谈一谈《金融商品交易法》所要求的内部控制报告制度的要点。再请藤沼先生从身负重任而又受到社会各方批判的审计师的观点，谈一谈内部控制的想法。最后请鸟饲先生谈一谈，已经实施的《公司法》中与内部治理相

关的法律上的对策。

不过，今天的题目"内部控制与企业舞弊"略微有些模糊不清。当然这也是我们的目的，就是如何理解都可以。也就是说关于舞弊，这是法律上的舞弊，还是说伦理道德上的舞弊，我们必须认真地考虑这个问题。考虑如何制定对策的时候，在美国已经有 20 多年关于舞弊的研究和教育，并设立了公认舞弊检查师的资格。负责授予此资格的公认舞弊检查师协会在日本也成立了，负责人甘粕先生今天也来了，对舞弊之事我们要认真对待。下面就请四位来宾各自从自己的角度简单地谈一谈，之后我提出几个论点大家一起讨论。

今天早上（2008 年 1 月 21 日）的《日经流通新闻》用了整整一个版面，写了由于《金融商品交易法》而开始实施的内部控制有多么困难、是怎样的形式等内容。与此制度相应，今年的一年中，与此相关联的行业的商品销售额大约是 1 兆日元。请三井先生介绍一下这方面的情况。金融厅的三井先生，请您谈谈！

二、内部控制报告制度的内容和现状

（一）日本版的 SOX 法的地位

三　井　我是金融厅企业披露课长三井。关于内部控制报告制度，我听说了日本版 SOX 法、J-SOX 法等惯用语。我在当企业披露课长之前，以市场课长、法务室长兼调查室长的身份，多次参与了证券交易法的修订。从这个角度来说，与被称为 SOX 法的美国的法律相对应的日本的法律就是《金融商品交易法》以及相关法令，并不只是意识到内部控制报告制度。刚才提到的证券交易法的修订，作为与美国 SOX 法相对应的东西，不只是内部控制报告制度，倒不如说加重了对于报告书虚假记载的惩罚和引入了罚款制度这两点更重要。惩罚措施加重到，作为违反行政法规以往的案例中前所未有的 10 年以下有期徒刑。另外引入了罚款制度，并在讨论增加惩罚金额的问题。另外从审计制度的角度来看，《公认会计师法》也修订了两次。有必要强调一下，包含《金融商品交易法》、《公认会计师法》的相关法令，才是与 SOX 法相对应的日本版 SOX 法。

本着使日本的资本市场更加公正透明的宗旨，修订了《金融商品交易法》，内部控制报告只不过是手段之一，即只是一部分。为什么这样说呢？因为报告本身只不过是无标价的白纸一张，恰当地披露企业的财务内容或者将来会怎样，才是金融商品交易市场、证券市场能够成立的大前提。

为此美国于 1933 年、1934 年颁布了常说的"二法"，成为目前披露制度的基础。实际上 SOX 法、日本的《金融商品交易法》修订时，讨论得最多、最根本的东西是，内部控制、舞弊之前，先存在着企业会计舞弊事件，也就是说披露的财务报表表示有假，而且事情很严重，会对证券市场有很大的影响。美国也有这样的问题，比如管理层的人找各种借口："这事儿交给了会计部长，所以我什么也不知道"；"这是事务（处理）的错误"；还说"我不懂会计"等等。

（二）明确了管理层对披露信息的责任

　　三　井　可是，财务报表不应该全部交给会计部门，本来就应该由管理层向资金提供者报告：这样运用筹集来的资金最终有多少利润，或者有多少损失。可是由于公司规模的增大，或者公司的经营范围越来越广，一个人当然无法运转，所以就由组织来分担，由组织来报告营业的情况。

　　所以，为了再次明确管理层的管理责任，从几年前开始引入了管理层的确认书制度。要求管理层能够负起责任来把握公司的全貌，哪里有风险，结果如何，如何报告。若是间接金融就是面向银行，若是信用市场就是面对股东、债权人等出资人，管理层有报告资金的运用情况的责任。因此，明确了对于小地方无所谓，但是对于重要的地方，管理层本身必须把握好，而且有提出报告的责任。

　　其中也包括管理者本身，调查有时候职员出于什么动机而提出虚假的报告。结果或许有意识地造成了财务报告、披露信息带有重要的虚假信息。投资者以此披露的信息为依据，做出不同的投资判断。从投资者的角度来看是否有重要的虚假表示，如果虚假信息被纠正披露，投资的判断或许会有变化。检查是否存在虚假表示。这样管理层就可以负起责任。我认为这也是非常重要的。

　　实际上，仔细检查了一下最近数年来，因为违反信息披露、虚假表示等，金融厅或者证券交易等监视委员会调查后并指出问题的案例。性质恶劣并有意图的案例，如果做好内部控制就能够防止这些舞弊，还有很多在公开的报告上如有虚假表示的，在信息发送到投资者之前也能够防患于未然。

　　话说起来就长了，为什么要引入这个内部控制报告制度呢，就像是支撑着披露、资本市场本身甚至世界的金融体系的最根本的财务报表中，不能有虚假的数字一样，系统地构建企业结构时，（此制度）必不可少，所以才引入了这个报告制度。

（三）关于日本的内部控制基准的几点考虑

　　三　井　为了对实际上的制度建设有所帮助，内部控制标准以及实施标准，或者是日本公认会计师协会的实务准则，以及金融厅的 Q&A（问题及解答）运行准则，都已经公开发表了。这些适用准则都是基于同样的思维方式，即以客观事实为基准，避免重要的虚假表示，并且在尽量节约成本的同时，于最有风险之处进行资金的重点投入，从而建设公司内部的体制。

　　这种有关成本与效益的思维方式在企业会计审议会发表的内部控制标准以及实施标准当中有明文记载。从股市方面考虑，在整顿内部控制上花费过多资金绝不会有正面效果。只有经营者在统观全局的同时对风险做出正确判断，在有效节约成本的基础上，取得最大的效益，并把这些通过内部控制报告书向股东汇报，才有可能获得好的口碑。我再重复一次，确立能够受到市场好评的内部控制报告制度才是这个制度的主旨。

比方说，全公司的内部控制和业务过程的内部控制都由一个标准或者是实施标准来规定。全公司的内部控制就是从各个方面考察公司状况，判断哪里有可能有违反公司信息披露的风险。例如，如果主打产品是无形的软件的话，经营者就应该考虑到销售额很容易被虚报，以及决算调整时容易对准备金错误估计等问题。

在考虑公司的业务的时候，应该对公司的经营特征、公司规模、经营方式，或者公司的分化状况，以及分公司的状况等进行全面考察。并且分析如果要保证公司账面盈余，或者是增加账面利润该在何处着手，从而考虑自己公司业务的哪一部分如果被改动就会被认为是会计欺诈，同时也就应该在这些地方进行更多的资源投入。在全公司内部控制的基础上，进一步构筑业务进程的内部控制构架。从这个意义上讲，业务进程的内部控制和全公司内部控制就好比汽车两侧的车轮，也就是说得同时考虑这两个方面，才能合理构筑内部控制。

大家都说业务过程比较难控制。其实《金融商品交易法》并没有要监控员工的行为的目的。就像我刚才所说的，重点是要防止有悖公司信息公布的行为。并且，不是一定要保证 100%没有，只要减少到市场被认为是合理的范围之内就可以。

因此，怎样分析全公司的风险，这就要靠经营者的判断了。当然，大公司有可能由专业人员来帮助经营者进行分析，中小企业或者是刚上市的新兴企业，就有可能由公司总经理个人进行判断。在这种情况下，找到重点，分出重要等级，从而建立有效制度就变得非常重要。从另一方面讲，从外面买来软件包可能无法达到目的，在一些没有必要的领域内设置过于强大的内部控制，也存在不符合成本效益原则的风险。

具体实施细则已作为应用准则出台。譬如限定评价范围，或者是以销售额的 2/3 为界，自上而下按顺序筛选商业地点，对这些地点的销售额、应收款项以及库存商品进行评估等，在应用准则上都有具体事例说明。这也就是我刚才说的，在对有风险的地方，有可能做假账动手脚的高风险领域进行全面分析，在这些地方进行重点投入的一个具体事例。

（四）适合法制化的内部控制

三　井　因为这次是（报告制度）首次法制化，有了准则，就有据可依，尤其是在风险企业，以及那些新型商业形式的新兴企业能否作为标准来制定这个问题上，还有争议。

采用专家的建议当然可行，但我认为更重要的是，从一个经营者的角度来看，如果自己想做假账的话，想要从哪里着手，哪里是弱点，从这些地方重点建立内部控制。

说到内部控制，经常会听到需要条文化等要求，或者是利用 IT 技术来建立内部控制系统、内部控制工具等等。当然不是说这些不用最好。如果想要达到标准，并且比法律规定更为翔实地执行的话，内部控制系统当然很有帮助。可是，法律并不要求100%彻查业务过程，无须拿到满分，甚至也没有说必须得IT化。使用IT当然可以，不用IT也没有关系。另外，手工作业时的注意事项虽然有明确规定，标准当中却没有规定一定需要条文化。就算没有条文化，在建立有效的内部控制的前提下，各种各样的应用准则也已经出台了。

因此，作为经营者来说，法律所要求的内部控制是什么，为了把企业信息披露的风险控制在合理的范围内应该怎样有重点地进行内部控制，则是需要经营者自己来考虑的问题。

最后，我想重申一下，经营者对风险的判断是这个制度的要点。我的发言到此结束，谢谢大家。

八　田　各位当中可能会有人觉得，这跟实际情况不一样，跟实际工作有出入。就我自己而言，听了刚才的说明，有一些疑问。应该说企业会计审议会就这个问题讨论了很久，为什么街头巷尾还会有与此相悖的理解。之前的报纸报道也说，在制度导入之前，所有的业务流程要条文化，风险需要一一识别，风险及控制的对照表也要制定，这就导致文件堆积如山。结果就有"SOX法要求企业提供庞大的资料"、"需要设置能够安全保管电子数据的仓库"等论调的出现，就像大风吹来个聚宝盆，好像这种内部控制报告制度开始了，相关产业就能随之繁荣，但事实真相是否如此呢？

（五）日美双方的会计欺诈问题是内部控制制度化的契机

八　田　接下来请藤沼先生发言。

藤　沼　我是藤沼，请多关照。

我认为，现在各个企业已进入内部控制应用的准备阶段。刚才三井先生以及八田先生的发言当中都提到了，有些反应过度，审计人员也对个别企业单位提出各种过分要求。实际上，这些事都曾听说过。

2001年安然公司的破产事件，2002年的世界通信公司事件，2002年7月SOX法公布，这些事件发生时作为国际会计师联盟的会长，我实际参加了当时的讨论。

在这一连串事件当中，我印象最深的还是在公布SOX法时，美国对市场混乱的反应速度之快。通过监视公认会计师审计的PCAOB的设立，强化审计人的独立性的行动的采用，以及再次审查企业的管理体制等，审计委员会的权限得到了极大的强化。从经营者的报告责任的观点来看，同时也采取了一系列措施，比如刚才报告中提到的，就财务报表的适当性提交宣誓书、加重处罚条例等。同时内部控制报告制度以及相关审计也开始受SOS法公布的影响。

我们再来看看日本。仅从我任国际会计师联盟会长的2006年7月开始到去年7月这段期间，就有2004年的西武铁道事件、2005年的嘉娜宝事件、2006年的活力门事件，以及最后一年的日兴 CORDIAL 等大事件发生。为了应对这些大的事件，2005 年《公司法》加以修订，2006 年《金融商品交易法》，以及 2007 年《公认会计师法》也有了新的修订。我作为会长也参与了这些法律的修订工作。我记得在修订《金融商品交易法》时被国会传召，以公认会计师协会会长的身份做了意见陈述，阐述了必须实行内部控制报告书制度来恢复对财务报表的信赖的观点。

（六）日美在内部控制的实际应对方面有所不同

藤　沼　不过，美国在之后的 SOX 法 404 条的执行方面并不太顺利，特别是被批判说所需成本太大。因此，我的理解是，日本在内部控制制度的导入问题上，是否照搬美国经验也经过了认真讨论，最终建立了符合日本国情的内部控制报告制度。

关于内部控制的标准及实施标准，或者是 Q&A（问题及解答）、公认会计师协会的实务准则等，因为不一定能够及时公布，所以事前准备时，公司和审计师基本上只能参考既有的东西。以根据美国先行使用的 404 条来制定的审计标准为基础，开始了各种各样的准备工作，这也使得 404 条对应版本在相当的范围内都有所推广。

美国的 404 条基本上是以会计科目的所占比率来决定重要度的。刚才三井先生也提到过，日本方面因为包括销售额、应收款项、库存商品等有一定重要性的部分，在如何调整 404 条的应对方式方面，并不一定能够顺利进行。

另外就 IT 关系来说，尤其是怎样应对 IT，作为日本内部控制的一个构成要素，各个公司在对 IT 应对关注方面有所不同。还有，还听说在海外分公司导入日本版的内部控制报告制度时，海外分公司的管理层及员工，或者是在海外的会计师一说到内部控制，就先想到美国版的 404 条，因此就很容易理解日本版的内部控制报告制度，到现在还在纠缠不清。

正如之前三井先生所言，刚开始就试图彻底推行此制度的话，会有很多公司无法满足条件。少数公司或许可能，但毕竟不能满足条件的公司要占大多数。刚才也说过，我认为重要的是，作为决策层的经营者从风险分析的角度，找出自己公司最有可能作假的地方，集中对高风险的地方进行重点投入，并逐渐推广加深，慢慢扩大范围。我觉得这种方式比较可取。

就我个人而言，最在意的是能够指出内部控制上的重要缺陷。或许有些言过其实，从我的实务经验上来讲，无论是多好的公司也会有重大缺陷。前不久日经报道，经团联对上市大公司进行了问卷调查，出乎意料的是说自己公司没有重大缺陷的很多。

例如，最近发现的某公司的海外工厂工程的成本估价的问题，与使用工程完成度标准估价收益，或者是估价费用等相关的内部控制问题等等。会计估价在当今会计当中已经变得非常重要。这是一个公司在多大程度上能够识别风险并采取必要的应对的问题。工程信息内容和报价计算等只能依靠现场判断的公司，能说自己在内部控制方面不存在重大缺陷吗？事后发现问题，只能靠修正财务报表来瞒天过海，这种虚假手段曝光时，经营者要被控渎职。我认为如果有这种风险的话，不如先作为重要缺陷筛选出来，然后想办法慢慢降低，这才是行之有效的方法。日本企业的维护公司面子的应对方式会使风险潜伏，反而更加危险。

八田　谢谢您的发言。藤泽先生举了具体事例来进行说明，非常生动。另外，2007年夏天日本经团联公布了"关于财务报告内部控制报告制度的调查结果"。经团联对75家公司进行了调查，收到37家公司的有效回答，占全体的49.3%。由于标样数比较少，可信程度还有待商榷，但是有约6成以上的企业表示来得及。现实情况我们稍后再作讨论。

在讨论内部控制时，总是在《公司法》的框架之内讨论，我认为法律应对也是一个重要的视点。接下来，请鸟饲先生发言。

（七）法律的宗旨在于对现实的适度应对

鸟　饲　刚才八田先生介绍的《日经流通新闻》中，曾经有过一则报道，J-SOX法相关事业多方展开业务达到了1兆日元的规模。报道中没有涉及律师事务所，使我们深切体会到，尽管内部控制系统的建设问题属于法律问题，但律师无法参与J-SOX法应对，这对于律师来讲是非常尴尬的状况。我认为实际上根源在于内部控制的有关法律的宗旨和对现实的过度应对问题。

在《公司法》和《金融商品交易法》中，涉及内部控制通报制度的准备时，法律应对并没有很难的要求，我认为真正的法律专家理解了这一状况。听了刚才藤沼先生和三井先生的发言，我们应该可以明白，法律并没有太高的要求，只是要求对重点环节进行切实的审核，审计方面也没有太细的要求。但是现实却陷入了彻底执行明文化或IT化的状况中。这样的状况从法律专家的眼光来看，无异于自缚手脚。

为什么这么说呢，因为法律不会有不可能实现的要求。众所周知，迄今为止，日本的企业可以应付现行的J—SOX法。只有部分企业由于在美国纽约上市而有意识地实施了404条的应对，绝大多数企业并没有实施404条的应对。而且通过案例也可以明白，大阪地方法院由于大和银行事件而开始制定标准，指出董事有实施内部控制系统建设的责任，从而确立了董事的内部控制系统建设义务。

但是实际的判例很明确，被指责违反内部控制系统建设义务的事例只有出现巨额损失的当地的大和银行纽约支行的负责董事。大阪总部的董事们基本没有受到指责，如果是现在的话恐怕会被认为是违反内部控制系统建设义务的人也没有被指责。

通过其他的案例我们也可以明白，即使是大家都认为很过分的事件中，也没有对违反内部控制系统建设义务的指责。法院会根据事件当时的社会观念而进行最终判断，而法官则考虑如何匹配社会观念和法理框架。由于最近的社会观念要求企业遵守服从，加上法律化的强制的导入，使针对内部控制系统建设的法律要求倾向于稍高的层次，但是社会本身并没有急剧变化，因此对不是很过分的普通公司的案件，虽然给企业造成了损失，法官并不会承认因违反内部控制建设义务的损害赔偿要求。

（八）过度的内部控制应对会增大法律风险

鸟　饲　然而，现在的内部控制系统建设强调明文化，详细制定预防系统，对预防系统的细节进行明文化规定。但是这样做，当丑闻等发生时则归结于细节明文化的懈怠的责任，这样的组织结构必然没必要提高法律责任的水准。因为，明文化应该是为了证实自己完成了本职工作的证据，做得越详细，证据越扎实，出现适得其反的情况时，必然产生法律责任。

另外，随着拼命对细节进行明文化的企业越来越多，就会成为社会常识。随着认真实施的企业越来越多，实际上法律风险也越来越大。因此，虽然不提倡懈怠，但是稍微镇静一下，冷静地考虑一下，有关企业的重大风险的问题上，日本的常识，我们企业的常识，我们业界的常识，大概是什么样子。考虑一定的常识水准，审计法人安全，接受审计的企业也安全。

问题是审计法人方面持有可能被指责结果责任的被害者意识。因此为了避免结果责任，作为法律保护措施而强调证据，强调明文化。由于明文化是证据，用这种方式可以尽量避免自己的结果责任，因此对法律的反应非常过敏，这一现状不是不可理解的。

我认为当局有必要切实地审查、判断是结果责任，还是故意、过失等重大事件。由于法律判断是基于能做的事情是否切实地做了，如果只看结果，在事后得出如果想做的话应该能做到的结论的话，就超出了法律判断的范畴，因此希望能够慎重地审查。

综上所述，藤沼先生的从重大缺陷入手的考虑方式实际上适合法律判断。由于是上市企业而不允许给投资者带来损害，因而从开始就挑选所有重要事项，全部应对而彻底进行明文化处理。由于各企业的状况、费用等方面的相应关系不同，这种做法从法律意义来讲是不可行的。这是一种停止正确法律思维，而恐惧心理优先的过敏的反应。

这样做的结果恐怕会造成，日常业务负责人辛苦，诉讼事件发生时又很辛苦的结果。如果那样的话，我们律师业界会很繁荣，但对社会来讲并不会产生好的结果。因此坦率地讲，我希望能够稍微冷静地考虑一下。

（九）关于《公司法》中内部控制的讨论

鸟　饲　我今天负责《公司法》的话题。从《公司法》角度上讲的董事的法律责任，最终归结为内部控制系统建设义务。但是有一点，希望能就《公司法》中的董事会制定内部控制系统建设的基本方针的规定进行重新研究。

为什么这么说呢？如果维持现状的话，《公司法》实质上所要求的内部控制与《金融商品交易法》的要求处于同一水准。也就是说，监事必须按照日本监事协会制定的有关内部控制系统审计的实施基准，而实施审计业务。日本监事协会的实施基准完全采取了 COSO 的思维方式，是实效性很高的基准。COSO 的框架是以法律是法律、基准是基准的方式保证实效性的体系。从此意义上讲，感觉上在现在的案例中，与可以考虑为《公司法》要求的内部控制系统建设义务的水准相比，《金融商品交易法》所要求的有关财务报告的内部控制的水准更高。我认为如果 COSO 框架的设想进入《公司法》中将会太严厉，但是日本监事协会制定了高水准的监事审计基准，使之成为了现实。这样说不符合事实，执行方将会生气，因而不说的监事实际上大有人在，但实际上已经制定了很高的基准。现在向执行方说明，使其了解情况从而按照日本监事协会的基准进入《公司法》上的内部控制，有这样的企业，但也有很多不这么做的企业。

从此意义上讲，《公司法》和《金融商品交易法》作为法律的基准在更严格的基准上达成一致，向要求基准更高的《金融商品交易法》靠近。在这种情况下，希望能够冷静地重新考虑更加严格化的讨论。

没有重要缺陷的企业是不存在的，藤沼先生的这一见解是很务实的。正视重要缺陷从法律上讲是最安全的。承认重要缺陷而什么也不做的话会成为法律问题，但应对重要缺陷而进行改善的话，不会成为法律问题。一次性改善所有的重要缺陷，由于费用问题等关系，是很困难的。所以，从切实可行的地方开始进行改善，由于法律不会强求不可能的事情，而且承认董事在经营判断的原则下的取舍，因此不会成为法律责任问题。在这个意义上，藤沼先生的建议在实际操作中参考意义很大。（如何考虑的问题，虽然内部控制执行状况好和不好的企业都有，但对此如何应对是很现实的考虑，最后恐怕会由我们来指出问题，但现在应该是冷静思考的时期。应该不会出现从头再来的情况。）总而言之，我想说的情况是，如果过急的话，大家都没有好结果。

八　田　谢谢您很激励人心的发言。稍后再进行讨论。

最后，现在就另一个有关企业舞弊的题目，请甘粕先生在考虑到我们的讨论范围越来越广的基础上进行发言。

（十）企业舞弊的内容和经营的视点

甘　粕　大家好，我是日本公认舞弊检查师协会（ACFE）的甘粕。我今天的任务是就内部控制与企业舞弊这一模糊的题目，尽量将企业舞弊明确化。首先，我想就什么是舞弊谈一点个人看法。

《广辞苑》中将舞弊定义为，不正确的事情、非正义的事情、邪恶的事情。其难点在于，不正确的事情，以什么样的标准、由谁来判断。当然法律是存在的，但鸟饲先生的著作中也提到法律只是规定最低标准，而现实问题的多数是超出其范畴的。公认舞弊检查师协会处理的舞弊是什么呢？翻译的准确性尚在讨论中，相当于英文的 fraud，更具体地说是 occupational fraud（职业上的舞弊）。

职业上的舞弊主要可以分为三种：第一种是资产的非法挪用。侵吞冒领就是一例。第二种与今天的内部控制通报关系最为密切，就是虚假通报或者虚假记录。英文称为 statement。第三种是贪污，也就是滥用职权、腐败。

另外 fraud 由四个要素组成：一是重大虚假言论或记录。二是当事人认识到是虚假的，也就是说有意说谎。三是听到谎言的人相信他的言论或记录，或者信赖说谎者。四是被欺骗的人、周围的人最终遭受损失。满足这四个要素的行为被定义为 fraud。ACFE 展开的活动是，为何出现，如何防止，是否可尽早发现，能否修正舞弊行为。

在此"重大"的定义是什么？明知不对为何要做？进一步讲，为何背叛信赖、信用？更进一步讲，损失是指什么？这些纷乱搅在一起，正是舞弊对策的难点。

相信很多人都看了今天的《日经新闻》中"经营视点"专栏，专栏讨论了最近的虚假问题，指出现在"大概这样的话"已经行不通。不仅是刚才定义的舞弊行为，最近的企业丑闻中，有利害关系人主观认为受到欺骗的所有企业行为都不像话、指认舞弊行为是一种潮流等倾向，使现在的应对非常困难。

至于针对这种情况如何去做，由于利害关系人是从主观上去认识，因此经营者必须一边反复与利害关系人进行对话，同时在法律这一最低标准等基础上考虑自己的组织内的舞弊行为的范畴，由企业领导对此类行为进行排序并主导渗透。这些措施如何去执行、法律制度如何运用等是重要的课题。

八　田　谢谢。关于舞弊问题，有法律的视点、公司的视点，还有审计的视点、经营的视点等各种各样的角度，一般情况下也只有非常模糊的理解。本次的制度以信息公开舞弊或者说虚假信息公开问题为契机，谋求内部控制通报制度的引进。为提高市场的信赖性，金融厅对本次的制度是如何理解和应对的呢？

三、旨在防止舞弊会计的应对和课题

（一）站在投资人角度上考虑信息公开

三　井　《金融商品交易法》中的舞弊，直截了当地讲就是违反信息公开。误导投资判断的财务报表虚假记载是舞弊。因此不同企业实施舞弊的手法不同。例如刚才所谈到的，有操纵销售额的；对于以 M&A 为主要发展方式的企业，应注意的重要舞弊手段是，通过 M&A 筹集资金，例如第三者配股增资，筹集到的资金流向海外等地，而没有用到合适的用途上。

如何适当地向投资人公开财务信息和企业信息是《金融商品交易法》的焦点，因此虚假信息公开可以说是舞弊。从这一意义上讲，各个重大违反信息公开、虚假信息公开的手段则可以看做是构成舞弊的琐细概念。

八　田　个人认为，必须在全公司、日本整个市场确保可信赖的信息，这样的信息披露的守卫者应该是审计师的使命。

（二）明确经营者和审计的作用

八　田　探讨企业舞弊的问题时，经常听到的不是审计师构成了舞弊，而是当事人的企业或企业相关人员进行了虚假信息公开。在过去的讨论中，大的框架是，识破舞弊不是审计师的职责，现今审计师是如何理解的呢？

藤　沼　企业经营者对所有自己编制的财务信息，包括公开信息应该负最主要的责任，而审计师则对自己的审计意见负责。这一双重责任原则在2002年审计基准修订版中有明确记载。

刚才也谈到了，经营者在各种各样的虚假记载事件发生时，大都会说"那是负责财务的董事和审计师商量着做的，与我无关"，但是由于经营者必须明确地以确认书的方式确认财务报表的适当性，因此不能逃脱会计舞弊问题的责任。

在这一点上审计师的立场与三井先生一样，从根本上讲就是为了不误导财务报表使用者和投资人的判断，在审计过程中，有必要实施能够识别重大舞弊问题的审计程序，当然前提是如果有重大舞弊问题的话。刚才甘粕先生谈到侵吞、冒领资产或者贪污、受贿等企业舞弊行为，但审计师所关心的是对投资人的判断有影响的有关财务状态、经营业绩、现金流量情况的大的舞弊问题，而对侵吞资产等小金额的舞弊并不太注意。当然在审计过程中发现舞弊问题的话会向经营层或监事汇报，但审计不是以揭发舞弊问题为目的而展开的。

八　田　至少与以前的对舞弊问题等闲视之相比，可以说立场发生了变化。在美国等国家，也以安然事件为契机，出现了不能揭发舞弊的审计是没用的论调。但是，审计师并不一定精通犯罪心理学以及各种相关法令。

（三）对舞弊调查的需求

八　田　因为有必要进行一定的应对，所以在美国，公认舞弊检查师协会和注册会计师协会合作实施了舞弊对策的项目。从这一点上讲，日本有对舞弊和违法行为等负面问题不从正面讨论的倾向，更不用说舞弊检查师，光听名字就讨厌。换句话说就成了"让我们公认舞弊"。先不说这些，名称是 Certified Fraud Examiner（简称 CFE）而没有办法避免，但实际上可以理解为如何抑制、防止舞弊行为，并且讲求提高经营效率的对策的专家。就此点大家有什么看法？

甘　粕　确实在名称问题上很烦恼。不管名称如何，CFE、公认舞弊检查师的称呼确实有事件发生后进行调查的专家的形象，但是正像刚才三井先生所说的，创始人 Joseph Wells 当初所强调的是"站在舞弊人的角度去考虑"。

也就是说，首先考虑如果是自己的话在这种状况下可以做什么（舞弊行为），当然不是去做，而是考虑如何才能不做、不能做，用英语来讲就是 prevention（防止）或 deterrence（抑制），如何运用这样的知识。这些才是 ACFE 的活动领域和存在意义。

Prevention 主要是利用组织结构，构建想做却不能做的组织体系，或者是切实地擦亮周围人的眼睛。另一方面，刚才介绍的"经营的视点"中有"另一个谬论是以'仅只如此的话'将弄虚作假大事化小的心理"的倾向，这一点就超出了组织的极限，而抑制正是针对这种心理活动的活动。虽然不是万能的，如果做了就会受到这样惩罚的制度是一种对策，但是教育很重要。据说 YAMATO 运输公司曾经解雇了一位偷吃了宅急便中一个橘子的工人，不是以这种方式对舞弊一次深恶痛绝，而是应当积极理解，为防止、抑制做贡献，防止企业风险的出现。英语最近经常使用 proactive 一词，就是说明在事件发生之前积极采取舞弊对策的重要性。当然事后处理也很重要，但是事先预防是非常重要的。

（四）从法律专家角度看到的企业丑闻

八　田　虽然情况是多种多样的，最近这种舞弊问题一旦被媒体曝光，就会出现威胁企业存在的企业价值损害。而且，这样的企业肯定会设立由第三方组成的调查委员会。另外大概都会讲，我们公司新设了内部审计部门，将强化内部审计。

从此意义上讲，虽然我认为内部控制或内部审计不是舞弊和丑闻的保护伞，但一旦外部调查委员会成立的话，律师会毫无例外地加入进来。在这种情况下，在涉及企业舞弊的问题时，法律专家就会考虑"今后对这个要重新考虑"、"以此为契机，为强化防治对策，应该采取毅然决然的态度并保持敏感的感觉以应对风险"。

鸟　饲　近年来丑闻的概念渐渐扩大，而过去仅停留在以法令的惩罚规定为中心的、希望违法行为停止的构想上。但是同其他事件一样，不二家事件，特别是大阪高院对乐清事件的判决中，因为掩盖丑闻而追究了董事的责任。从社会常识来讲，掩盖丑闻得到的利益没有不隐瞒得到的利益大，因而以隐瞒损害了企业利益的方式认定了董事的违反义务问题。讨论的内容是，虽然违反了法律，但是已经停止生产，事后回收已经不可能，在此状况下到底董事有没有义务公开。讨论的结果是，**舞弊行为最终是会暴露的**，而之后的来自社会的批判会给上市企业带来很大的损害，因此不能隐瞒。但是从法学家常识来讲也好，从经营者常识来讲也好，过去的丑闻很多都是 10 年以上也没有暴露，现在尚未暴露的也不在少数，因此舞弊行为一定会暴露的论点并不成立。

过去所讲的法律责任是从企业利益的角度去考虑问题，而我们对乐清事件的大阪高院判决一事的看法是，它超越了企业利益，考虑了社会意识、社会观念而进行了最终判断。从此意义上讲丑闻的范畴非常广。因此，大范围地采取预防措施是很困难的，对重要环节实施预防是最理想的。事后发生了什么问题，也可以有针对性地进行应对。这样两条腿走路是必要的，至于如何平衡最理想的问题则因行业的不同而不同。

例如，对人命关天的食品业和制药业来讲，即使高投入也要最大限度地进行努力，事后的应对已经来不及了。如果是金钱相关的产业，风险大的金钱的话应该事先应对，风险小的金钱的话事后应对也没有关系。

这样进行分类也无可厚非，因此在考虑行业、企业所特有的风险等问题的同时，识别对企业来讲最急迫的或者优先度高的问题就很重要。这仅是一种考虑方法，不能一概而论，但抽象地说，由于是在掌握了与业务相关的事宜或与业务没有关系但社会影响大的法令等之后，构建在内部控制系统中以企业规定为基准而采取行动的组织结构，因而既然有企业规定就必须切实地行动，从而使必须做的事情越来越多。

（五）从审计师的角度审视企业丑闻

八　田　谢谢。对于知名度高的企业，过去的话有可能被默认的丑闻，现在也不被原谅了。因此，取得消费者或投资人的信赖就非常重要。对会计师事务所和审计公司来讲，最可怕的是声誉风险（reputation risk）。对于这种非常可怕的风险，现在的审计公司采取了什么样的风险对策呢？

藤　沼　众所周知，审计公司在最近两三年卷进了很多企业丑闻中。从我们的立场来看，本来企业是主犯，应该对企业的批判声更大才对，但追究审计师责任的意见很强，批判反而集中于审计师。因此，我在做会长的三年中曾经被国会传唤了 10 次，创了新的纪录。审计公司也正在认真地加强办事处的质量管理体系。

所有的审计公司都在开展这项工作，尤其审核功能最重要。另外在事务所内部必须培养审计师的伦理观念。大型事务所都是如此，将事务所的伦理规则或活动方针通知到每个工作人员，教育员工按照这些规则展开业务。这样做会对事务所的名誉有好处，在这一点上企业可能也是相同的。

审计公司如果有一个事件成为社会问题，在别的企业所做的审计工作无论多么完美，也会失去信用。结果是众所周知的美国的安达信消失了，日本的 Misuzu 审计公司（中央青山审计公司）也被迫停业了。

从来没有听说过受到行政处分的人寿保险公司、损失保险公司或银行被迫停业，但对我们来讲，一个大的事件就可能造成倒闭，各公司由于这种风险的存在而很有紧张感地强化质量管理体系。街头巷尾也有（这样做）是否太过分的意见，但由于社会期待审计师做出不辜负信任的公正的审计工作，也出现了各种各样的摩擦冲突的情况。

与大公司审计法人表面上的内部控制制度相比，每个客户企业和会计担当之间的对应是有很大区别的。当然，也听说过在现场对内控审计花了很长时间和费用，执行很详细的程序。还有一点，对于这一流程，纵观美国这五年的企业改革法制定的内部控制报告制度，在日本不足 4 000 个的上市公司，并不是全体都具备整齐划一的品质管理和控制制度，所以阶段的使用或者在一些特殊的新兴行业和中小规模的上市公司上，希望能有一些缓和的措施。

与现实状况是否相符合，也就是说在大企业完全实施，但是中小企业不能实施，通常这样的讨论完全无法进行，自然而然地像这样经不起负担的中小企业和新兴企业就会与现实背离了呢？

三井先生，关于这两个问题想请教您的认识和判断。

三　井　首先第一点，现场与表面政策的不同，或者说是现场对应的不同，与最初的说明也许有若干的重复。实施基准和日本公认的会计协会制定的实务指南并不是非常统一的。无论是营业状态还是组织体系，每一个企业的环境都是不同的，审计人员必须处在各自公司的位置上去考虑，要把这些灵活性强、个别性强的事情先放在最后。

我想现场的审计人员一定会有各种各样的烦恼，与其对应的企业方也有各种烦恼，其中一个很重要的论题就是应该把审计的重点放在哪里。内部审计报告制度是为了向资金提供者也就是债权人和债券的持有者说明责任的制度，反过来说，汇报从投资者手中得到的资金是否得到有效使用也作为报告的一部分。并不是只要减少成本就可以的，这个制度要把重点放在效率上，最大限度地考虑效果但不能脱离这一点。

在这里，我觉得是一个非常难的判断，并不是以限制成本为目标就完美了，而是以怎样防止企业公布虚假的企业状况为目的，这一目标能够取得多少效果，能否达到成本均衡，不同的公司有不同的结论，面对这一目标我认为有必要展开一个大的现场讨论。

（六）关于对资本市场，日本和美国的不同理解

三　井　第二点，仅以上市公司为例，在日本所有的上市公司执行统一的制度。在日本仅以上市公司为对象，提出有价证券报告书并没有向公司全体扩展，在日本利用资本市场的公司与美国比较在广度上有些逊色。在美国，中小企业也在积极地利用资本市场，另外中小企业积极利用资本市场的趋势正在扩大。并且，美国的适用对象并不仅仅是上市公司，日本有价证券报告书等财务报告注册到证券交易委员会涉及公司全体，我想有必要先将这一差异重点关注。

把上市公司这个词重点关注的意思是，日本的上市公司与美国相比覆盖率很有限，在对投资者的约束程度上大公司和小公司没有什么差异，恐怕想上市的公司或者是已经上市了的公司，基于证券公司的指导或者交易所上市审计的程序，配备了比《金融商品交易法》所要求的内部统一管理更完备的管理体制。

问题是配备之后是否再修整，并且在公司发展的过程中是否有不断扩大的计划，当然作为被投资者看中的公司在对投资者负责任的基础上要达到最低限度的内部统一管理体制的观点开始被人们所接受，我也认为这一制度的主旨在于覆盖率的不同，既然是上市公司，无论是什么样的上市公司，用基本相同的考虑方法去对待是最重要的。

（七）根据公司的特殊性质实施灵活的内部统一管理

三 井 作为大前提，我想先说两点：第一，虽说是"一概"，但是每个公司的特性不同，因而具体的内部管理制度的配备方法是有差异的，一个上市公司的社长和一个大公司或者是新兴公司的社长目光所涉及的范围也是不同的，没有必要字面化，也没有必要通过电脑统一管理。

对社长目所及之处和社长所做的事情，如何形成一个人进行检查或者由外部的专家进行检查的体制，即使是没有书面的表面形式化，即使是不设置内部检查岗位，只要把能够检查的可能性作为实施基准提出来，小企业有适用小企业的简单的体制，考虑用较低的成本去打造高效的内部统一管理体制这是第一点。

其次还有一个，这是作为政府今后欲向国会提出的法案，在《金融商品交易法》中，正在考虑实行法定公示制度以外的市场制度化，当然这个制度必须经过国会的审议才能成立，所以要依照立法委的立法思想，作为政府要考虑免除法定的公示制度的交易所交易制度，因为有这个免除法定公示制度，所以即便是上市公司，制度的内部统一管理制度和内部信息公示制度都不适用。

只是市场投资家一定要是职业的特定的投资家，这一限定所谓职业的，是在法律要求之上更严格地审查财务报表，所以即便是没有法律上的要求，内部统一管理制度下公司也不会到各个方面很不规范的公司去采购和交易，也许只有本质上的职业人员，才能有严厉的检查，其意义并不限定于构建法律最低限制的基准框架，要有更灵活的制度。在这里我顺便地说一下，在这一点上作为政府也要讨论。

也有过这样的尝试，既然是现行的上市公司，关于财务报表的正确性作为经营者一定要有一定的担保或者说明，我希望能构建起这一体制。

成 田 非常感谢您让我们听到了如此深刻的分析，这是所有基准的灵魂和精华，但是，在关注利益和成本的市场经济中，这也许并不是第一要因，超过收益的成本是不会被现代社会所接受的，那么这时利益应改放在哪里呢？今天三井先生的一番话的意思我认为应该是将健全的内部信息公示制度放在第一位，但是，这是不是没有更多地考虑经营者的利益呢？

在日本，尽管存在着那样的法律，J—SOX 法这一称呼不仅常用，最近还不满足于此，次 J—SOX 或者后 J—SOX 甚至是次次 J—SOX 等很多的叫法出现了，为什么会引起这样的骚动呢？也许是效仿新制度的导入而给予的特权吧！

在去年出版的鸟饲先生的《丰富企业——内部统一管理制度的真实性》中对内部统一管理并不持向前的观点，还请您谈一谈对内部统一管理制度的想法。

（八）关于支撑企业健全成长的内部统一管理制度

鸟 饲 因为我是一名法学家，所以我经常在考虑"法律是什么"这个问题，结果是，有问题的时候从企业那里得到工作，负担处理其中的一部分，这个工作其实是枯燥的。所谓的法律，是处在社会伦理以下位置的一种规范。从企业的经营者考虑，因为公司要成长，要在相关的最低规范中工作，从通常的经营者的立场去考虑，并不是法律以下，社会规范之下的地方活动的是基金，应该有在稍微上层一点的地方也许也有自己的工作的感觉。

但是，请好好地考虑一下，所谓法律的解释有若干的方面，在法律规范以下的领域活动的企业的违规行为，或者光是企业成长中的阻碍因素，可是，今后将制定规范，清除阻碍的因素不是就可以带来企业的成长吗？法律以上的领域其实就是自由的领域，，是企业可以随心所欲的领域，在这个领域里要做出什么程度水准的工作来，要让人们看到什么样的社会价值，这更是企业成长的部分，只有这个才是经营者的自由或者说是企业的自由。

我们法学家的人物说到底就是确保自由，我们保证那个自由的领域，让那个自由的领域得到或用以确保更大的成长。谈起"坡上风云"，也许记得司马辽太郎先生的人很多，将阻碍成长的因素分割，支援其更上一层楼的事情不是我们的责任。就像刚才开始时候的那样，关于内部统一管理制度应该由《公司法》和《金融商品交易法》的法规规制，将其反过来活用，可以将自己置身于法律以上的法律允许的领域谋求自由，我想这种意识是必要的。因为是否有这种意识关系到企业的成长，将满足法律规定这件事当做自己的目的去达成的话，那么企业只能是缩小和衰退。从企业成长这个角度考虑的话，经营者应该把眼光放到法律和法规之上，我认为这种意识的转换是很重要的。

内部统一管理制度是经营者最终使从业人员组成的企业成长的决定力量，把内部统一管理制度放到经营者的立场上去看，是经营者为了让企业成长而对公司全体的经营管理。用它来影响公司全体从业人员，这是统一管理制度的环境，也是公司风气。从那里得到的伟大的创意才是真正的内部统一管理制度。要把内部统一管理制度放到让经营者的企业成长的角度上去挖掘，作为企业伟大的创意，在法律等的规范和约束以上的部分寻找自由的部分，与其关联地找到公司全体的平衡才能达成企业真正的伟大成长。因为好好地理解和掌握法律才可以找到自由的领域，所以不仅要掌握关于内部管理制度的相关法律，还要有向前的自律的想法。

实际上，关于在《丰富企业——内部统一管理制度的真实性》中写的方式，我只读了最初的 60 页和最后的 20 页，那里面有的部分是全部的法律理论，如果不了解法律理论而去读的话则很难理解其真正含义。能读书是一种自由，但法律不是被动掌握的东西，经营主体自主地掌握内部统一管理制度法规才是踏向自由领域的最大要领。以上是我想说的。

八　田　您刚才说您读了最初的 60 页和最后的 20 页，是必须要将一册全部买来的吧？

言归正传，违规的问题无论如何都是向后的，我觉得保守的议论是向着中心点的，不仅如此，就像刚才说的那样，即使是进攻新的经营这个立场上，在企业这一方面上也必须要充分地理解，您觉得怎么样？

　　甘　粕　我也读过鸟饲先生的著作，我先改变一下现在的话题，对违规这个词我们都是有消极的和否定的印象，您刚才也指出来了，把着眼点放在"正确的行为"上的活动是很重要的，正确的行为可取之处在于确定正确的行为这件事本身，对于企业和每个人都有什么样的可取之处，说话的人、传达的人、接受的人都是重要的。但是，作为人就是有弱点的动物，每做一件事都会考虑到风险，风险是必须经常要看清楚的。

　　只是另一方面，频率另论，违规行为这件事不论什么样的企业都或大或小地存在，当然了，发生的事情必须要引起足够的注意。

　　作为这个搭配之一，最近 ACFE 的机关杂志里介绍了微波软件公司的例子，微波软件公司在内部审计部门中设置了 financial integrity unit 这一工作岗位，这个岗位上虽然有很多检查违规行为的人，但那绝不是搜查部队，proactive 的对应作为第一目标，刚才我也说过了，要做成防止违规行为的程序表这样的东西，把它作为教育启蒙，让其慢慢渗透进组织。

　　还有，以内部通报为窗口，携手领导部门一起应对事情的发生，或是完整的或是零碎的、其重要性，还有为什么会发生那样的事情，要好好地向现场说明，在这个活动中，对违规行为要好好地处理。如果这一活动可以的话，内部统一管理制度这个事物的界限就会不断地扩大，制度和人就会成为一体，活动应该是可以的吧，向着那个方向作为日本公认的违规审查协会就应该是可以做到些什么的。

四、最后——从国际的视点上去看的课题和展望

　　八　田　去年有一本很畅销的书叫做《钝感力》，里面的内容是与经营者所谋求的感觉相反的东西即敏感度，我认为不是把自己所面临的风险看得很透的这种敏感的感性。

　　最后，作为我们国家，在最近虽然像美国母公司相连接的子公司一样，但还是要在国际的视点上熟知内部统一管理制度的同时，广泛地接受它，从国际的眼光看，如果下一次的制度有什么课题的话请告诉我。

　　滕　沼　股票市场上今天也是日经平均指数有大幅的跌落的暗示，企业信息的可信赖性和透明成为我们立足国际竞争的很大的基础，将其作为基础，日本的企业将来的买和卖这样的信息必须好好地向市场上披露。

　　在这次的内部统一管理体制的讨论中，得到了实际上适用的企业负担过大的信息，正如现在议论的这样，内部统一管理体制所隐藏的风险是很大的，特别是日本的企业，虽然在工厂的生产现场品质管理在很好地进行着，白领阶层担当领域的这部分品质管理，也就是内部统一管理制度有一些欠缺的地方，或者是说还要做的地方有很多。

　　特别是生产性这一方面，服务产业的生产性非常低，说了很多，在这一方面上，希望能够改善内部统一管理制度的制度化，以往就有的业务流程，要使之效率化。

并不是从今年 4 月开始 100%完美地达成，而是以此为契机调整内部统一管理制度，使其机能化，还有比起随时修正每年的计划，我认为改善看似没有疏漏的组织起到的作用更重要。

在审计者的立场上，如果以国际的标准比较，日本的审计时间是非常不足的，仅仅投入了 1/2 或者 1/3 的审计时间去取得审计证据，其实际情况是把审计报酬数据与国际比较的话很简单就不难想象了，原来在审查财务报表的过程中，以前的审计者为了制定期末实际证据程序的计划，只是粗略地评价内部统一管理制度的准备和运用情况，但是这一次的内部统一管理制度审查，审计者所做的财务报表的程序要比以往繁杂的多，因为是在对企业的内部统一管理制度做出评价并出具审查证明的同时，出具财务报表的审查证明，所以这都要寄予日本审计的充实性。

但是，日本企业的业绩好坏或者是否有技术力，对确保全体的资本市场的可信性没有什么关系，很希望能够让内部统一管理制度的报告制度的机能有效地利用起来，在企业内部统一管理制度和强化风险管理上一定要信赖日本的资本市场，在这一点上请大家给予理解和支持，以上是我所想说的。

八　田　对于白领的犯罪其实也是企业改革法的大招牌中的一个，谋求以此为规范的制度，还有延续制度的强化和上面规定的内部统一管理制度。正如今天三井先生所说的那样，对我们来说也是给予了很大的勇气，同时也给予了一个大课题，如果企业不从自身出发考虑自身问题，那么谁都不能给予解决，也就是说机会只光临有准备的头脑，这也是我最后想说的。

附 录

附录 1　关于财务报告内部控制审计的实务处理

审计·保证实务委员会报告第 82 号

2007 年 10 月 24 日
日本公认会计师协会

目　录

8. **公司总体内部控制评价的研讨方法**

（1）公司总体内部控制评价的地位

（2）公司总体内部控制评价的研讨

（3）公司总体内部控制不健全评价的研讨

（4）公司全体内部控制评价结果的影响（自上而下的风险确认、探讨）

（5）内部控制基本要素的关系

9. **业务程序相关内部控制评价的研讨方法**

（1）业务程序相关内部控制建立状况评价的研讨

（2）业务程序相关内部控制执行情况评价的研讨

（3）决算、财务报告程序

（4）委托业务相关内部控制评价的研讨

10. **关于 IT 整体控制评价的研讨方法**

（1）关于 IT 整体控制的地位

（2）关于 IT 整体控制评价的研讨

（3）关于 IT 整体控制不健全的研讨

11. **内部控制的重要缺陷**

（1）内部控制的不健全

（2）重要缺陷的判断指南

（3）内部控制不健全是否符合重要缺陷应进行的研讨

（4）多处存在内部控制不健全的情况

（5）经营者对重要缺陷等进行识别的对策

（6）重要缺陷等的报告和修正

（7）对财务报表审计的影响

12. **对不合规的对策**

13. **对经营者评价的利用**

（1）利用内部审计人员等的工作

（2）利用内部审计人员等工作的程度

（3）利用内部审计人员等的工作应注意的事项

14. **利用其他审计人员的成果**

（1）其他审计人员的范围

（2）内部控制审计时利用其他审计人员成果应遵守的审计基准

（3）外部子公司情况下对其他审计人员成果的利用

（4）利用其他审计人员成果情况下主审人员的责任

（5）内部控制审计时利用专家工作应遵守的基准

15. **审计调查书**

16. **内部控制审计报告书**

（1）内部控制审计报告书和财务报表审计书

（2）内部控制审计报告书的记载事项

（3）内部控制审计报告书中不存在虚假陈述的含义

（4）追加信息

（5）评价范围受到限制情况下的注意事项

（6）内部控制审计报告书中的审计意见

（7）根据美国准则实施内部控制审计时，日本准则下内部控制报告书的处理

17. 内部控制审计时应取得的经营者的确认书

（1）成为内部控制审计对象的内部控制报告书的相关事项

（2）审计程序上存在制约的相关事项

（3）内部控制报告书的重要影响以及事项

（4）财务报告内部控制有效性的相关事项

18. 应用

【附录（1）】内部控制审计的审计调查书记载事项例示

（1）审计计划的制定

（2）实施设计程序的结果

（3）缺陷的统计

【附录（2）】统计样本数的例示

【附录（3）】综合性内部控制审计报告书的文例

（1）【文例1】财务报表审计报告书（无保留意见）和内部控制审计报告书（无保留意见）一体型

（2）【文例2】财务报表审计报告书（无保留意见）和内部控制审计报告书（无保留意见和追加重要缺陷事项）一体型

（3）【文例3】财务报表审计报告书（无保留意见）和内部控制审计报告书（无保留意见和特殊事项下范围受限制追加事项）一体型

（4）【文例4】财务报表审计报告书（无保留意见）和内部控制审计报告书（否定意见）一体型

（5）【文例5】财务报表审计报告书（无保留意见）和内部控制审计报告书（无法表示意见）一体型

（6）【文例6】财务报表审计报告书（无保留意见）和内部控制审计报告书（范围受限以外事项保留意见（难以确定事项和无法确认的情况下））一体型

【附录（4）】经营者确认书的文例（合并以及单体财务报表和内部控制审计一体时适用）

1. 前言

2004年秋天以来，发现公示不合理的问题，金融厅和金融审议会为确保披露制度的可信赖性，明确财务报告相关的内部控制要由经营者进行评价的准则以及由公

认会计师等进行检查的准则，向会计审议会进行了申请。

企业会计审议会，在 2005 年 1 月召开的审议会总会上，决定设置内部控制部会，开始审议。内部控制部会，由公认会计师等对检证的水平进行探讨。由于内部控制审计是为支持财务报表审计，由经营者对财务报表相关的内部控制进行评价，保证与财务报表审计的一致性。

另外，在 2006 年 6 月，《金融商品交易法》经参议院会议决定公布，从 2008 年 4 月 1 日以后的会计年度开始施行，明确了上市公司财务报告相关的内部控制要由经营者进行评价，以及由进行财务报表审计的审计人员引入内部控制审计制度。2007 年 2 月，在企业会计审议会总会上，批准并发布《关于财务报告内部控制评价和审计基准以及相关财务报告内部控制的评价和审计相关实施基准的设置（意见书）》。

本报告是在内部控制报告制度引入之际，在意见书的基础上，作为审计人员实施内部控制审计实务的处理，归集具体的审计程序、应该注意的事项以及审计报告书的文例等。

审计人员在实施内部控制审计时，围绕着意见书并立足于本报告，为实施准确且高效的审计，应制作恰当的实务对策计划。

2. 用语

本报告中，基于以下方针，使用词汇。

（1）内部控制府令：为确保财务计算相关资料其他信息恰当性体制相关的内阁府令（2007 年 8 月 10 日，内阁府令第 62 号）。

（2）内部控制府令指南：适用《为确保财务计算相关资料其他信息恰当性体制相关的内阁府令》相关事项。

（3）审计基准：由企业会计审议会制定的准则，作为公认会计师等进行财务报表审计时应该遵守的规范（2005 年 10 月 28 日最终修改）。在本报告中单独以《审计准则》记述的情况下，指的是财务报表的审计准则。

（4）关于财务报告内部控制评价和审计基准以及相关财务报告内部控制的评价和审计相关实施基准：企业会计审议会上制定的基准以及实施基准（2007 年 2 月 15 日公布），由以下 3 个部分构成。

①内部控制的基本结构：经营者有建立和运用义务及责任的内部控制的概念性框架。在本报告中称为《内部控制构成基准》、《内部控制结构的实施基准》，两者统称为《内部控制构成基准》。

②关于财务报告内部控制的评价以及报告：由经营者评价财务报告相关内部控制有效性的准则的相关思路。在本报告中，称为《内部控制评价标准》、《内部控制评价的实施基准》，两者统称《内部控制评价标准》。

③财务报告相关内部控制的审计：关于财务报告内部控制有效性要由公认会计

师等进行审计的准则的相关思路。本报告中称为《内部控制审计的基准》、《内部控制审计的事实基准》，两者统称为《内部控制审计基准》。

• 内部控制基准：《内部控制构成基准》、《内部控制评价标准》和《内部控制审计基准》的总称。

• 内部控制实施基准：《内部控制构成的实施基准》、《内部控制评价的实施基准》和《内部控制审计的实施基准》的总称。

• 一体审计：基于内部控制审计基准，与财务报表审计一同实施内部控制的审计称为一体审计。

3. 内部控制审计的意义

（1）内部控制审计的目的

根据企业会计审议会公布的意见书的前文，为确保信息的准确性，完善信息公开，企业的内部控制应该认真研讨计划策略。

公认会计师等要进行的内部控制检查，是对经营者进行的内部控制有效性评价的检查。它是作成可信赖财务报表的前提，同时支持实施准确及高效的财务报表审计。此检查为确保财务报表审计准确高效实施，是与财务报表的审计同时进行的。虽是相同的审计人员，但为确保与财务报表审计采用不同基准，执行不同的程序和收集不同的证据不仅不恰当，反而将两者的审计程序变得繁杂化了。即使在利用同一个审计证据时，因保证的基准水平不同会得出不同的判断结果，故今后明确了由公认会计师进行内部控制有效性评价检查适用"审计"的基准。

由审计人员对经营者进行的财务报告内部控制有效性的评价结果进行审计（以下称为内部控制审计），目的是为确保公开信息的可信赖性，保证信息公开企业财务报告内部控制的有效性，由公认会计师保证经营者进行的评价。

（2）审计研究的特点

根据内部控制审计基准，内部控制审计的审计对象是经营者制作的内部控制报告书，这些是基于被认为公正恰当的内部控制评价标准，对于内部控制有效性评价结果是否在所有重要方面进行了公允表达，审计人员要在取得审计证据的基础上进行判断，发表意见。审计人员判断内部控制报告书是否公允，在内部控制报告书中，合理的保证不存在虚假陈述，此"合理保证"，含义是审计人员为发表意见获取了充分恰当的审计证据。

在意见书的前文中，为防止内部控制评价以及审计风险过大，对先引入相关制度的美国进行了研讨，对具体的各种策略进行了讨论，其中方案之一是，不采用"积极保证"。"积极保证"也称为直接报告业务，是对公开信息企业财务报告相关内部控制本身的有效性发表意见。

在内部控制审计实践中，虽然意见书中不采用积极保证，但要注意"为确保内部控制评价有效，在所有重要方面进行了公允表达，审计人员要根据取得的审计证据发表意见"。基本做法是，审计人员自行选择样本进行测试，比较容易取得充分的审计证据，审计人员在对经营者提供样本的恰当性进行检查以及对经营者部分工作结果进行检查的基础上，允许将经营者评价的样本作为自己样本的一部分进行使用。

（3）内部控制审计的对象

内部控制审计不仅包含有价证券报告书"管理状况"的部分，其他部分也是审计的对象。基于内部控制实施基准，内部控制审计在有价证券报告书"管理状况"之外，例如"企业概况"、"经营状况"、"生产、订单以及销售的状况"，其他财务报表审计的对象以外，各部门经营者评价的恰当性也是审计对象。应注意财务报表审计和内部控制审计范围的不同之处。

基于内部控制评价的实施基准，"财务报告"是指"财务报表以及对财务报表可信性有重要影响的公开事项相关的外部报告"。"对财务报表可信性产生重要影响的公开事项"是指：A．财务报表记载的金额、数值、附注、摘要、其他、分析或是使用的应该公开的事项；B．关联公司的判断，合并范围的确定，是否使用权益法，确定关联方在编制其他的财务报表方面密切相关的事项。

①财务报表内容的记载事项

例如，关于"生产、订单以及销售状况"，其项目中，"财务报表内容的记载事项"部分是财务报告的范围。但是，通常对于其订单状况，在财务报表中记载金额、数值、附注或是摘要里没有的，如果复杂难以分开的，不在财务报告中体现。另外，将生产信息与成本计算区分开，根据企业独立的统计资料制作，公布的事例应该属于财务报告的范围。"审计报表记载事项"中，对经营者的评价、财务报表记载内容、明细、注释以及采用制度的建立情况、执行情况等，进行评价检查时，要特别注意与财务报表相关业务程序内部控制的建立情况。

虽然没有包含在评价对象内，但与业务程序相关的内部控制的信息，要包含在"审计报表记载事项"中。例如，如果判断虚假记载的风险较小，没有将处理研究开发费相关的业务程序作为评价对象时，在"审计报表记载事项"中的"企业状况"的"研究开发活动"中，需要记载研究开发费的金额。对内部控制评价对象业务程序以外形成的信息，如判断虚假记载风险不是很高的项目，注意不一定将"财务报表记载事项"的全部项目都作为评价的对象。

②关联公司的判断，合并范围的确定，是否适用权益法，关联方判断等其他财务报表编制的密切相关事项

例如，有价证券报告书的记载事项中，"企业概况"、"业务内容"，以及"关联公司概况"的内容，"提出公司状况"的"大股东状况"内容中列示关联公司、关联方、大股东等事项。经营者的评价，其相关事项在财务报表编制过程中，要判断重要性以及影响的重要程度，不一定将上述公开项目中记载的全部内容作为评价的对象。在财务报告中，记载关联公司的判断，合并范围的确定，是否适用权益法，关联方的判断等其他财务报表的编制中密切相关的部分和相关的公开信息。

但是，例如"大股东状况"中记载的全部信息，并不全是经营者评价的对象，在判断关联方时，应关注持有比率较高的股东相关的信息。

另外，为使内部控制审计高效地进行，对于财务报告的范围，有必要与经营者进行充分的协商。

审计人员在实施财务报表审计时，在确定期末审计实施何种程序、审计的时间以及审计范围之前，应首先了解公司以往内部控制的建立状况，对被审计企业的内部控制进行检查。由于引入内部控制报告制度，要实施内部控制审计，但之前出现的以往为财务报表审计实施的内部控制检查，是否有必要继续执行仍存在一定的争议。

在意见书的前文中，制定审计计划时，需要两个审计计划，即考虑内部控制审计的目的和财务报表审计的目的这两个方面，应注意必须制定缜密的审计计划。

4. 财务报表审计和内部控制审计的关系

(1) 财务报表审计和内部控制审计的一体化

内部控制审计，是由相同业务执行人员组成审计团队，与财务报表审计一同实施的审计，即财务报表审计和内部控制审计，在制定审计计划，审计人员判断审计证据的充分性和恰当性，为取得审计证据实施的审计程序，为发表意见实施的一系列审计程序等方面都是一体化的。

伴随内部控制审计的实施，以往实施财务报表审计关系最为密切的是，制定审计计划上考虑的风险评价程序以及风险应对程序的实施时间和范围相关的事项。

对于财务报表审计，审计初期阶段制定详细的审计计划时，应在考虑以往年度审计实施结果的基础上，制定风险评价程序和风险应对程序各自相关的实施审计时间以及范围。风险应对程序由内部控制执行情况的评价程序和实施程序构成，审计人员基于财务报表水平对重要虚假陈述的风险进行评价，研究风险应对程序计划以及实施审计程序的恰当性。此时，如经营者主张相关的内部控制不特定的情况，审计人员只依靠实施审计评价程序，只能探索有效应对和判断特定经营者主张相关的重要虚假陈述风险的对策，在风险评价程序方面，运用评价程序的结果将不够充分。在风险评估的过程中，审计人员只依靠实施实际验证的程序，应对和判断经营者的主张，没有考虑到对内部控制的影响。但是，对经营者的主张只依靠实施实际验证程序，为了将重要的虚假陈述风险降低到合理低水平，有必要实施充分的探究。审计人员组合运用评价程序和实际验证程序，虽然审计程序效果明显，但无论选择何种审计程序，都应制定对重要交易、会计科目余额、公开信息等的实际验证程序的计划。

财务报表审计是审计人员对企业内部控制的有效性的检查，主要是计划和实施实际验证程序，对于运用评价程序的实施范围和时间，从实务中实施高效审计的观点来看，对接受审计的时间虽然需要与企业进行商议，但由审计人员来决定。

　　内部控制审计是在经营者对财务报告金额以及重要性影响进行考虑和合理评价的基础上，由经营者自身进行有效性的评价，审计人员对该经营者的评价结果发表审计意见。

　　为将财务报表审计和内部控制审计一同实施，审计人员在经营者决定内部控制有效性评价范围的基础上，根据内部控制审计的对象，确定业务程序，为实施财务报表审计和内部控制审计一体化进行高效审计。在财务报表审计方面，实际验证程序计划的内容广泛。制定审计计划时，审计人员应该十分注重探究实施内部控制评价的时间等，同时关于此点，在内部控制审计实施基准方面，考虑审计人员评价范围恰当性的结果为：在经营者决定的评价范围不恰当的情况下，经营者有必要重新评价新的范围。考虑到其实施程序受时间限制等困难，为回避以上情况，如有必要，审计人员可以与经营者对其内部控制评价范围的决定方法及根据等进行恰当的协商，合理确定内部控制评价的范围。

　　为此，关于经营者决定内部控制评价的范围，审计人员与经营者实施协商的时间，应该在制定审计计划之前。通过协商，制定财务报表和内部控制一体化审计的审计计划。与经营者进行协商的时间，具体为审计对象会计年度初期阶段或是审计对象期间开始日以前。

　　内部控制审计是以经营者对全公司的内部控制评价以及决算、财务报告程序评价为对象进行的。对于全公司的内部控制，在财务报表审计中，虽然要求了解建立状况等，但是并没有明确要求对其执行情况进行检查。还有，对于决算、财务报告程序，财务报表审计的过程通常是对其概念性的理解，为评价建立状况和执行情况而实施的审计程序很少。特别是企业要实施合并报表和公开信息的编制业务，实施包含该程序的内部控制建立状况和执行情况的评价程序，依据该内部控制进行探讨，审计人员实施实际验证程序，多为取得或是阅览合并分录和公开信息草案的资料。但是，对于应实施的程序类型和实施时间，在一体化审计的计划时应进行考虑。

　　对于审计程序的实施时间，是以经营者自身进行有效性评价为前提的。由于全公司内部控制评价结果影响到业务程序评价范围和经营者自身应该实施的评价程序，在审计对象会计年度的初期阶段，审计人员有必要将可能实施的程序与经营者进行协商。同时，关于决算、财务报告程序相关内部控制执行情况的评价以及探究方面，就其性质来说，如通过恰当的程序能够发现内部控制不健全，因可能属于重要缺陷，故利用以前年度的执行情况、做成的季度报告等，对决算、财务报告程序在审计对象会计年度初期阶段进行研讨，使与经营者的协商更有效率和效果。

　　（2）财务报表审计利用内部控制审计结果的观点

　　内部控制审计是对经营者确定的内部控制评价范围、与经营者协商的结果、审计人员判断准备充分的情况下，对审计对象范围以外相关的会计流程（如有形固定资产和工资人事相关的会计流程）的审计。财务报表审计的过程是审计人员假定内部控制是有效运行的，只依靠实际验证程序，估计不能取得财务报表项目水平上充分且恰当的审计证据时，审计师验证的过程。内部控制审计独立于财务报表审计程序，有必要实施运行评价程序。

另外，对于作为经营者评价范围的内部控制，由经营者对内部控制的有效性进行评价，能够实施高效的内部控制审计，有必要充分组合各自实施的时间以及程序的类型。审计人员还应该注意，内部控制审计的结果可能会对发表财务报表审计意见产生影响。例如，有必要讨论由经营者进行的内部控制评价不能够按照计划进行时，对于经营者评价范围的内部控制，可能要实施为发表财务报表审计意见所必要的审计评价程序和风险应对程序。

（3）由经营者进行的内部控制评价的理解和审计计划

关于内部控制的结构、维持经营者的态势，在财务报表审计研讨审计的基本方针时，对重要的项目也与普通的信息一样披露（审计基准委员会报告书第 27 号附注）。关于内部控制的结构和维持方面经营者的立场是应探讨的具体内容，未必明确。由于引进内部控制报告制度，由经营者对自身内部控制有效性进行评价，对于内部控制不健全或是存在缺陷、评价对象范围的审计方针、内部控制评价方法和为进行评价建立制度规范性方面经营者的考虑方法等，一般认为是公正恰当的，参照内部控制评价的标准是否恰当，要求审计人员在制定审计计划时应该进行充分了解。根据结果，根据了解过程中取得的信息等，能对经营者在内部控制结构和维持方面的态势进行客观的评价。参考该评价的结果，审计基准委员会报告书第 29 号《企业、企业环境理解以及重要虚假陈述风险的评价》要求执行重要虚假陈述防线的评价和制定风险应对程序的计划。

（4）内部控制建立和执行情况的评价研讨程序

内部控制审计，是审计人员通过取得经营者的内部控制建立和执行情况相关评价记录（财务报告相关内部控制评价实施基准）、阅览相关文件、对恰当的管理者或是责任者进行提问等，验证内部控制的建立和执行情况以及自己检查的状况。还有，进行阅览记录和提问等检查存在困难的情况下，通过观察业务或必要时由恰当的管理者或是责任人员现场执行业务流程来进行验证。

财务报表审计中，运用评价程序必须将提问和其他审计程序相互配合。实施提问程序时，记录和阅览文件或是再实施相配合的方法，通常比只实施提问和观察更有效。内部控制审计中应该实施的程序，与以往财务报表审计中实施的程序相比，除实施的范围和深度外，从审计技术来说没有明显的区别。

（5）公司总体内部控制和决算、财务报告程序评价的研讨

财务报表审计要求对公司总体内部控制进行了解，但并不是建立、执行情况的研讨都要求明确的程度。内部控制审计是为讨论公司总体内部控制的建立、执行情况，需要计划和实施恰当的程序，取得充分的审计证据。为讨论公司总体内部控制的建立、执行情况实施的程序，存在根据文件讨论比较困难时，只实施提问和观察程序的情况。

因决算、财务报告程序，在财务报表审计的过程中通常没有包含在内部控制检

查的范围内，故内部控制审计中，为讨论决算、财务报告程序相关内部控制的建立、执行情况，需要制定、实施恰当的程序，取得充分的审计证据。

（6）内部控制审计中的审计程序和财务报表审计中内部控制审计程序的关系

内部控制审计的审计程序和财务报表审计的内部控制审计程序，按照公司总体的内部控制、决算、财务报告程序、业务程序的区别，进行以下归纳。

业务程序是按照财务报表会计科目单位，制定了多个程序，但根据内部控制评价的实施基准，按照对企业主要业务目标存在重大影响的会计科目和其他业务程序两方面进行区分。

①全公司的内部控制

A．内部控制审计

审计人员按照原则，对所有的业务范围（不包含重要性低以及虚假风险低。下同），理解公司总体的内部控制概要，注意内部控制的实施基准《财务报告相关的全公司内部控制评价项目例示》中例示的评价项目，对经营者实施的全公司内部控制建立状况和执行情况评价的恰当性进行讨论。

B．财务报表审计

（a）引入内部控制审计前

审计人员为了解内部控制、企业以及企业环境，必须实施风险评价程序。内部控制的理解包含建立状况的讨论。

但是，现在的财务报表审计中，事先没有由经营者对财务报告相关内部控制的有效性进行评价。还有根据内部控制实施基准 3.（7），没有以内部控制的记录和保存为前提。实施财务报表审计时，为了解内部控制，审计人员自己进行判断，制定程序的类型和范围。

（b）引入内部控制审计后

引入内部控制审计后，财务报表审计的审计程序要利用内部控制审计的审计结果。

C．引入内部控制审计后的状况

要对经营者实施的全公司内部控制评价结果进行审计，将其执行情况的评价追加为检查对象后，内部控制的记录更为充实，内部控制审计的程度更深。

②决算、财务报告程序

A．内部控制审计

决算、财务报告程序中，从公司总体的观点来分析评价的恰当性，按照原则，所有业务范围都要遵循公司总体的内部控制，讨论经营者实施的建立状况和执行情况评价的恰当性。

B．财务报表审计

（a）引入内部控制审计前

与上述①B.（a）的内容相同。

（b）引入内部控制审计后

引入内部控制审计后，财务报表审计中的审计程序要利用内部控制审计中的审计结果。

C．引入内部控制审计后的状况

对经营者实施的决算、财务报告程序评价结果进行审计，将执行情况评价的讨论追加为对象，能够充实内部控制的记录，内部控制审计程序的程度更为深刻。

③企业业务目标相关性较大的会计科目的业务程序（如销售程序）

A．内部控制审计

企业存在多个业务范围的情况下，根据销售额等的重要性决定重要的业务范围，关于企业业务目标相关性较大的会计科目业务程序，对经营者实施的建立状况和执行情况评价的恰当性进行讨论。

B．财务报表审计

（a）引入内部控制审计前

审计人员对包含内部控制、企业以及企业环境进行了解时，必须实施风险评价程序。理解内部控制时，包括建立状况的讨论。对重要的虚假陈述风险实施实际验证程序时，为决定范围，对内部控制的执行情况进行讨论（风险应对程序）。

但是，现在的财务报表审计中，事先没有由经营者对财务报告相关内部控制的有效性进行评价。还有根据内部控制实施基准 3.（7），不是以内部控制的记录和保存为前提。实施财务报表审计时，为了解内部控制，审计人员自己进行判断，制定程序的类型和范围。

（b）引入内部控制审计后

财务报表审计中的审计程序对重要的业务范围进行审计，内部控制审计要利用审计的结果。

对于重要的业务范围以外的业务，考虑其对财务报告的影响，除属于虚假记载风险大的业务程序，与上述的③B.（a）相同。

C．引入内部控制后的状况

关于重要业务范围，对经营者实施的财务报告内部控制评价结果实施内部控制审计，能够使内部控制的记录更为充实，内部控制审计程序深度更为加强。对于重要业务范围以外的业务，考虑对财务报告的影响，除判断为重要性大的业务程序以外，对财务报表审计的构成，对内部控制的建立状况、执行情况进行讨论。

④其他业务程序（如金融交易、交易业务或是业务相关的业务程序等）

A．内部控制审计

关于其他业务程序，考虑其对财务报表的影响，判断属于虚假记载风险较大的业务程序时，对经营者实施的属于其他业务程序的建立状况和执行情况评价的恰当性进行评价。

内部控制评价的实施基准中，考虑对财务报表的影响，作为追加个别评价对象业务程序，进行风险较大交易的业务或是业务相关的业务程序，根据估计或经营者的预测，对重要的会计科目的业务程序、不确定或不常规的交易等发生虚假记载风险较高的业务，应特别关注实行的业务程序。

B．财务报表审计

（a）引入内部控制审计前

与上述③b．（a）的内容相同。

（b）引入内部控制审计后

考虑对财务报告的影响，针对关键业务流程，利用内部控制审计的结果。考虑对财务报告的影响，不属于关键业务流程时，与上述④b．（a）的内容相同。

C．引入内部控制审计后的状况

考虑对财务报告的影响，属于虚假记载高风险业务流程时，利用内部控制审计的结果，对经营者实施的财务报告内部控制评价结果进行审计，要求能够完整记录内部控制，对内部控制的审计程序的程度更为复杂。

考虑财务报告的影响，不属于虚假记载高风险业务流程时，基于财务报表审计的构成，按照原则实施讨论确定的程序。

（7）内部控制审计的结果对财务报表审计的影响

内部控制审计中，如果经营者针对内部控制的评价范围、评价程序及评价结果进行的记载不恰当，在内部控制审计报告书中，不能够发表标准无保留意见时，判断其对内部控制报告书总体而言并不是虚假陈述，应该发表带强调事项的无保留意见，对于除此以外的不恰当的事项，以及对财务报表审计存在影响的事项，应该在内部控制审计报告书中记载。如果经营者针对内部控制的评价范围、评价程序及评价结果记载明显不恰当，判断对内部控制报告书总体而言属于虚假陈述时，在内部控制报告书中必须记载不恰当的原因和理由，以及对财务报表审计的影响。

内部控制审计的结果可能对财务报表审计存在影响的主要事项，有以下几个方面：

①经营者决定的评价范围

例如，审计初期阶段中，与经营者协商后，对于评价范围，接受公司总体的内部控制评价结果，扩大业务程序相关的内部控制评价范围的情况。

②经营者的评价程序

例如，经营者不能确切识别对财务报告可靠性产生重要影响的内部控制中的控制要点的情况。在此处的识别，指的是是否恰当选择控制要点的实质性的问题，不是形式上制作特定格式的问题。另外不是对经营者实施的所有评价程序恰当性地讨论，例如没有要求对经营者进行的执行情况恰当性测试具体内容等的检查。

综上，应围绕审计内容、内控环境，适时修改审计计划，进行财务报表审计。关于审计计划的修改方法，在进行财务报表审计的同时实施内控评价程序，在评价内部控制有效性的基础上，讨论实际验证程序的类型、测试期间、测试范围的方法，不实施运用评价程序时，考虑实际验证程序的类型、测试期间、测试范围。

运用何种方法需审计人员进行判断。通过修改审计计划，取得判断财务报表中不存在重要的虚假陈述的充分依据，对财务报表审计可以发表标准无保留的审计意见。

另外，如果修改后的审计计划无法实施重要的审计程序，不能发表无保留审计意见。其影响对财务报表不能发表审计意见但被判断为不重要时，应该发表带强调事项段的审计意见；如果修改后的审计计划，由于未实施重要的审计程序，未能取得为财务报表发表意见的合理基础，不能发表意见。

（8）财务报表审计结果对内部控制审计的影响

对于中期财务报表审计过程中（通常是实施实际验证程序）发现的虚假记录，经营者修正财务报表，且判断虚假记录的原因是内部控制不健全引起的情况下，如在期末截止日前改善了内部控制，审计人员能够确认其整改执行情况，通常在内部控制审计中，发表标准无保留的审计意见。

对于中期财务报表审计过程中（通常是实施实际分析性复核程序）发现的虚假记录，经营者修正财务报表，且判断虚假记录的原因是内部控制不健全引起的情况下，如在期末截止日前未完善内部控制，审计人员对于该缺陷在内部控制报告书中的处理要进行讨论，形成内部控制审计意见。

对于期后财务报表审计过程中（通常是实施实际验证程序）发现的虚假记录，经营者修正财务报表，且判断虚假记录的原因是内部控制不健全引起的情况下，审计人员对于该缺陷在内部控制报告书中的处理要进行讨论，形成内部控制审计意见。

（9）公司法审计和内部控制审计

在内部控制审计的实施基准中，对于审计人员在内部控制审计过程中发现的内部控制重要缺陷，公司法规定：审计的终了日前，应该向经营者、董事会以及监事会或是审计委员会进行报告。

通常，审计终了日时，大部分内部控制审计的程序已经实施完毕，只有一部分内部控制审计的程序（例如，制作有价证券报告书相关的决算、财务报告程序评价的讨论）没有实施完毕。但是，对内部控制审计报告书签署日前实施的程序，应该注意可能会变更或是追加向经营者报告的内容。另外由于公司法审计和金融商品交易法审计的审计报告书日期是不同的，期后事项的讨论对象也是不相同的，公司法审计报告书内，存在尚未识别的重要内部控制缺陷进行特别指定的情况。审计人员向经营者、董事会以及监事会或是监事委员会报告时，取得经营者内部控制报告书的草案，确认内容后进行书面或是口头的报告。公司法审计终了日时审计人员的报告，应留意内部控制审计的经过的报告。

5. 审计人员的独立性

审计人员希望被审计公司健全内部控制审计评价体制，并对其提供恰当的指导。一方面，作为独立审计人员，需要确保审计的独立性。在提出实际的建议、进行指导时，需要注意《公认会计师法》第 24 条 2 的规定，不允许提供与禁止的规定相抵触等有损审计独立性的业务。

修正独立性相关法律对应的解释指南第 4 号（中期报告）《大公司等的规定·非审计证明业务》（日本公认会计师协会　平成 16 年 3 月 17 日）中，进行审计或是证明时，禁止对自身编制的财务文件进行鉴证业务或是对审计业务委托人经营判断相关的事项进行鉴证业务。

关于财务报告内部控制审计的建立以及运用业务，被审计公司无论是实质上还是形式上都必须是业务的实施主体。作为审计人员的公认会计师等，可以对经营者责任相关的工作提供建议、指导，但是不允许提供与内部控制的构成、运用、检查相关的业务。

另外，在伦理委员会报告第 1 号《职业伦理解释指南》（日本公认会计师协会2006 年 3 月 17 日）的 Q7 中，被禁止的业务，包含以下例示的内容：

（1）担任被审计公司组织运营管理责任者及组织人员，以及进行组织运营管理。

（2）代替经营者对公司总体内部控制以及业务流程相关的内部控制有效性进行评价。

（3）代替经营者决定内部控制评价范围。

（4）编制内部控制相关报告书。

（5）经营者制作内部控制相关报告书时发现的内部控制缺陷，对该缺陷是否属于重要缺陷进行的判断。

（6）确认内部控制执行情况的测试。

由于不存在保持审计独立性的问题，对于没有实施外部审计业务的企业，内部审计可以从事业务鉴证、管理建议、财务指导等业务。但是，企业实施内部控制的前提是经营者承担作为经营主体所应承担的相关责任，因此企业内部控制不应从事超越该前提的业务。

另外，围绕内部控制构成的实施基准 5.（2）财务报告内部控制构成流程中列示的内部控制构成程序以及内部审计可以同时提供的业务内容见下表。

6. 制订审计计划

内部控制审计与财务报表审计的目的是不相同的。原则上来说，应由相同的审计人员实施审计。为此，必须制订一体的审计计划以达成两个方面的审计目的。在以往财务报表审计计划的基础上，为实施内部控制审计应考虑以下项目，制订审计计划。

（1）新的审计计划应该追加的项目

①评价财务报告相关内部控制的有效性，需理解经营者评价程序的内容以及其实施的时间计划等

内部控制审计的目的是鉴证经营者做成的内部控制报告书是否符合内部控制评价准则，内部控制有效性的评价结果是否在所有重要方面进行了恰当、合理的表达。

审计人员基于取得的审计证据对评价结果发表审计意见，首先必须理解经营者评价程序的内容。

审计人员讨论经营者评价结果的恰当性，是在经营者对内部控制建立状况已经进行评价的基础上进行的。在制订审计计划时，有必要掌握经营者评价程序的实施时间。

财务报告内部控制构成流程	可以同时提供的内部审计业务和非审计鉴证业务
①制定基本计划以及方针	
·制定为确保财务报告的准确性所应具备的内部控制方针、原则、范围以及水平	·不允许替代经营者的职能。但在企业构筑内部控制的责任人员的意见已经实质上决定的情况下，允许对于企业草拟的文件进行评议
·确定企业内部控制负责人以及公司总体的管理体制	·同上
·构筑内部控制必要的流程及控制频率	·同上
②把握内部控制的建立状况	
·对于全公司的内部控制，遵从现存内部控制形成的规章、惯例以及应遵守的情况等，描述公司总体内部控制的建立状况，并对其进行记录、保存	·允许。另外，可以将内部控制的基本构成与现状进行比较，可以对不完善的部分进行指导。但是，必须注意不能将此误解为由审计人员自身进行内部控制的构筑
·针对关键的业务流程、交易流程和会计处理流程，必要时可灵活运用图形以及表格进行整理以便于理解	·允许把握和记录企业内部控制的现状。但是，应注意不要将其误解为是对所有现状的记录和整个内部控制的构筑
·为识别重要业务程序发生虚假记录的风险，根据其风险判断与财务报告或是会计科目等有何关联性，或是根据识别的风险在业务中相应的内部控制活动，来判断是否能够降低风险。必要时可灵活运用图形以及表格进行讨论	·审计人员应注意，所谓指导控制设计的缺陷，是指以往财务报表审计中执行过的，允许进行指导。但是，应注意不要参与公司具体的内部控制设计提案的制定
③修正已有缺陷的对策	
·设计新内部控制加入业务流程	·不允许以自身实施的业务为审计对象
·采纳整改建议	·允许针对整改的措施、方式与经营者交换意见。但是，注意不要误解为由审计人员进行内部控制的构筑
④ 为应对内部审计程序《财务报告相关内部控制的评价以及报告》，提供审计程序相关的评论	·允许。
⑤ 决定经营者的评价范围	·不允许进行直接确认 ·不允许对经营者决定的评价范围进行干预
⑥ 协助经营者进行内部控制有效性的评价	·不允许针对执行的有效性作出评价 ·允许提供对有效性评价方法的指导

②针对内部控制的评价范围与经营者进行商议

如果经营者决定的评价范围不恰当，那么经营者必须对其决定的评价范围进行重新确认，其实施程序会存在时间限制的困难。为避免这种情况发生，在经营者决定了评价范围后，审计人员应根据实际需要对该评价范围确认的方法及依据，在审计程序的早期与经营者进行商议。

③向经营者、董事会、监事会或是监事委员会报告内部控制有无重要缺陷及缺陷的内容

如在防范财务报告错报风险方面发现重大内部控制缺陷时，审计人员需讨论相应的审计对策，并及时向经营者、董事会、监事会或是监事委员会报告。如果企业在合理的期间内没有及时整改，那么将影响财务报告的可靠性，由于不具备控制环境，内部控制存在重要缺陷的可能性就会比较大。

（2）修改以往财务报表审计中内部控制的评价范围

以往的财务报表审计中，并未将全部财务报表项目的内部控制（包括执行情况）进行详细的评价。如果能够根据实际验证程序的结果确认审计风险已经降至低水平，那么即使没有实施内部控制执行评价程序，审计人员也常常会依赖内部控制，只实施实际验证程序。但当涉及决算、财务报告程序、企业业务目标相关性大的会计科目的业务程序（如属于对财务报告产生重要影响的业务程序）时，其相应的财务报表项目应成为内部控制审计的评价对象。

另外，在内部控制审计中，评价对象应包含与企业业务目标相关性大的会计科目，主要有："主营业务收入"、"应收账款"、"存货"3个科目。确认不需要追加其他评价对象时，财务报表审计中必要的内部控制讨论在内部控制审计中可能不必实施。此种情况下，审计人员应根据需要，对经营者评价对象范围以外的内部控制实施风险评估程序和风险应对程序（至少应包含对设立有效性的评价）。

（3）针对子公司和适用权益法的关联公司的内部控制审计程序

①合并子公司是上市公司的情况

决定评价范围时，包含成为合并对象的子公司等（包括子集团等）。子公司是上市公司时，该子公司基于内部控制评价实施基准编制内部控制报告书，接受内部控制审计，母公司在对该子公司与财务报告相关的内部控制的有效性进行评价时，可以利用该子公司的内部控制报告书（制作内部控制报告书的过程中，包含来自该子公司的报告）。

审计人员在阅读该子公司制作的内部控制报告书的基础上，实施自认为必要的审计程序并取得同样重要且恰当的审计证据，主要的审计人员对此要进行特别的关注。在该子公司的审计是由其他审计人员实施的情况下，根据审计基准委员会报告书第8号《利用其他审计人员的审计结果》（以下简称《审计基准委员会报告书第8号》），审计人员必须实施必要的审计程序。

②合并子公司是非上市公司的情况

当非上市子公司被划入重要业务范围，成为重要内部控制审计对象时，应注意

以下几点：

A．全公司的内部控制

全公司的内部控制对公司集团总体合并财务报告存在重要影响，通常按照母公司制定的内部控制原则，以全公司的观点对所有业务范围进行评价。

企业集团内子公司和事业部等存在独特的历史、习惯、组织框架等，如判断以该子公司、事业部等为对象进行其他途径的内部控制评价恰当时，单独以每个子公司和事业部为对象进行公司总体内部控制的评价。对公司总体内部控制进行评价时，注意对子公司内部控制的建立状况、执行情况进行讨论。

B．决算、财务报告程序

当以公司总体观点对所有的业务范围进行评价恰当时，按照公司总体的内部控制，就应该以公司总体的观点对所有业务范围进行评价（原则上按照上述的A执行），它与全公司的内部控制是相同的。应注意的是对其执行情况的检查，是按照每个业务范围实施的。

C．按照销售额等重要性选定的重要事业范围，与企业业务目标关联性较大的核算科目（从事一般业务的公司，原则上是"销售额"、"应收账款"以及"存货"等科目），按照原则，应全部作为评价的对象。审计人员讨论选定子公司业务程序的建立状况、执行情况的有效性时，必须执行相应程序。

D．考虑对财务报告的影响，追加重要的业务程序

针对选定的是业务范围以及未选定的业务范围，分别考虑其对财务报告的影响，对重要的业务范围追加个别评价对象。

对该追加选定业务范围的建立状况、执行情况的有效性，执行讨论程序。包含追加评价对象的情况下，考虑对财务报告影响的重要程度。注意在评价对象包含业务或非业务总体，特定的交易或事项（或其中特定的主要业务程序）充分时，只包含该部分评价对象就可以了。

③适用权益法的关联公司的情况

对于适用权益法的关联公司，根据重要性的判断依据判断内部控制的评价对象。但是对于适用权益法的关联公司，由于不存在控制关系与子公司实施相同的对策，在实务上存在很多困难。为此内部控制的评价对象，原则上是以公司总体的内部控制为中心的，通过提问书的方式确认建立状况。但是在适用权益法关的联公司作为重要的事业范围被选定或是判断虚伪记录的风险较高时，注意应对业务程序的评价进行讨论。

④合并子公司业务年度日后财务报告相关内部控制的重要变更

"与业务年度末提交内部控制报告书的公司的合并决算日（以下此项简称"合并决算日"）不同的合并子公司，以该合并子公司的、与该业务年度相关的财务报表为基础，编制成提交给内部控制报告书公司的合并财务报表时，该合并子公司的该业务年度日后，该合并财务报表相关合并决算日之间，除非该合并子公司财务报告相关的内部控制存在重要变更，否则提交内部控制报告书的公司编制内部控制报告

书时，关于该合并子公司财务报告相关内部控制的评价应为：该合并子公司业务年度末以该合并子公司财务报告相关内部控制的评价为基础进行"(参照内部控制府令第5条)。

在该合并子公司决算日后，如与财务报告相关的内部控制存在重大变更，审计人员应对内部控制变更后，经营者实施的建立状况以及执行情况的评价结果是否恰当进行讨论。在此情况下，因为存在重大变更，所以在该变更点评价对象充分的情况下，只将该部分作为评价的讨论对象。

另外，审计人员通常通过从公司取得的合并子公司信息来预测合并子公司决算日后是否会进行重大变更。关于合并子公司决算日后，财务报告相关内部控制的重大变更，由于时间的制约等特殊事项使经营者不能进行评价时，审计人员需要讨论是否存在这些特殊事项。

7. 讨论评价范围的恰当性

（1）讨论评价范围

审计人员为判断经营者确定的内部控制评价范围的恰当性，必须讨论经营者确定该范围的方法及根据的合理性。审计人员以书面文件的形式取得经营者选定评价范围的根据后，应与经营者进行沟通，了解经营者确定评价范围的方针。

审计人员与经营者进行的关于评价范围的商议活动，在审计对象业务年度的早期进行比较恰当，审计人员应参照以往财务报表审计中的经验和审计计划实施风险评价程序（参照审计基准委员会报告书第29号）中取得的信息，遵从经营者内部控制评价标准，讨论内部控制的评价范围是否恰当。审计人员判断经营者采用的确定评价范围的方针以及方法不恰当时，应当督促经营者修改评价范围，追加相关工作。最终经营者没有追加评价范围的或者由于时间限制经营者的一部分评价没有完成的，又或者是由于不得已的理由，一部分内部控制评价没有实施的，出现上述情况时审计人员应讨论是否按照评价范围受限制进行处理（参照内部控制审计报告书16.（5））。

讨论评价范围时，如果该讨论是在审计事业对象年度的早期进行的，那么以前年度的财务数值和在该时期的讨论就是在其业务状况的基础上进行的（包含中期的业务内容和组织的变更等），在临近期末时，审计人员应对评价范围是否恰当进行再次确认。

（2）从全公司内部控制和公司总体的角度讨论决算、财务报告程序相对应的评价范围

从全公司内部控制和公司总体的角度评价决算、财务报告程序（以下称为"公司总体水平的决算、财务报告程序"），包含适用权益法的关联公司，原则上应对所有业务范围进行评价。某些业务范围对于财务报告的影响较小，但是，应考虑其重

要性，防止将其遗漏（参照内部控制评价实施基准 2.（2））。

审计人员对经营者评价范围外的事业范围，必须确认其理由，检查其合理性。要从金额和性质两方面检查其对财务报告的影响是否属较小。经营者基于一定的数值基准（例如，占合并销售额、合并总资产、合并税前损益、盈余公积（适用权益法的关联公司的情形）的比例等）对于排除在外的业务范围，不仅要考虑每个业务范围的影响，还要考虑所有排除在外业务范围合并产生的影响。

通常，公司总体内部控制评价范围和公司总体水平的决算、财务报告程序评价范围应一致，但是如果两者存在差异，必须确认其差异的原因。

（3）业务程序内部控制评价范围的研究

①重要业务范围的选定

企业存在多个业务范围的情况下，作为评价对象的业务范围由销售额等的重要性来决定（内部控制评价实施基准 2.（2）①）。在企业集团中，通常将各业务范围中业务活动规模比例高的作为评价对象。审计人员在检查经营者如何选定重要业务范围时，应注意以下事项：

A．选择业务范围的方法

业务范围通常以构成企业集团的公司为单位进行选择，未必拘泥于地理概念和法律组织的区分。经营者应检查是否根据企业集团经营管理（包含委派权限的状况和业务上的风险、程序和经营管方法的一致性）的实际状况识别业务范围。例如，企业集团按照业务部的制度运营，各自业务部有其特色的业务和管理体制。将各业务部（包括其管理的子公司）纳入业务流程进行选择的方法是恰当的。另外，如果企业根据各地域设立销售公司，那么将所有的销售公司纳入一个业务流程的方法是比较恰当的。

B．业务范围的选定指标

审计人员应将经营者采用的重要业务范围选定指标作为依据，对企业集团各业务流程中的业务活动规模指标是否恰当进行检查。作为选定指标，按照内部控制评价实施基准 2.（2）①中列示的内容，各业务流程扣除内部交易的销售额占合并销售额的比例是否恰当，按据点对扣除内部交易后的销售额进行准确把握比较困难的情形下，利用各业务流程在扣除内部交易前的销售额与单纯合并销售额的比率进行确认。在<参考例 1>中，列举了根据扣除内部交易后的合并销售额选定母公司、销售子公司的事例。

另外，利用各公司扣除内部交易前的销售额选定重要业务流程时，企业可能存在将内部销售多的业务流程放在重要位置，而向合并组外客户销售的公司不被选定的情形。在此情况下，审计人员应考虑该公司的销售程序等对财务报告的影响，对重要性大的业务程序，检查是否应讨论研究追加个别评价对象。另外以销售额为指标，存在利用追加或是替代的合并总资产等指标，应根据业务活动状况等，按照合适的指标进行判断。

<参考例 1>

与业务目的相关性大的会计科目	业务流程A（母公司）	业务单元B（销售子公司中，最大销售额的据点）	业务单元C（销售子公司中，第 2 销售额的据点）	业务单元D（销售子公司中,第 3 销售额的据点）	……	重要的业务流程（A、B）合计
销售额	55%	20%	7%	5%	……	75%
应收账款	60%	18%	5%	7%	……	78%
存货	20%	13%	10%	9%	……	33%

（注 1）假定经营主体是由母公司、销售子公司组成的企业集团。

（注 2）选定重要业务流程的指标是根据扣除内部交易后的合并销售额，结果选定了超过销售额 2/3 的业务流程 A 和业务流程 B。

（注 3）根据存货等与业务目标相关性很大的会计科目占合并财务报表核算科目余额的比重（coverage），以及虚假记载风险高，对个别评价对象的追加程序等，参照后述的②B 和③。

　　C．一定比例

在内部控制评价实施基准中，包含总公司在内的各业务流程的销售额等金额比较高的业务流程加总，占合并销售额一定比例的业务流程作为评价对象。此一定比例，根据各企业的事业、业务特征的不同未必一律适用，但是在公司总体的内部控制评价有效时，一般占合并的销售额的 2/3。如采用与合并销售额上追加的（或是替代的）合并总资产等的销售额不同的指标，一定比例一般约为 2/3 的程度。

审计人员判断全公司内部控制评价是否有效，是根据全公司内部控制评价对降低财务报告相关虚假记载以及报告发生的风险，是否满足以下条件进行的（参照内部控制评价实施基准 3.（4）①C）。

　　·全公司的内部控制是按照公允的内部控制框架建立以及运行的。

　　·全公司的内部控制为协助业务程序相关内部控制有效建立以及运用，企业中内部控制在所有方面是有效的状态，经营者将全公司内部控制评价判断为无效的情况下，需要达到一定的比例，就会被认为无效的情形应该是：全公司内部控制对财务报告相关虚假记载以及报告发生的风险产生影响的程度。此种情况下，一律达到一定比例的水准之外，公司总体内部控制的缺陷在报告的业务流程中考虑追加业务程序等方法。审计人员应参考企业组的组织编制（分为中央集权型、分权管理型）的状况，检查其恰当性。

　　②重要业务流程中识别业务程序

审计人员应对上述①中选定的重要业务流程中（扣除适用权益法的关联公

司）经营者选定的企业业务目标相关性大的会计科目和选定的业务程序是否恰当进行检查。

A. 选定与企业业务目标相关性大的会计科目

内部控制评价的实施基准中，如为一般的业务公司，作为对企业的业务目标影响大的核算科目，一般为"销售额"、"应收账款"以及"存货"等科目。所谓"对企业的业务目标影响大的核算科目"，是指利用财务报表的一般投资家等利益相关者，为判断企业主要业务经营成绩、财务状况等重点参考的会计科目。另外，应注意这些会计科目是以往各种不合规财务报告中经常利用的典型的会计科目。

通常对于制造业和零售行业中从事一般业务的公司而言，将上述三个会计科目作为重要的业务流程中"与企业业务目的相关性大的会计科目"就可以了。

如为一般业务公司以外的情形，根据业务种类的特点，必须谨慎判断会计科目是否属于"与企业业务目的相关性大的会计科目"。由于销售、应收账款等会计科目与企业获得收益的活动相关，无论何种业务类型都应属于"与企业业务目的相关性大的会计科目"，几乎不存在类似于固定资产的非重要性会计科目。审计人员要基于业务的特性进行判断："销售额"科目以及"应收账款"科目以外的何种会计科目是否对业务目标的相关性大。

在此，对于主要的业务活动，要考虑不可或缺要素的内容以及规模，除了据此进行判断之外，还必须考虑会计科目存在的风险。例如，对于进行合并利润表、销售利润总额的业务公司，讨论将对销售利润总额存在影响的会计科目作为"与业务目的存在重大相关的会计科目"之外，对销售利润总额影响小的业务类型，如人工费占营业费用比例高的服务业等行业中企业的人工费，如对于设备占业务资产比重大的业务类型，在讨论虚假记载有形固定资产等风险的大小时，审计人员应考虑由经营者将上述人工费和固定资产判断为"与业务目的相关性大的会计科目"。还有，对于由多个业务领域构成的企业组，可能每个业务领域或单位的"业务目的相关性大的会计科目"是不同的。另外，企业集团由不同业务类型的重要业务流程构成的情况下，根据各自重要业务流程所属的业务特性，经营者应慎重讨论与企业业务目标相关性大的会计科目。

B. 在重要业务单元方面，合并财务报表中与企业业务目的相关性大的会计科目的余额

对于重要的业务流程，与企业事业目的相关性大的会计科目，按照原则其业务程序应全部作为评价对象。但是，对于与该重要业务单元进行的业务的关联性低，对财务报告影响小的业务程序，企业也可以不将其作为评价对象。审计人员应对经营者判断该重要业务流程进行的重要业务或是与业务的关联性低，对财务报告重要性影响小，没有纳入评价对象业务程序的理由进行充分的检查。作为对财务报告重要性影响低的业务程序，如没有纳入评价的范围，按照上述说法，由于重要的业务流程原则上是基于合并报表的销售额选定的，对于某个重要的业务流程，存在企业业务目的相关性大的会计科目余额较小的情况。

另外，关于重要的业务流程，作为与企业的业务目的关联性大的会计科目，选定的科目余额合计相对应合并财务报表中该科目的余额，可能没有达到一定的比例（一般为 2/3）。例如，由于每月的销售额变动和回收条件的原因，重要业务流程应收账款的余额合计没有达到合并报表的 2/3，由于它是作为重要业务流程以及业务目的相关性大的会计科目被选定的，根据会计科目评价对象选定重要业务流程时，没有必要达到一定的比例（参照上述①B "参考例 1"），按照此选定的重要业务流程以外的业务流程，如存在重要的、虚假记载风险高的业务程序，企业应根据下述的 "③追加个别评价对象的业务程序" 追加业务程序。

C. 与业务目的相关性大的会计科目的业务程序

作为重要的业务流程进行的重要业务程序或是与业务相关性低、对财务报告影响小的业务程序，如果没有被纳入评价的范围，那么应考虑以下的情况。

纳入某重要的业务流程的销售额，通过不同的业务程序处理由多个交易类型构成的情况。例如，区分为批发销售和店头销售的情况（参照内部控制框架实施基准 5.（2）②）。在以批发销售为主，店头销售为辅的销售形态下，如店头销售的销售额较小，对于销售、应收账款的业务程序来说，可以考虑只以批发销售为对象。

在此情况下，依据自身对财务报告影响的大小，按照原则对没有被纳入评价对象的交易类型，基于金额以及性质上发生重大虚假记载可能性的高低进行判断。在此，审计人员应注意企业是否对财务报告影响的重要性进行实务判断，例如，经营者基于以下的哪个方法或组合进行每期的持续判断，审计时要进行恰当的处理。

•各重要的业务流程中，没有被纳入评价对象交易类型的相关业务，其目的相关性大的会计科目余额，与各业务流程的业务目的的相关性大的会计科目余额的影响程度。

•各重要的业务流程中，没有被纳入评价对象交易类型的相关业务，其目的关联性大的会计科目余额的合计数，对合并财务报表中与业务目的的相关性大的会计科目的余额的影响程度。

与纳入评价对象业务目的相关性大的会计科目之一（例如销售），它的业务程序包含多个交易种类时，经营者将全部的交易类型以相同的方式进行统一的评价未必不可行，审计人员应围绕着评价对象对交易类型财务报告的影响程度，对经营者进行提问，进行必要的检查程序，注意评价对象选择的是否合适。

③追加个别评价对象的业务程序

所谓追加个别评价对象的业务程序，是对选定的重要业务流程及其以外的业务流程，参考对财务报告的影响程度，对于重大虚假记载忽略可能性高的业务程序，审计人员必须对经营者是否将所有的业务流程，包括适用权益法的关联公司中重大虚假记载风险高的以下的业务程序，纳入评价对象进行检查。

A.风险大的交易业务或是与该类业务相关的业务程序

例如，当存在容易引起财务报告重大虚假记载风险的事项或是业务（例如金融交易或交易的事项或业务和价格变动大的存货事项或业务）、不动产、金融资产的流动化（或证券化）交易等需要复杂会计处理的交易事项或业务时考虑。

B．需要估计与由经营者进行预测的重要会计科目相关的业务程序

例如，减值、固定资产的价值准备或递延所得税资产（负债）等，需要估计与由经营者进行预测相关的重要会计科目的业务程序，最终可能对财务报告影响程度较大。对于各种减值，应注意交易对象的情况（例如减值准备时的资金总额）。减值、固定资产减值准备或递延所得税资产（或负债）等，需要估计与由经营者进行预测的会计科目，通常关系到决算、财务报告程序。

C．对于发生的虚假记载风险高的不常规·不规则交易等，应特别注意业务程序

例如，存在与通常的合同条件和解决方法不同的交易、在期末集中进行的交易、从跨年度趋势来看突出的交易等不常规·不规则的交易时，由于存在与常规的交易、买卖、支付等经常进行的交易处理业务程序相同水平的内部控制不适用的风险，虚假记载的风险会比较高。

D．特定的交易或事项（或事项中特定的主要业务程序）

考虑上述理由对财务报告影响的重要性，不是以所有的事项或是业务，而是只以特定的交易或事项（或事项中特定的主要业务程序）为评价对象就足够的情况下，只包括该部分就可以。

这些是以个别选定某业务单元重大虚假记载风险高的业务程序为前提的，即使相同的业务程序存在于其他的业务流程，如果该业务流程的交易量小、对财务报告影响小，那么也可以不作为评价对象。审计人员对财务报告的影响进行判断时，并不是要将超过一定金额重要性的会计科目余额、存在交易量业务流程的业务程序一律作为评价对象，审计人员应注意经营者确定的重要虚假记载可能性高的业务程序是否合理。

审计人员通过以往年度财务报表审计的经验和实施的风险评价程序，应确认是否存在需要进行特别检查风险的会计科目、是否存在重要的业务流程中与企业的业务目的相关性大的会计科目程序，或是否与个别评价对象追加的业务程序相关。从其性质来说，需要特别检查的与风险会计科目相关的业务程序，通常由经营者决定是否将其作为内部控制的评价对象，但当经营者没有将其作为评价的对象时，必须对没有纳入评价对象的理由是否合理进行慎重检查（对于需要特别检查的风险，参照审计基准委员会报告书第 29 号第 102 项～第 108 项）。

④适用权益法的关联公司的处理

合并报表中进行的内部控制评价，将构成合并财务报表的提交有价证券报告书的公司以及该公司的子公司以及关联公司作为对象实施评价，适用权益法的关联公司，作为评价范围内的对象。对适用权益法的关联公司对合并财务报表的影响程度进行判断时，应考虑根据权益法计算的投资损益（参照合并损益表）和关联公司股份余额部分对财务报告的影响，如存在虚假记载风险大的业务程序，审计人员应及时检查经营者是否研究个别追加评价对象。

· 当该关联公司基于内部控制评价标准制定内部控制报告书并接受审计时，如果认为该关联公司内部控制有效，那么审计人员可以利用该关联公司内部控制报告书及其内部控制审计报告书。

· 基于该关联公司是否存在其他支配权力的股东、对该关联公司投资权益以及权益法损益的情况、董事（董事会、监事会）的派遣和兼职状况，可以考虑与子公司进行不同的评价，这种情况下，审计人员应以全公司的内部控制为中心，检查是否采用向该关联公司发起书面提问、当面提问或是阅览该关联公司的报告书等方法进行评价。

8. 全公司内部控制评价的检查方法

（1）全公司内部控制评价的地位

所谓全公司的内部控制，是指对企业集团全体合并报表的财务报告全体有重要影响的内部控制（参照内部控制评价标准 3.（1））。经营者以及审计人员首先要评价全公司的内部控制，然后基于该评价结果，对全公司的内部控制中判断为不能防止、发现重大虚假记载的业务程序的内部控制进行评价，即基于波动型的风险、误导各自实施内部控制的评价或是审计。

但是，审计人员对全公司内部控制评价的检查（特别是建立状况评价的检查），需要在审计程序早期执行，通常是与审计计划一同实施。另外，对以往财务报表水平和财务报表项目水平上重要的虚假陈述风险进行评价时，对相当于"全公司内部控制"的内部控制进行评价的同时，审计人员应选择"全公司内部控制"包含的内部控制的范围和评价对象业务流程。今后，实施一体审计时，审计人员在取得经营者基于内部控制评价标准进行评价的"全公司内部控制"评价结果后，应对是否进行了恰当的评价进行检查，将其结果反映到财务报表全体水平和财务报表项目水平对重要虚假陈述风险的评价中。另外，在以往的财务报表审计中，在全公司范围的内部控制审计中，对于不直接影响到降低财务报表项目水平重要虚假陈述风险的事项（例如控制环境），只评价建立状况即可。

另外，全公司的内部控制评价，也包含与 IT 相关的全公司内部控制评价。所谓与 IT 相关的全公司内部控制评价，是指基于与 IT 相关的基本方针、体制、程序的建立和执行情况，以评价和应对 IT 风险的事项。

（2）全公司内部控制评价的检查

审计人员在评价全公司内部控制时，基于内部控制评价的实施基准 3.7①B，取得由经营者进行的全公司内部控制评价状况的记录，按照以下的顺序进行检查。通常，全公司内部控制的建立状况由母公司进行检查。对于建立状况而言，监控内部控制的统一性是内部审计良好运行的前提，由母公司本身等进行评价的检查，但对业务流程是否进行检查，需要审计人员进行判断，只有在其业务流程判断为重大虚假记载风险高的情况下才需要要进行检查。

判断重大虚假记载风险的高低，应考虑以往发现重要缺陷的业务流程等。

判断对业务流程是否有必要进行检查的审计程序，可考虑采用提问、阅览相关文件、观察等方法，由于是假定企业存在具体的风险来进行检查的，审计人员应对识别的风险实施有效的审计程序。另外，由于决算、财务报告程序、业务程序相关的内部控制检查同时进行，注意应实施高效的审计。

由经营者进行的全公司内部控制评价范围的检查，将在"7.评价范围恰当性的检查"中进行详细说明。

①建立状况评价的检查

A．经营者采用的评价项目，参照内部控制评价实施基准（参考 1）中列示的财务报告相关全公司内部控制评价项目的例子，根据企业的状况检查内容是否恰当。此时，经营者参考企业集团内子公司和事业部等的历史、习惯以及组织结构等，检查全公司内部控制评价单位的设置是否恰当。例如，企业集团是按照分权型的组织构造运行的，没有确立包含外资子公司等组织全体适用的方针和程序等。这种情况下，内部控制评价实施基准（参考 1）列示的项目，根据共同的方针、程序运营的评价单位，评价建立的状况。相反中央集权型的企业集团，确立了包括海外子公司适用的世界通用的方针和程序，由母公司评价其方针和程序，各子公司和业务部单位几乎没有必要进行建立状况的评价。根据企业集团各自的状况，检查评价单位和评价项目设置的恰当性。

B．通过阅览经营者做成的内部控制记录和对经营者等的提问，根据各评价项目的评价结果，确认经营者评价结果依据的恰当性，判断经营者进行评价的恰当性。

建立状况评价的检查，与内部控制设计的检查，包括判断其业务是否恰当。内部控制设计恰当，取得判断与其业务是否匹配的审计证据时，与财务报表审计风险评价程序相同，审计人员应对企业的责任人员进行提问，观察特定的内部控制执行情况，包含阅览内部控制适用的文件和报告书等。审计人员在检查全公司内部控制建立状况时，应将这些程序恰当地组合起来执行。

C．全公司内部控制包含直接防止、发现财务报表项目水平的重要虚假记载陈述风险、也包括其他情况。例如，控制环境虽对违规风险和财务报表水平的重大虚假记载风险存在重要影响，但并不能防止或发现受经营者意见影响的个别交易、会计余额、公示等的重要虚假陈述。一方面，控制活动以及日常的监控，通常为直接防止、发现、纠正财务报表项目水平的重要虚假陈述风险，一般以此作为业务程序相关的内部控制进行详细检查。为了将全公司内部控制在一体审计的早期阶段进行评价，与业务程序相关的内部控制的评价对象范围和应实施的评价程序，决定其实施的时间以及范围。

关于内部控制有效性的检查，判断是否属于"全公司内部控制评价有效"，基本是按照企业集团全体进行检查，判断以个别子公司和事业部等为评价对象是合理的，审计人员可以个别子公司和事业部为对象进行全公司内部控制评价的检查。

②执行情况评价的检查

A．根据各自的基本要素、实际业务有效建立及适用的内部控制，选择作为评价对象的内部控制。没必要评价可识别的公司所有内部控制的执行情况。

B．运用评价程序的种类与财务报表审计风险应对程序相同，对责任者进行提问、阅读相关文件、观察和再次实施。其中，再次实施可提供最有力的审计证据，但现实的问题是审计人员实施全公司的内部控制是比较困难的。还有，控制环境相关的几个项目，也存在没有内部控制执行情况的相关记录，或者虽然存在记录但只是形式上的记录的情况。此时，审计人员要对相关人员进行提问和考察，从而确认执行情况。

C．全公司内部控制评价的检查，是以审计的早期实施阶段为前提的，经营者以及审计人员必须确认内部控制到期末为止被持续有效的建立、运用。经营者适时、准确地把握内部控制的变更点并建立、运用检查程序的情况下，审计人员应对该检查程序的有效性进行检查。例如，对所有的业务单元，将全公司内部控制在变更的时点适时报告给母公司的情况下，阅览临近期末的报告内容，决定是否执行按照实际变更进行提问、阅读相关文件、观察等相配合的程序。不具备有效检查程序的情况下，要求审计人员对从经营者实施的建立、运用评价程序开始至期末为止的这段时期的有效性实施确认程序（以下简称"过程程序"），检查该过程程序的内容和实施结果。

（3）全公司内部控制不健全评价的检查

如不能直接防止、发现特定财务报表项目虚假记载，全公司内部控制不健全的特定情况下，这种不健全会引发何种程度的虚假陈述是难以确定的，但可能影响到发生财务报表总体水平以及财务报表项目水平程度的虚假陈述。但是，全公司内部控制不健全评价的检查，是基于特定不健全下与财务报表相关的重要虚假记载发生的可能性进行的。具体评价的检查，按照以下的顺序进行。

①内部控制评价的实施基准3.（4）①F中列示的以下内部控制重要缺陷，是否属于全公司内部控制的缺陷。

A．经营者没有实施财务报告信赖相关风险的评价和对策。

B．董事会或是监事会或是监事委员会没有检查、监视、监督内部控制的建立、执行情况，以确保财务报告的可信性。

C．没有明确财务报告相关内部控制有效性的评价部署责任。

D．财务报告相关的IT内部控制不健全，没有改善现状。

E．欠缺与业务程序相关的记述、识别虚假记载风险、应对风险的内部控制记录、内部控制建立状况的相关记录等，董事会或是监事会或是监事委员会不能进行检查、监视、监督。

F．向经营者、董事会、监事会或监事委员会报告的全公司内部控制的不健全之处，没有在合理的期间内改善。

②基于按基本要素汇集的所有业务单元的全公司内部控制不健全一览，审计人

员应考虑其对合并财务报表发生重大虚假记载的可能性，检查以下项目。

A．该不健全对其他内部控制有效性的影响范围。

B．该不健全占内部控制基本要素（控制环境、风险评价和对策）相对的重要程度。

C．基于以往虚假记载发生的事实等进行判断，该不健全是否会导致虚假记载发生的风险加大。

D．该不健全是否导致违规风险增大（包含加剧经营者对内部控制的无视）。

E．该不健全是否会成为其他内部控制特定执行情况例外事项的原因，或是影响到例外事项的频率。

F．该不健全会带来何种影响和后果。

汇总这些检查结果，全公司内部控制为降低合并财务报表发生虚假记载的风险，应满足以下两方面的条件（参照内部控制评级实施基准3.（4）①）。

· 具备公正恰当的内部控制结构，并被运用。

· 与全公司管理援助业务程序相关的内部控制的有效建立以及运用，企业内部控制健全。

所谓全公司内部控制有效，是指全公司内部控制不存在重要缺陷，例如全公司的内部控制一部分不健全，如果这种不健全引起财务报告重大虚假记载的可能性不高，那么审计人员可以判断全公司的内部控制是有效的。如果判断内部控制的六个基本要素为"有效"时，容易比较单纯地判定全公司的内部控制有效，但当检查出部分不健全时，审计人员需要谨慎判断。内部控制评价的实施基准中，即使全公司内部控制不健全，也会存在与业务程序相关的内部控制单独发挥有效机能的情况。一方面，所谓全公司内部控制不健全的情况，是指基本内部控制的建立不健全，作为全体内部控制的有效机能可能会受到限制，此时需要进行谨慎的判断。

（4）对全公司内部控制评价结果的影响（自上而下型的风险导向）

审计人员基于经营者对全公司内部控制的评价结果，必须检查与业务程序相关的内部控制的评价范围、方法等是否合理。审计人员在进行检查时，应注意以下事项。

①对内部控制评价范围的影响

经营者评价全公司内部控制为有效时，需要占重要业务流程一定比例的选定指标（例如销售额等）的2/3左右。与此相反，评价全公司内部控制无效时，必须提高重要业务单元的比例（参照"评价范围恰当性的讨论"）。全公司内部控制包含的几个内部控制的状况，对个别评价对象追加业务程序的选定有很大的影响。例如企业集团全体没有建立适用的会计方针和会计处理指南等，每个子公司的集团会计方针和具体适用方法不同的情况下，作为评价对象的业务程序会根据子公司的数量决定。另外，与计提坏账准备相关的基本计提方法在各公司实际情况各不相同的情况下，考虑金额的重要程度，以公司为单位决定计提坏账准备程序的评价对象范围，但在集团方针中规定了一定方法的情况下，也可以理解为企业集团中坏账准备的计提程序是统一的。

②对内部控制运用评价程序的影响

由于全公司内部控制和业务程序相关的内部控制是相互影响、相互补充的关系，所以经营者对业务程序内部控制的执行情况进行评价时是否恰当地考虑了两者的平衡关系就显得尤为重要，审计人员应注意以下几点进行检查。

A．如果经营者判断全公司内部控制的评价结果为无效，那么应对受全公司内部控制影响的、与业务程序相关的内部控制实施运用评价时，应追加强有力的证据，扩大评价范围，或是选择更为接近期末的时间实施该评价，审计人员应检查应对策略是否恰当。

B．如果经营者判断全公司内部控制的评价结果为有效，那么在对与业务程序相关的内部控制进行评价时，可以采取缩小测试范围（或是考虑重要性）等简易的评价程序，对评价范围的一部分，区分几个会计期间作为评价对象。内部控制审计的实施基准中，对于日常反复持续进行的交易，列入评价对象控制上的要点至少抽取25样进行列示，但这里的抽样数是基于统计的测试，由于假定母公司也在抽样之列（没有遵守内部控制），所以该抽样通常以全公司内部控制评价有效为前提。但是，如果假定全公司内部控制不健全、与业务程序相关的内部控制存在漏洞，那么审计人员应检查是否需要修正预计遗漏率以扩大运用评价程序的抽样数，以及经营者采取何种对策。

C．如果企业存在多个营业据点和店铺，按照统一的规程开展业务，且决定业务指令必要的信息良好、传达渠道畅通，内部审计通过实施内部控制同一性的监控等，评价全公司内部控制良好运转，那么就不必每期都对所有的营业据点实施执行情况评价，执行情况测试对象据点应抽样确定，存在间隔多个会计期间实施执行情况评价的情况。如执行情况测试对象据点根据抽样抽出时，根据每个业务流程的特点区分为多个组，从各组抽出执行情况的测试对象，对抽出的据点实施执行情况的评价，根据其结果可推定公司整体内部控制的执行情况。审计人员应检查经营者是否基于公司内部控制的评价结果来决定业务程序的运用评价程序。

全公司内部控制的评价结果和业务程序相关内部控制的评价程序案例如下表。根据企业集团的子公司和事业部等的特点，考虑其重要性，针对个别子公司和事业部等为对象进行全公司内部控制评价的情况下，基于其评价结果，对该子公司和事业部等相关业务程序的内部控制实施评价。

全公司内部控制的评价结果	与业务程序相关的内部控制的运用评价程序案例		
	抽样数	程序种类	多店铺、分店等情况下选择检查对象
有效	小	提问和阅读相关文件为主，对重要的内部控制进行观察和再实施	①每隔一定的会计期间为一个周期，选择运用评价程序的实施对象 ②基于业务内容和规模等，针对个别业务流程分组各自选定检查对象
无效	扩大	为取得强有力的证据进行提问和阅读相关文件，观察和再实施	①每隔一定的会计期间为一个周期，慎重检查选择运用评价程序的实施对象 ②谨慎检查抽样活动是否恰当进行

（5）内部控制的基本要素和关系

《内部控制评价结构的实施基准2》中，"为达到组织内部控制的目的，恰当的建立以及运用六个基本要素是非常重要的。"财务报告相关内部控制评价是对全公司内部控制的评价，基于其评价结构，决定业务程序评价的范围，全公司的内部控制、业务程序相关内部控制和6个基本要素之间的关系，概述如下：

全公司的内部控制，为对企业总体有广泛的影响，以企业总体为对象的内部控制、以基本的企业集团总体为对象的内部控制。在进行具体的评价时，关于财务报告的可靠性，要从直接或间接对企业集团总体产生重要影响的内部控制的六个基本要素的角度进行评价。

一方面，与业务程序相关的内部控制是与业务程序合为一体被执行的内部控制，担负着防止和发现可预料风险的机能。与基本要素的关系是，主要为调整控制活动、信息和传达、监控以及IT的关系。

另外，六个基本要素中的控制环境，决定着组织的风气，对内部控制组织结构成员的意识有着很强的影响，是其他五个基本要素的基础。应注意控制环境对财务报告可靠性相关内部控制来说，是最重要的基本要素。

9. 与业务程序相关的内部控制评价的检查方法

审计人员应理解与评价对象业务程序相关的内部控制的建立以及执行情况，对经营者评价的恰当性进行检查时，具体的审计程序以及应关注点为以下几个方面。

（1）对与业务程序相关的内部控制建立状况评价的检查

①建立对状况评价的检查

审计人员在检查对与业务程序相关的内部控制的建立状况的评价时，与经营者协商，对成为评价对象的所有业务程序，包括交易的开始、确认、记录、处理、报告，把握交易流程，理解交易发生的统计、记账过程。该业务程序中，经营者应把握如何识别财务报告重大虚假记载发生的风险，识别其结果的风险是否恰当以及对该风险经营者识别控制上的要点是否恰当，在控制上的要点有效运用时，判断能否防止虚假记载发生的风险或是适时发现风险。此时，电脑、程序相组合的自动化IT业务处理程序，在作为防止内部控制不能识别的内部控制建立状况评价检查时，注意有无遗漏评价对象和所有的IT相关业务处理程序。

②建立与状况评价检查相关的审计程序类型

检查与业务程序相关的内部控制建立状况的有效性，在为检查经营者评价的恰当性而实施的审计程序中，有提问、观察、阅读业务流程图（以下称为"流程图"）等的相关记录文件、追查（从交易开始到交易计入财务报表的流程，通过内部控制评价实施基准3.7①A.B.C.D中记载的内部控制记录等追查程序）。审计人员通过提问、阅读相关记录和文件，经营者如何识别财务报告重大虚假记载发生的风险，把握如何发挥内部控制（控制要点）在识别该虚假记载发生风险方面的重要作用。实施阅读记录和提问等，对于内部控制的建立状况出现理解困难时，审计人员根据必要，可以在业务程序的现场进行观察。追查是审计人员准确理解内部控制建立状况的有效程序之一。审计人员在实施追查时，为理解内部控制的建立状况，以经营者实施评价的记录等为基础进行追查是比较合理的。

另外，审计人员在进行财务报表审计时，为理解内部控制过程，应取得涉及与业务程序相关的内部控制的建立状况有效性的证据。

③查建立状况评价的着重点

审计人员应注意内部控制的管理者以及负责人在内部控制的建立方面是否有必要的权限和能力，负责人是否无视内部控制的指示。根据实施上述程序取得的审计证据以及财务报表审计过程中取得的审计证据，判断经营者选定控制上的要点不恰当，或与经营者对与该业务程序相关的内部控制建立状况的有效性进行评价的结果存在差异时进行参考。这些判断基于补充某些内部控制的不健全（补充控制）等的状况，在进行充分检查的基础上，对于该内部控制建立不健全的状况，审计人员应向恰当的管理者及时进行报告。与业务程序相关的内部控制建立状况的有效性被确定后，就可以进行与业务程序相关的内部控制执行情况评价的检查程序了。

（2）检查业务程序相关内部控制执行情况的评价

①检查执行情况的评价

审计人员应熟悉评价对象的业务程序内部控制的执行情况，确认内部控制是否被恰当运用，检查经营者关于内部控制执行情况有效性评价的合理性。检查执行情况的有效性，应根据内部控制的设计确认控制是否被恰当运用，以及把握实施控制的责任人员是否具备有效实施控制的必要权限和能力。

②对执行情况评价程序的检查种类

审计人员必须检查经营者实施的，对于与业务程序相关的内部控制执行情况的有效性进行评价的合理性。审计人员实施的审计程序有提问、阅读相关文件、观察业务、再现企业负责人进行的作业、审计人员再实施等，在实际的审计活动中可以将上述程序组合实施。

通常，只通过提问难以取得包含内部控制有效性的充分证据，故有必要实施提问以外的其他程序并结合提问的结果。审计人员应考虑内部控制的重要性以及复杂性，和运用内部控制时判断的重要性、内部控制实施者的能力、内部控制实施频率以及以前年度的检查结果和其后变更等决定实施的程序。

另外，存在内部控制的特点影响到检查执行情况评价实施的审计程序类型的情况。例如，对于存在文件记录等的内部控制，可以确定该记录，但由计算机、程序组合的自动化内部控制不会留下执行情况有效性相关的证据，应通过配合提问、观察或采用针对计算机的专门审计法等程序。

③抽样调查法

为检查对与业务程序相关的内部控制执行情况进行评价的程序，基本上是审计人员自己选择抽样方法进行检查以取得恰当的审计证据（但采用经营者抽样的应参照 3.（2））。由于有必要确定集团公司的情况，故特殊项目的抽出方法是不确定的。在抽样时，抽样方法应排除任意性且不限于统计抽样，也可以考虑非统计抽样，审计人员根据个别状况，判断能否高效取得充分恰当的审计证据。

为决定检查内部控制执行情况评价的抽样数，审计人员根据预计依靠内部控制的程度、可接受的内部控制差异率（容许的误差率），以及基于必要抽样数的可靠程度以及构成集团公司的项目数来决定（参照审计基准委员会报告书第 9 号）。在进行对内部控制的审计时，为检查内部控制自身的有效性，抽样数的决定应参考容许误差率、预计误差率、审计人员所必要的抽样信赖度以及构成集团公司的项目数来决定。

在统计的抽样数方面，为了得出集团公司误差率结论的抽样数，可以利用抽样的属性。即不是为判断金额，而是为了判断有无特定的属性而采取抽样，结果用百分率表示。通过测试结果发现内部控制的差异率和需要提升信赖度时，注意应增加抽样的数量（参照附录 2）。

对于非日常的交易，按照每日、每周、每月、每季度、每年的频率，恰当地选择抽样数。

经营者随机抽样抽出的方法等排除了任意性抽样的情况下，审计人员应检查经营者抽样的合理性以及检查由经营者进行作业结果的一部分的基础上，可以将经营者选择的抽样数作为审计人员自己抽样数的一部分。

④检查执行情况评价的实施时间

审计人员为判断从期末至今内部控制的有效性，必须在恰当的时间进行对内部控制执行情况评价的检查。从经营者实施评价开始到期末为止，如果内部控制有重要的变更，那么经营者参照内部控制评价标准，除确认是否建立与变更相关的内部控制以及把握执行情况、确认是否为评价追加必要的程序，并且自身执行情况评价检查的程序集中实施的情况下，有必要检查该评价结果是否从期末至今持续实施。审计人员实施完执行情况评价的检查程序后，考虑至期末的剩余期间和为检查执行情况评价程序中取得审计证据的性质、至期末有无内部控制的变更，并考虑企业监视程序的实施状况，检查有无追加再实施程序等的必要。

⑤检查对 IT 业务处理控制执行情况的评价

检查对 IT 业务处理控制执行情况的评价时，是以评价与 IT 相关的所有控制为前提的。但是，按照原则只评价与 IT 相关业务处理的控制，关注不能得出内部控制有效性结论的控制点。检查与 IT 相关的所有控制的评价（参照 "10. IT 相关所有控制评价的检查方法"）。

与 IT 相关的业务处理控制中，自动化的控制一旦被恰当的组织业务处理，只要不人为修改就会持续发挥作用。但是，在判断与 IT 相关的所有控制评价结果有效的情况下，有必要采用最低的抽样数检查执行情况的评价。

与 IT 相关的业务处理控制中，关于自动化控制在实施执行情况评价的检查时，检查执行情况评价的程序实施后状况有无变更，并在检查与 IT 相关的所有控制有效性的基础上，判断有无追加程序的必要性。

（3）决算、财务报告程序

决算、财务报告程序，主要为每月财务部门负责人编制的包括合计余额试算表、个别财务报表、合并财务报表，向外公布用的有价证券报告书等一系列资料的过程。

决算、财务报告程序，包括计提坏账准备、税收规划会计、固定资产的减损会计等与会计上的估计和判断相关，与财务报告的可靠性相关，是非常重要的业务程序之一。与决算、财务报告程序相关的内部控制程序，由于其实施的频率比日常交易的业务程序要低，可以评价的实例数量很少，为检查建立、执行情况有必要实施非常谨慎的检查程序。

在内部控制评价的实施基准中，如考虑将决算、财务报告相关的业务程序以全公司的视点进行评价是合理的，考虑对财务报告的影响，追加个别评价对象更为合理。决定合并会计方针和会计上的预测、估计等，经营者的方针和考虑方法等对全公司内部控制有主观的影响，编制个别财务报表时相关决算的程序等。

内部控制评价的实施基准中，如果按照以下的所有观点进行评价是合理的，那么应按照下面预算、决算报告程序顺序的例子执行。

· 从总账到编制财务报表。

· 修正合并财务报表、合并报告以及编制财务报告的会计分录和明细账的记录程序。

· 为记载财务报表相关公开事项的程序。

按照全公司内部控制，如认为以全公司的观点进行评价是恰当的，考虑对财务报告的影响，未必一律决定追加个别评价对象就恰当，要根据企业的实际情况，将两者进行区分、整理选择正确的对策。

①围绕全公司的内部控制，以全公司的观点进行评价的情况

决算、财务报告程序中，认为以全公司的观点进行评价更为恰当，则对内部控制的审计程序方面，在企业的会计方针确立明确程序的情况下，假如内部控制不是很复杂，那么可以围绕全公司的内部控制，对可取得经营者实施确认程序测试，以全公司的视角进行检查。

下面列示一个以全公司的视角评价内部控制的例子。

A．制定当期决算采用的会计方针、记述注意事项的决算程序书，传达给各事业单位，进行说明使其明确。

B．为了合并决算收集子公司的财务信息，如必要可设计合并信息的样式。

C．将上述合并信息的样式，包括母公司提出的日期等记述上的注意事项传达给分公司，并进行说明。

D．对于从各业务单元收集的合并信息，由母公司进行查阅（进行预算比较、前期比较等），如有异常，调查原因，必要时向经营者说明。

E．公开有价证券报告书时，由经营者进行查阅，如财务报表等存在异常增减

等，应及时采取适当的对策。

F．对于法令修改适用的新公开项目，应在早期进行检查，根据需要可与法律的专家和审计人员等进行协商。

②考虑对财务报告的影响，追加个别评价对象的情况

考虑对财务报告的影响追加个别评价对象的决算、财务报告程序，例如认为应在业务单元实施决算处理程序等。坏账、固定资产的减值损失、递延所得税资产（或负债）等估计和由经营者进行预测的与重要会计科目相关的业务程序中，对财务报告的最终影响会很大，必须检查追加的部分是否包含由经营者进行评价的对象。如需追加个别评价对象，应取得流程图等记录，按照原则与其他的业务程序实施一样的审计程序，确认由经营实施的该程序内部控制建立状况和执行情况的评价是否恰当。

检查决算、财务报告程序内部控制执行情况的评价，假如在该程序中发现关于内部控制性质方面的缺陷，对财务报告存在影响和截止该事项年末没有实施改正的措施，那么该缺陷可能属于重要缺陷。根据内部控制审计的实施基准，内部控制的评价时间方面，存在弹性的处理方法，实施追加程序的前提是截至期末如存在重要的变更，在当期期末以后恰当的期间进行评价就可以。但是，通过以前年度的执行情况、季度决算等工作，在中期实施决算、财务报告程序比较有效。

③使用电子表格的情况

决算、财务报告程序中，通过制定决算处理程序、合并财务报表，一般广泛采用软件（以下称为电子表格）进行数据计算、合并、分析、加工等。这种情况下，系统的使用者应根据需要设计业务系统，使用时可以直接携带的 End User Computing（以下简称"EUC"）的风险评价很重要，对此进行内部控制有效性评价检查的审计程序是特别重要的。

关于 EUC，应检查以下几点：

A．如使用电子表格作成财务报告基础资料，则应检查程序和计算公式等。

B．如不适合进行电子表格的程序、计算公式等检查，可以通过手工计算等替代程序进行确认。

C．对电子表格程序的研制、变更管理、装卸等进行检查验证。

（4）委托业务内部控制评价的检查

企业会有将构成财务报表基础的交易确认、实行、计算、合计、记录或是公开事项，委托公司集团外部专门公司完成的情况。该委托业务可谓是构成企业财务报告内部控制重要业务程序的一部分。审计人员为检查与内部控制有效性相关的经营者的评价，应实施以下程序：

①对于委托业务的内部控制，受托公司实施的内部控制以及受托公司提供的业务，应当理解为企业（委托公司）实施的内部控制。

②对于受托公司的业务，在企业（委托公司）自行抽样实施检查的情况下，经营者确认检查的状况。

③关于委托业务，公司（委托公司）取得记载受托公司实施内部控制建立以及执行情况评价结果报告书的情况下，检查确认该报告书等的证据是否充分。

检查委托业务评价时，例如当销售程序的出入库业务委托外部专门仓库管理时，在仓库业务人员实施评价对象控制要点的情况下，经营者进行评价的前提是审计人员自行前往仓库进行检查。另外，在取得受托公司报告书的情况下，为确认内部控制建立状况以及执行情况报告书的证据是否充分，应检查以下事项。

• 成为评价对象的内部控制执行情况检查程序的实施时间与经营者进行评价时点（期末日）的关系。

• 检查内部控制执行情况的程序结果以及与内部控制执行情况的有效性相关的委托公司的意见。

取得受托公司内部制定的报告书，作为其他受托公司报告书的例子，根据日本注册会计师协会发表的审计基准委员会报告书第 18 号"委托业务控制风险评价"（以下称为"审计基准委员会报告书第 18 号"）中规定，"内部控制的建立以及执行情况报告书"、美国注册会计师（AICPA）规定的审计基准书第 70 号（SAS70、修改后为 AICPA Professional Standards Vol.1.AU sec324），各国制度都应考虑报告书的制定。

10. IT 所有控制评价的检查方法

（1）IT 所有控制的位置

业务处理控制分为手工作业业务处理控制和 IT 业务处理控制。

IT 业务处理控制中，计算机、软件组合的自动化内部控制，由于不受主观影响或是因失误而变更，所以具有持续的性能。

为发挥 IT 业务处理控制的持续性，要恰当管理组成该 IT 业务处理控制的运作系统以及支持它的硬盘、网络、控制程序等 IT 基础，为此的控制称为 IT 所有控制。

为此在评价范围内的 IT 业务处理控制相应的 IT 基础概要上识别评价单位，实施 IT 所有控制。IT 所有控制对其评价对象 IT 基础相应的、控制程序 IT 业务处理控制的可靠性产生影响。

审计人员应理解 IT 所有控制，对于 IT 所有控制，应在检查经营者评价合理性的基础上，实施 IT 业务处理控制评价的检查。

（2）对 IT 所有控制评价的检查

审计人员在验证由经营者实施的 IT 所有控制评价时，应取得经营者对 IT 环境状况进行披露的文件，按照以下顺序进行检查。

①对 IT 所有控制评价范围恰当性的检查

A. 利用经营者制作的记载着 IT 环境概要等内容的文件，理解合并报表的整体环境。

B. 确认成为评价对象的 IT 业务处理控制相应的 IT 基础，是否被全部纳入 IT 所有控制评价的范围。

②建立对状况评价的检查

A．参照内部控制评价实施基准 3．（3）⑤利用 IT 内部控制的评价，确定经营者采用的评价项目是否恰当。

B．关于 IT 所有控制的设计、适用，阅览经营者作成的文件以及记录等结果，通过对经营者进行提问等，检查经营者评价的恰当性。

③对执行情况评价的检查

A．经营者进行 IT 所有控制建立状况的评价时，在评价为有效建立的控制中，选择 IT 所有控制作为执行情况评价的检查对象。

B．对于选择的 IT 所有控制，实施执行情况评价检查的程序。执行情况评价检查的程序，与财务报表审计方面执行情况评价检查的程序是相同的。对执行情况的评价进行检查时，审计人员可以根据需要自行抽出样本。

（3）对 IT 所有控制不健全的检查

在 IT 所有控制不健全的情况下，审计人员应注意这可能对相关 IT 业务处理控制产生影响。IT 所有控制，间接支持 IT 业务处理控制持续运行，在 IT 所有控制不健全的情况下，对 IT 业务的处理控制可能没有有效发挥机能，可能存在较高的虚假记载风险。

但是，IT 所有控制不健全，它未必与财务报告重大虚假记载发生风险存在直接必然联系，如检查出业务处理控制目前仍在有效发挥机能，注意不一定直接将其评价为重要缺陷。

11．内部控制的重要缺陷

（1）内部控制不健全

企业内部控制不健全、内部控制不存在，或是规定的内部控制不能达到内部控制的效果等建立上的不健全，在建立阶段没有按照意图运用内部控制，或是运用上的错误很多，或是内部控制的实施者没有理解内部控制的内容和目的等运用上的缺陷。

（2）重要缺陷的判断指南

所谓重要缺陷，是指对财务报告产生重要影响可能性高的内部控制缺陷。重要缺陷的判断指南因企业所处的环境和业务特征等的不同而不同，不能千篇一律，基本来说是按照财务报告总体虚假记载的可能性和影响大小进行判断的。是否属于重要缺陷，实际上不是根据虚假记载是否发生，而是根据将来防止重大虚假记载或是不能适时发现危险性的程序如何（潜在性）进行判断的。

内部控制的重要缺陷，是指一定金额以上的虚假记载、或引起重大虚假记载的可能性高，在判断重要性时，包括金额的重要性和性质的重要性两个发面，原则上对合并财务报表进行检查。内部控制缺陷相关重要性的判断指南最终与财务报告的可靠性相关，与财务报表审计的重要性是一样的。

在金额的重要性方面，根据内部控制评价的实施基准，存在以合并税前利润的5%为程度的例子，但应与企业的类型、规模、特征等企业的状况相适合。当计算出的合并税前损失和合并税前利润金额非常小的情况下，注意可能不适用合并税前利润的 5%作为重要性水平。另外，在合并税前利润因业务的性质等在不同的事业年度存在显著波动的情况下，应修正该企业重要性判断标准，或采用最近业务年度的平均值。

在性质的重要性方面，上市公司废止基准和业务限制条款记载事项等对投资的影响程度，与关联方存在交易的大股东状况记载事项等对财务报告可靠性的影响程度进行判断。

①上市废止基准

金融产品交易法规定了上市废止基准的几个项目。例如，在东京证券交易所，规定了上市公司的数目、股东分布状况、时价总额、超额债务、有价证券报告书的虚假记载、审计人员的否定意见或无法表示的审计意见、销售额等。审计人员应检查这些项目是否存在缺陷，参考这些事项对财务报表影响程度的大小进行判断，例如回避超额负债等，财务报表的虚假记载与上市废止基准相抵触的，应判断为性质上的重要性。

②财务限制条款

债务人向金融机关融资时，债务人的财政状况、经营业绩符合一定的条件，债务人负有在期限内一并返还介入金利息的义务。在财务限制条款方面，例如有保证净资产条款、保证利润条款、保证现金银行存款条款等。

③与关联方的交易

如判断存在公开对象的所有关联方以及识别与该关联方的交易，或与其公开信息相关的内部控制存在缺陷的情况下，审计人员应将其判断为性质上的重要缺陷。

④大股东的状况

上述"③与关联方的交易"存在部分重复之处，即存在检查关联方的内部控制方面，检查名义股东、检查大量保留报告书等、提出财务报表公司的母公司、其他关联公司，在判断主要股东方面，如认为内部控制存在缺陷，应判断为性质上的重要缺陷。

"大股东状况"中记载了所有股东中排在前十名的大股东，进行财务报告内部控制的评价时，注意不一定要求对大股东的记载全都正确。全公司内部控制存在缺陷，对业务程序的内部控制直接或间接的存在广泛的影响，最终会影响到财务报告的内容。判断内部控制缺陷是否属于重要缺陷时，应考虑上述重要性，检查会计科目等发生虚假记载可能性是否高。

关于业务程序内部控制，利用抽样的结果可以统计出发生的可能性，但如果比较困难的情况下，检查出例外事项的大小、程度，检查出例外事项的原因，注意某些内部控制与其他内部控制的替代性等，把握风险程度的性质（例如发生的可能性为高、中、低），据此将预先确定的比率作为发生概率。

（3）应检查内部控制的缺陷是否属于重要缺陷

内部控制评价实施基准 3.4①C 中，列示了全公司内部控制的缺陷成为财务报告内部控制重要缺陷的例子，但是否属于内部控制的重要缺陷而应检查的内部控制缺陷，列举以下几个例子。

①以前年度财务报表中公布的重要修改事项。

②审计人员检查出企业内部控制不能识别的财务报表中的重大虚假记载。

③上级管理层中部分特定不规范的情形。

另外，由于以下部分内部控制缺陷被发现的时，会对财务报告的可靠性产生重要影响，因此审计人员应慎重检查其是否属于重要缺陷。

• 选择会计方针相关的内部控制。

• 防止、发现缺陷的制度。

• 进行高风险交易的业务或与该类业务相关的内部控制。

• 伴随估计或需要经营者预测的与重要会计科目相关的内部控制。

• 与不确定、不规则交易相关的内部控制。

（4）多处存在内部控制不健全的情况

内部控制单独或是多处存在缺陷，评价是否属于重要缺陷，即综合同一个会计科目的相关缺陷，判断该缺陷带来的影响对财务报告是否属于重大虚假记载。还有，对于 IT 业务处理控制方面的缺陷，审计人员应根据其性质，注意该缺陷是否会反复引起同一类型的错误。

实际上，内部控制难以将影响额小的缺陷集合起来进行关注，参照金额的重要性基准，恰当地规定集合缺陷的最低额（容许范围内的缺陷）。另外，综合缺陷的影响只是对会计科目而不是对财务报表总体水平的重大虚假记载的情况下，综合多个会计科目相关缺陷的影响额，如属于重大虚假记载，应加以注意。

（5）经营者识别重要缺陷后的对策

内部控制评价的实施基准中规定，"将财务报告内部控制评价的过程中识别的内部控制缺陷以及重要缺陷的内容以及对财务报告总体的影响额、对策，与其他有用信息一同，向识别者的上级管理者进行及时报告，针对重要缺陷向经营者、董事会、监事会或监事委员会报告。另外，在期末存在重要缺陷的情况下，在财务报告中必须记载重要缺陷的内容以及没有更正的理由。"

审计人员应参考经营者识别的重要缺陷等，考虑财务报告重大虚假记载的发生风险。

审计人员在进行全公司内部控制评价时，对于经营者识别的重要缺陷等，应参照判断标准，确认经营者的评价结果以及经营者得出该结果的依据，同时包含对业务程序内部控制的影响，检查对财务报告产生重要影响的可能性，确认经营者的评价是否恰当。

审计人员进行业务程序内部控制评价的检查时，应当对于经营者识别的重要缺陷，得出对哪些会计科目有何种程度的影响，影响实际发生的可能性，判断性质、金额的重要性等内容，从而确认经营者的评价是否恰当。

经营者对重要缺陷在评价时点（期末）采取了改正措施的，审计人员需要确认经营者对实施的改正措施评价得是否恰当。此时，从重要缺陷识别开始到最终评价时点（期末）为止，注意在一定的期间改正措施的评价是否恰当。

经营者对重要缺陷在评价时点（期末日）没有采取改正措施的，审计人员应检查内部控制报告书中经营者评价结果事项记载内容的合理性（存在重要缺陷时，应判断财务报告相关内部控制的有效性、该重要缺陷的内容以及经营者在期末之前没有改正的理由），判断该记载内容是否恰当。经营者在上述记载的基础上，根据内部控制府令指南4—5，记载该重要缺陷的改正方针以及为实行该方针而研讨计划时，检查该方针和计划的可行性。

经营者对重要缺陷在期末日后实施了改正措施的，审计人员应检查该改正措施相关内部控制报告书中附注事项等记载内容的合理性，判断该记载内容是否恰当。

（6）报告和改正重要缺陷

审计人员在实施内部控制审计时，发现内部控制的重要缺陷时，应在向经营者报告寻求改正的同时，适时确认该重要缺陷的改正措施。还有，该重要缺陷的内容以及经营者对该重要缺陷的改正结果必须向董事会、监事会或检查委员会报告。发现内部控制缺陷的情况下，必须向相应的管理者进行报告。

内部控制审计，并不是以发现所有内部控制缺陷为目的，而是寻求改正措施，在内部控制审计实施过程中发现重要缺陷，并没有要求审计人员积极发现重要缺陷以外的内部控制缺陷，但在审计的过程中发现的内部控制的缺陷，注意应向恰当的管理者适时报告。

（7）对财务报表审计的影响

财务报表内部控制存在重要缺陷，内部控制无效的情况下，在财务报表审计过程中，依据审计基准规定的内部控制，通常通过实验观察而不通过审计，一般需要修正财务报表审计计划。

还有在发现重要缺陷的情况下，如果其在内部控制报告书评价时点（期末）已经改正，那么可以认为财务报告相关内部控制是有效的，在财务报表审计时，对于审计对象期间重要缺陷改正前的期间内，内部控制的证据可能会受到限制。在评价时点（期末）前已经改正重要缺陷的情况下，在财务报表审计方面考虑有必要追加程序，对于重要缺陷，经营者应尽可能在早期改正。

12. 对于缺陷的策略

审计人员在实施内部控制审计时，如发现存在缺陷或违反法令的重大事实（以下称为"缺陷"），向经营者、董事会、监事会或监事委员会报告寻求恰当的对策。同时需要评价对内部控制有效性的影响程度。

根据审计基准委员会报告书第 35 号"财务报表审计缺陷的对策"，规定"缺陷是指存在虚假陈述财务报表的信息，为取得不当或是违法利益对他方进行欺骗，根据经营者、董事、监事等从业人员或第三方的意图行事。"

财务报告相关的主要缺陷，主要为财务报告的虚假记载（粉饰等）和挪用资产。还有，根据缺陷的参与者的不同，缺陷分为由经营者引起的缺陷和由从业人员引起的缺陷，无论是哪种情形，大都是为了隐藏不正当行为，与企业外的第三方共谋或伪造文件、进行虚假说明。

内部控制审计中，审计人员具有对经营者编制的内部控制报告书不存在重大虚假记载发表审计意见的责任，而存在缺陷对内部控制有效性影响程度的评价，是经营者的责任。

内部控制审计并不是以直接发现缺陷为目的的，但如果审计人员发现了缺陷的，在设想内部控制有效性存在问题，向经营者进行报告的同时，还必须检查该事项对内部控制有效性评价的影响。

13. 利用经营者的评价

（1）利用内部审计人员的工作

审计基准中，根据"审计人员在评价企业内部审计的目的以及程序是否恰当、内部审计的方法以及结果是否值得信赖的基础上，如判断可以利用内部审计的结果，必须在考虑对财务报表项目的影响后，决定其利用的程度"。（第三 实施基准 4 利用其他审计人员的工作），并不一定是利用内部审计的前提。其他方面，在内部控制审计的实施基准中规定，"审计人员对内部控制基本要素的一部分进行监查，在对企业的内部审计状况进行评价的基础上，确定利用内部审计的范围以及程度"，以此制订利用内部审计的计划。

与此相反，以往财务报告内部控制的内部审计实施程度在企业间是存在差异的，根据发表的意见书，内部审计独立评价内部控制基本要素的监查状况，为了今后内部审计更具水准，内部控制审计方面，可利用内部审计。

关于利用内部审计，为评价企业实施的内部审计状况，在评价时应检查的内容方面，根据审计基准委员会报告书第 15 号"理解和利用内部审计的实施状况"（以下称为"审计基准委员会报告书第 15 号"）的基准进行。

根据审计基准委员会报告书第 15 号，得出可以利用内部审计结论的情况下，应注意以下事项：

①审计人员对其审计意见负责，其责任并不会因利用内部审计的结果而减轻。

②从内部审计处间接取得的审计证据，比审计人员自身实施审计程序取得的同样的审计证据的证明力弱。

③财务报表项目中的金额重要性，与特定审计要点相关的虚假陈述风险（固有风险或是控制风险）高时，在评价的恰当性审计程序方面，评价审计证据需要专门

的判断时，通过自行实施的审计程序直接取得审计证据。

内部控制审计中，经营者的评价范围涉及全公司的内部控制、决算、财务报告程序、与企业业务目标相关性大的会计科目的业务程序、重要的业务流程以及与其他的业务流程相关的重要业务程序，认为重大虚假记载的风险高纳入内部控制的重要评价范围，在利用内部审计时，有必要慎重检查其利用的程度。

全公司内部控制中关于与控制环境相关的评价项目，控制环境是其他内部控制基本要素的基础，关于与该评价项目相关的内部控制的结果，由于内部审计的负责人员主观介入的空间比较大，因此在利用时应慎重检查。

另外，在内部审计人员等中的"等"，表明不仅仅是内部审计人员，还包括成为评价对象的其他部署所属的监督等的实施者、公司外的专家等代替经营者进行内部控制评价的内部审计人员以外的一部分人员。在此提到的"部署"，包括诸如内部控制评价研究组和财务部等，但当将其作为内部审计进行利用时，有必要检查是否独立于评价对象。

（2）利用内部审计等作业的程度

在内部控制审计方面，审计人员在发表审计意见时，审计人员应通过自身努力取得充分、恰当的审计证据，并基于此发表意见，不能将内部控制审计人员等的工作成果代替自己的检查成果进行使用，例如检查日常反复发生的、与低风险固定模式业务相关的特定控制程序的执行情况时，可以利用一部分内部审计人员等评价作业中抽出的部分样本。

（3）利用内部审计人员等的工作成果时的注意点

利用内部审计人员等的工作成果时应当注意以下几点：

①业务范围是否能够达到目的。

②作业的实施过程是否恰当。

③作业的实施者是否具备专业的能力。

④作业的实施者是否独立于评价项目。

⑤是否记录和保存实施作业的过程。

⑥结论是否符合事实。

14. 利用其他审计人员

（1）其他审计人员的范围

在实施内部控制的审计方面，其他审计人员，是指审计基准委员会报告书中定义的主要审计人员以外的人员。专家，是指判断需要专门的知识、技能时，基于审计基准委员会报告书第 14 号"利用专家作业"（以下称为"审计基准委员会报告书第14号"），审计人员在必要时，利用的具备专门技能的个人或组织。

（2）内部控制审计方面，利用其他审计人员等应遵守的审计基准

内部控制审计在利用其他审计人员方面,应遵守财务报表审计方面的公认基准、审计基准以及审计基准委员会报告书第 8 号，利用时应注意以下事项：

①审计对象项目性质的重要性、金额的重要性。

②审计对象项目的复杂性、特殊性、高度专业性。

③其他审计人员等对审计对象项目的独立性、客观性。

④其他审计人员等的专业性、经验、判断。

⑤将决定利用范围等的注意事项计入审计计划和审计调查书中。

（3）外部子公司方面利用其他审计人员的审计结果

外部子公司方面利用其他审计人员的审计结果，如其他审计人员为海外审计人员，那么按照日本以外的"内部控制审计基准"实施内部控制审计时，判断与按照日本的"内部控制审计实施基准"实施的审计实质上基本相同的情况下，可以利用按照该"内部控制审计实施基准"实施的审计结果。

①其他审计人员为海外审计人员，按照日本以外的内部控制框架实施内部控制审计时，通过问卷调查的方式，检查是否满足日本内部控制框架基准的要素。

②在判断与日本内部控制审计基准实质上是不同，或没有内部控制报告书制度的情况下，对海外审计人员的原则是，根据日本内部控制基准进行指导，取得答案。

（4）利用其他审计人员时主要审计人员的责任

利用其他审计人员的审计结果,在内部控制审计报告书中没有特定的记载段落，审计人员要自己对发表的审计意见负责。

（5）内部控制审计方面利用专家的工作应遵守的审计基准

内部控制审计方面利用专家的工作应遵守的审计基准为财务报表审计时应遵守的一般公正的审计基准以及审计基准委员会报告书第 14 号。

还有，特别是在利用 IT 相关专家的工作成果时，需要按照 IT 委员会报告书第 3 号"VIIIT 利用专家"。在进行 IT 相关的所有控制以及检查业务处理控制评价时利用 IT 专家工作成果的情况下，需要审计小组实施充分的讨论。

15. 审计调查书

审计基准委员会报告书第 36 号"审计调查书"（以下称为"审计基准委员会报告书第 36 号"），是从审计报表的观点出发，规定了审计调查书的意义、目的、特质、样式、内容以及范围、审计文件的整理、例外事项方面审计报告书的日后变更审计调查书等，内部控制审计与财务报表审计是一体的，在编制与内部控制审计相关的审计调查书时，审计人员应遵从"审计基准委员会报告书第 36 号"中规定的实务指南。本报告书以及审计基准委员会报告书第 36 号以外，如果存在日本公认会计师协会公布的委员会报告书等规定了内部控制审计相关的审计调查书指南，那么与该报告书一并适用。

还有，审计文件夹通常与审计报告书同时做成（参照品质管理委员会报告书第 1 号"审计事务所文件管理"第 79 项），财务报表审计和内部控制审计作业不必分别建立文件夹，可以为一个文件夹。内部控制审计方面审计调查书的事项可参照附件 1。

16. 内部控制审计报告书

（1）内部控制审计报告书和财务报表审计报告书

审计人员对经营者编写的内部控制报告书应遵从公认的财务报告内部控制评价标准、财务报告内部控制结果是否在所有的重要方面公允表达，审计人员必须根据内部控制报告书发表意见，内部控制审计报告书按照原则，与财务报表审计的审计报告书记载的事项相符（参照内部控制审计基准 4.（2））。但是，内部控制审计报告书和财务报表审计报告书作为同一个审计报告书，以一体的制作方法为原则。

但是，有特殊理由时可以不限于此（参照内部控制府令第 7 条）。此时，内部控制审计报告书的制作，应当注意以下几点，必要时应在各自报告书中追加说明。

·内部控制审计报告书的签署人必须与合并财务报表审计报告书相同（没有合并财务报表的情况下是财务报表审计报告书）。

·内部控制审计报告书和合并财务报表审计报告书，记载两个审计同时进行的事项以及其他审计报告书中表明的审计意见。

内部控制府令、内部控制审计基准以及本报告中没有特别规定的事项，基于审计、保证实务委员会报告书第 75 号"编写审计报告书的实务指南"，编写内部控制审计报告书。

（2）内部控制审计报告书的记载事项

内部控制审计报告书，将"内部控制审计的对象"、"实施内部控制的概要"以及"对于内部控制报告书的意见"三个项目分别进行记载。

①内部控制审计的对象

A.成为内部控制审计对象的内部控制报告书的范围（××株式会社×年×月×日目前的内部控制报告书）。

B. 由经营者担任财务报告内部控制的建立、运用以及内部控制报告书的编写责任。

C. 实施内部控制审计责任的审计人员，站在独立的立场上对内部控制审计报告书发表意见。

D. 与财务报告相关的内部控制是否存在完全不能够防止和发现财务报告虚假记载的可能性。

②内部控制审计的实施概要

A. 内部控制审计遵从公认的财务报告内部控制审计基准进行。

B. 与财务报告相关的内部控制审计基准，是为了实施内部控制审计的审计人员合理保证内部控制报告书不存在重大虚假记载。

C．内部控制审计方面实施审计程序概要（内部控制审计是以实验检查为基础的，包含经营者进行内部控制评价的范围、评价程序以及评价结果，审计人员应将其视为一体对内部控制报告书的信息进行检查）。

D．作为内部控制审计的结果，需要取得为发表意见的合理基础。

③审计人员对内部控制报告书的意见

A．成为内部控制审计对象的经营者对内部控制报告书的评价结果。

B．成为内部控制审计对象的内部控制报告书，是否遵循一般、公正、恰当的财务报告内部控制评价的标准，对财务报告内部控制的评价结果是否在所有的重要方面都进行了恰当、合理的表述。

（3）内部控制报告书不存在重大虚假记载

审计人员对成为内部控制审计对象的内部控制报告书，是否遵循一般公正恰当的财务报告内部控制评价的标准、该内部控制报告书在年度末的内部控制状况是否在所有重要方面恰当地发表了意见。所谓内部控制报告书发表了恰当的意见，是指内部控制报告书不存在重要的虚假表述（包含遗漏），具体为遵循一般公正恰当的财务报告内部控制评价标准，恰当地表述了以下方面。内部控制报告书方面，当在以下重要方面记载不恰当时，审计人员就不能发表标准的审计意见。

①与财务报告相关的内部控制的评价范围。

②与财务报告相关的内部控制的评价程序。

③与财务报告相关的内部控制的评价结果。

④附注事项的内容。

（4）追加信息

审计人员判断内部控制报告书是合理的情况下，将其判断相关的必要说明事项等作为内部控制审计报告书的信息进行追加时，必须与发表意见区别开来（参照内部控制审计基准 4.（2））。追加信息是在判断内部控制报告书合理表述的基础上，作为审计人员取得的信息提供给内部控制报告书的使用者，但内部控制报告书的编写责任是由经营者承担的，与财务报表在审计方面的处理是相同的，审计人员并不能代替经营者提供内部控制报告书中没有记载的信息。但是，追加信息的记载对象，按照原则限定为内部控制报告书中记载的事项。追加信息应记载的事项，内部控制审计基准中列示了以下事项：

①当经营者在内部控制报告书中记载财务报告相关内部控制的重要缺陷以及没有改正的理由等内容的情况下，假如审计人员判断该记载是恰当的并发表无保留的意见，那么该重要缺陷对财务报表审计的影响应予以记载。

②与财务报告相关的内部控制有效性评价的重要影响以及或有事项。

③期末日后实施的改正措施。

④对于经营者没有实施的一部分评价程序，如认为有特殊理由发表无保留审计

意见时，未能实施充分评价程序的范围以及理由。

（5）评价范围受到限制时的注意事项

①审计人员纳入评价对象的内部控制中，经营者没有进行评价的情况。

基于内部控制评价标准，在审计人员判断经营者的评价范围中应包含的内部控制而经营者没有实施评价的情况下，对于该领域，审计对象是原本不存在的，无法实施必要的审计程序。但是，此种情况下，审计人员对经营者没有纳入评价对象范围的影响，基本是与添加范围受限相关的例外事项，可以考虑保留意见或不发表意见，即在审计范围受到限制的情况下对经营者评价范围的恰当性进行判断。

②审计人员对经营者内部控制评价对象范围外领域的重要虚假陈述的特别处理。

在期末财务报表审计的过程中有审计人员指出财务报表的重要错误，该错误是由于经营者在没有纳入内部控制评价对象业务程序而发生的情况下，或是审计人员基于财务报表审计的目的，对经营者没有纳入内部控制评价对象的业务程序实施评价，重要缺陷属于内部控制的不健全造成的，此时将发生重要错误或重要缺陷的业务程序作为"对财务报告产生重要影响的业务程序"，至于能否追加内部控制评价对象，审计人员必须进行检查。审计人员得出将该业务程序作为"对财务报告产生重要影响的业务程序"的结论，由于时间的限制经营者不能实施评价时，审计人员在最终的内部控制审计中应当按照评价范围受限制进行处理。

这样的例外事项，审计人员对该领域的内部控制进行检查的前提是经营者先进行评价。但是只有经营者根据审计人员的指导对该领域按照方针实施有效的评价，才能不侵害到审计人员的独立性。

③特殊情况。

审计人员对于经营者因特殊情况而未对内部控制的一部分充分实施评价程序，进而编制没有实施评价范围以外的内部控制报告书的情况，必须对经营者纳入的范围以外的事项是否合理以及该除外范围对财务报表审计的影响进行充分的检查。所谓"特殊情况"，是指经营者在期限内遵循内部控制评价标准实施评价程序比较困难的情况，如以下极端限定的状况：

·期末日前收购其他企业或合并其他企业，考虑被合并公司或被收购公司的规模以及业务的复杂性，进行内部控制评价需要相当长的准备时间，该事项年度的决算在经过董事会确认的期间内评价难以完成的合理情况。

·大规模的系统变更。

·发生大规模的地震、水害等灾害。

·由于政变等政治上的不安定对企业活动的限制。

但是，由于对内部控制评价负责的责任人员或管理者突然变动、离职、内部控制评价的基础性文件丢失等原因造成企业不能实施内部控制评价的，属于企业方面的责任引起不能实施内部控制评价的不属于"特殊情况"。还有根据"特殊情况"的性质，也应考虑对财务报表审计和内部控制审计的意见产生影响的异常情况。例如，期末日前收购或合并其他企业时，在财务报表审计上通常没有范围受限，只有在内部控制审计上检查范围受限制的程度。在发生大规模灾害的情况下，除重新构筑会计记录外，审计范围受限的可能性比较高，其范围受限制的程度要根据各自的审计目的进行检查。

对于经营者部分实施评价程序的情况，审计人员认为是由于特殊的事项造成该情况而发表无保留意见时，必须在审计报告书中作为追加信息记载没有实施充分评价程序的理由以及范围。由于特殊情况而没有实施内部控制评价范围产生的影响，使得审计人员不能对内部控制报告书发表意见时，即特殊情况有正当的理由，也不能发表审计意见。

（6）内部控制审计报告书的审计意见

①标准无保留审计意见

成为内部控制审计对象的内部控制报告书依据一般、公正、恰当的财务报告内部控制评价标准，记载在所有的重要方面恰当陈述财务报告内部控制的评价。假定情况如下：

A. 经营者在内部控制报告书中注明与财务报告相关的内部控制为有效的结论，且在内部控制的评价范围、评价程序、评价结果等方面，经营者都进行了恰当记载（参照附录3（1）文例1）。

B. 经营者在内部控制报告书中记载了与财务报告相关的内部控制存在重要缺陷是无效的以及没有改正的理由，且在内部控制评价的范围、评价程序、评价结果等方面，经营者的记载是恰当的情况下。此时，在内部控制审计报告书中将该重要缺陷对财务报表审计的影响作为追加信息进行记载（参照附录3（2）文例2）。

C. 由于特定事项，经营者对内部控制的部分评价程序没有实施充分的检验程序，但在内部控制报告书中评价与财务报告相关的内部控制是有效的，且在内部控制评价的范围、评价程序、评价结果等方面，经营者的记载是恰当的情况下。此时，将没有充分进行评价程序的范围以及理由作为追加信息进行记载（参照附录3（3）文例3）。

②在意见中记载例外事项的强调意见

在内部控制审计对象的内部控制报告书中，关于内部控制的评价范围、评价程序以及评价结果等内容，经营者的记载有不恰当的地方，审计人员不能发表标准无保留审计意见时，应判断其影响对内部控制报告书整体上并没有达到虚假表示的重要程度，除例外事项外，均应遵循一般公正财务报告相关内部控制评价标准进行，在所有的重要方面进行了恰当的表示。还有，应将例外事项的内容以及该例外事项对财务报表审计的影响与内部控制审计报告书的意见相区分，作为例外事项进行记载。

审计人员判断某业务范围属于内部控制评价对象而经营者没有对该对象进行评价的情况下，应作为审计范围受限处理，应注意的是该情况不属于评价范围不恰当的情况。

③否定意见

在成为内部控制审计对象的内部控制报告书中，关于内部控制的评价范围、评价程序以及评价结果，经营者的记载存在明显的不恰当之处。在判断内部控制报告书总体存在虚假表示的情况下，审计人员可以发表否定意见。此时，成为审计对象的内部控制报告书不恰当的原因、理由以及对财务报表审计的影响分别记载。

（假定事项）

A．对于审计人员认为的特定事项，经营者没有作为特定事项处理，没有记载到内部控制报告书中。在此，经营者将重要缺陷作为特定事项时，即使得出财务报告相关内部控制无效的结论，审计人员将经营者对特定事项以外的事项作为其他重要缺陷的情况下，要求经营者在内部控制报告书中追加记载，但与经营者的意见不统一，在内部控制报告书中没有记载的情况（参照附录3（4）文例4）。

B．关于内部控制的评价范围、评价程序以及评价结果，内部控制报告书中的记载内容与事实不符，存在明显不恰当的情况。

④不发表意见

由于没有实施重要的审计程序，所以在没有取得对内部控制报告书发表意见的合理基础时，不能发表意见。如果审计范围受到限制，判断其重要程度影响到不能对内部控制报告书发表意见时，必须记载不发表意见的原因、理由。此时，由于没有注明审计意见，对于双重责任的表述，只陈述经营者作成内部控制报告书的责任，不记载是否遵循财务报告相关内部控制评价标准。

（假定事项）

由于发生重大灾害等，经营者实施的评价范围存在限制（参照附录 3（5）文例 5）。

⑤附带审计范围受限制的例外事项的强调事项的审计意见

由于没有实施重要的审计程序，在审计范围受到限制时，判断其影响没有达到对内部控制报告书不能发表意见的重要程度，所以附带审计范围受限制的例外事项。此时，在实施审计概要中记载了实施的审计程序；在对内部控制报告书的意见中，记载了该例外事项对财务报表审计的影响。

（假定事项）

在经营者实施的内部控制评价部分存在不充分，但经营者的评价结果是恰当的情况下。另外由于一部分范围受到限制、经营者的评价结果不恰当时，属于否定意见，应该在内部控制报告书中记载不恰当的理由以及范围受限制的情况（参照附录 3（6）文例6）。

（7）根据美国准则实施内部控制审计时，日本基准下内部控制审计报告书的处理

因为存在美国 SEC 上市的公司，在美国公布按照美国准则编制的合并财务报表的公司在日本国内公布日本基准的财务报表的时候，因为日本国内公布的内部控制报告书是遵循日本的基准，所以其内部控制审计报告书也遵循日本的基准。此时，内部控制审计按照美国准则实施也是可以的，但日本基准的内部控制审计实质上相当于利用美国准则的内部控制审计。为此，审计人员如有制作日本基准的内部控制审计报告书所必要的程序，可以通过追加该程序来应对。

在此提出的"必要的程序"，通常为适用权益法的关联公司评价的检查以及对财务报表信赖性产生重要影响的公开事项等的检查。

17. 内部控制审计应取得经营者的确认书

经营者的确认书，原则上在审计人员交付审计报告书时的审计报告日取得，但是内部控制审计是由财务报表审计小组与财务报表审计一起进行的，所以在内部控制审计过程中取得的审计证据是作为财务报表审计的内部控制评价方面的审计证据使用的。此外，由于在财务报表审计过程中取得的证据也在内部控制审计中使用，所以要求经营者确认的内容在两个审计中是重复使用的。因为两个目的的审计报告书同日提交，所以在实务中，经营者确认书是为两个审计目的而制作的。

将内部控制审计与财务报表审计一并进行时，以往财务报表审计中取得的经营者确认书至少记载以下事项（经营者确认书的文例在附录 4 中）。

（1）成为内部控制审计对象的内部控制报告书的相关事项

①基于一般公正恰当的财务报告内部控制评价标准，评价财务报告相关的内部控制。内部控制报告书的制作是经营者的责任。经营者自身应认识到此点。

②内部控制报告书基于一般公正恰当的财务报告内部控制评价标准，恰当地表示期末日至今的内部控制状况。

③在评价与财务报告相关的内部控制时，基于一般公正恰当的财务报告内部控制评价标准，确定恰当的评价范围和评价程序，基于实施的评价程序进行充分、有效的评价，并保存其记录。

（2）审计程序方面的制约事项

①实施内部控制审计时向审计人员提供必要的资料。

②在内部控制评价的过程中，对于特定财务报告相关内部控制的建立以及运用上的缺陷，《内部控制评价的实施基准》"3.（4）④"中规定的重要缺陷（以及根据必要内部控制的缺陷）在期中改正的情况下，改正措施的内容向审计人员公开。缺陷中属于重要缺陷的情况，其原因向审计人员公布。

（3）对内部控制报告书产生重要影响的事项

①不存在行政官厅的通告、指导等对财务报告内部控制的有效性产生影响的事项。

②除内部控制报告书记载的事项外，期末日以后至审计报告书日为止，期末日至今没有对内部控制产生重要影响的或有事项（发生时"除记载到内部控制管理报告书上之外均视为没发生"）。

③到内部控制管理报告书的提出之日将改善措施完成，如果发现重要缺陷或者经营者的主张有重要缺陷，根据内部控制制度记载的期末日以后实施的改善措施，在资产期末发现现在的内部控制制度有重要缺陷时，要进行充分的审查，以证明已确认的有效性。

④（内部控制制度报告书提出之日的改善措施（含评价未了）的进行宗旨记载到内部控制制度报告书时）内部控制制度报告书上记载的期末日以后实施的改善措施，预定×年×月完成。完成后，确信能够发现内部控制管理报告制度的重要缺陷。

（4）与财务报告相关的内部控制制度的有效性的相关事项

与财务报告相关的内部控制制度不完备的情况，与个别或者其他的不完备相符时，确信没有与重要缺陷对应的不完备，应有效地配备、运用与×年×月的财务报告相关的内部控制制度（与特定财务报告相关的内部控制制度不完备，而个别或者其他的不完备相配比时，属于重要缺陷的，应适当记载到内部控制管理报告书中，以确保没有未记载的重要缺陷）。

审计人员有必要确认向经营者发出的确认书上记载的事项的全部或者一部分。如果经营者拒绝确认，则说明审计范围受限制。这时，审计人员必须考虑出具审计意见受限制或者无法表示意见的审计报告。决定审计报告书上的操作时，审计人员必须考虑该事项的影响和重要性，以及该事项被拒绝确认对在审计过程中经营者回答的信赖性是否产生影响。此外，经营者拒绝确认的事项变成内部控制制度审查的前提（例如经营者的内部控制制度的配备和运用以及评价的确认）时，审计人员不能发表意见。

18. 适用

本报告适用于 2008 年 4 月 1 日以后开始的事业年度内的内部控制审计。

附录（1）　在进行内部控制审计时，审计报告书上记载的事项举例

（1）审计计划的策划

内部控制审计的审计计划的书面文字，考虑的事项如下：

①关于评价与财务报告相关的内部控制制度有效性的经营者评价程序的内容和实施时间的理解

关于评价与财务报告相关的内部控制制度的有效性的经营者评价程序的内容和

实施时期的计划的理解内容。

②向经营者及董事会、审计人员（或者审计委员会）报告的内部控制制度的不完备、有无重要的欠缺和报告的内容

记录向经营者及董事会、审计人员（或者审计委员会）报告的内部控制制度的不完备、关于重要缺陷理解的内容，审计上对应的讨论结果。

③子公司等适用权益法等的关联方公司内部控制审计的程序

关联子公司等适用权益法等的关联公司等作为评价对象时，关联子公司等有适用权益法的关联公司的内部控制审计的计划、实施方法，也包括对其他审计人员的指示书。

［评价范围是否适当的讨论］

④关于内部控制制度的评价范围与经营者实施协议

因经营者不同而不同的内部控制制度的评价范围，要根据与经营者协商的结果记录确定适合的范围。

⑤全公司内部控制制度及全公司水平的决算财务报告程序评价外围的检讨

A．关于评价范围的选定理解的内容。

B．评价范围以外的业务单元或者全公司内部控制制度和全公司的水平决算，因为财务报告程序不同，所以评价对象的业务单元的讨论结果是存在差异性的。

C．判断评价范围不适当时，与经营者协商结果。

⑥与业务程序相关的内部控制制度的评价范围的讨论

A．重要的业务单元的选定。

当讨论选择总要的业务单元时，把下面的事项记录到审计调查书上：

a．关于评价范围选定的内容。

b．确定重要业务单元的方法、采用选定指标恰当性的讨论结果。

c．基于选定目标的选定比例以及与选定重要业务单元稳妥性相关的讨论结果。

B．考虑与作为评价对象业务程序的识别企业关系重大的会计科目以及业务程序和对财务报告的影响，个别的追加到评价对象的业务程序在审计调查书上分别记录以下事项：

a．关于以经营者为评价对象确定的业务程序范围的理解内容。

b．关于成为评价对象的业务程序是否含委托业务的理解内容。

c．关于当前委托业务是否构成重要业务程序的理解内容。

d．判断评价范围不适当时，与经营者协议的结果。

（2）实施审计程序的结果

[全公司的内部控制制度的评价的讨论]

①全公司内部控制制度的配备情况的讨论

关于全公司内部控制制度配备状况的评价恰当性的讨论，要在审计调查书上记

录以下事项：

A．关于经营者采用的全公司的内部控制制度的评价项目一览表的理解内容和其适当性的讨论。

B．关于经营者实施全公司的内部控制制度配备情况的评价程序以及对评价结果的理解。

C．审计者实施查阅和提问等审计程序的结果以及取得调查的证据。

D．如果有审计人员发现全公司内部控制制度的执行情况不完备，则与经营者识别的不完备的结果比较。

E．如果审计人员发现了全公司内部控制制度不完备的状况，则与经营者识别的不完备的结果比较。

②全公司的内部控制制度的执行情况的评价的讨论

关于全公司的内部控制制度执行情况评价的恰当性，在审计调查书中记录以下事项：

A．关于经营者实施的全公司的内部控制制度的执行情况的评级程序以及对评价结果的理解。

B．审计人员实施的提问和关联证据的阅读、观察等审计手段的结果以及取得的审计证据。

C．如果有审计人员发现全公司的内部控制制度的执行情况不完备，则与经营者识别的不完备的结果比较。

D．因经营者而不同的全公司内部控制制度执行情况的评价结果的恰当性的讨论结果。

[全公司水平的决算和财务报告程序的评价的讨论]

③全公司水平的决算和财务报告程序配备状况评价的讨论

A．全公司水平的决算和财务报告程序配备状况评价的讨论。

"全公司内部控制制度评价的讨论，①全公司的内部控制制度的配备状况评价的讨论"备用。

B．全公司水平的决算和财务报告程序的运用情况评价的讨论。"全公司内部控制制度评价的讨论，②全公司的内部控制制度的执行情况评价的讨论"备用。

[与业务程序相关的内部控制制度配备状况评价的讨论]

④与业务程序相关的内部控制制度完备状况评价的讨论

关于与业务程序相关的内部控制制度的完备状况评价的稳妥性的讨论，在审计调查书中记录以下事项：

A．对经营者实施的与业务程序相关的内部控制制度完备状况评价程序和对评价结果的理解。

B．审计人员实施的提问、观察、阅览、穿行测试等的审计程序的结果和取得的审计证据。

C．关于经营者识别的统一制度的要点能否确保制作确切的财务信息的讨论结果。

D．如果有审计人员发现的业务程序相关的内部控制制度不完备的状况，则与经营者识别的不完备状况进行比较。

E．关于与经营者相关的业务程序内部控制制度完备状况的评价结果的恰当性的讨论结果。

⑤与业务程序相关的内部控制制度的执行情况的评价的讨论

与业务程序相关的内部控制制度的执行情况评价的恰当性讨论，要在审计调查书中记录以下事项：

A．对经营者实施的与业务程序相关的内部控制制度的执行情况评价程序和评价结果的理解。

B．审计人员实施的提问、对相关文件的阅览、观察、企业担当者的作业再现、审计人员再次实施审计等审计程序的结果和取得的审计证据。

C．根据审计人员的判断，在经营者选择的样本中选择一部分作为审理样本时，对自己选择作为样本利用的那部分和经营者抽出样本的恰当性的讨论实施的程序和讨论结果。

D．如果有审计人员发现的与业务程序相关的内部控制制度的执行情况不完备，则与经营者识别的不完备状况进行比较。

E．关于与经营者相关的业务程序内部控制制度完备状况评价结果的恰当性的讨论结果。

（3）不完备的收集

①关于对内部控制制度的不完备的讨论，在审计调查书中记录以下事项：

A．关于记载经营者制作的内部控制制度不完备的一览表的理解。

B．与各自不完备相关的会计科目、影响和范围的讨论结果。

C．因内部控制制度的不完备与虚假记载实际发生的可能性相关的讨论结果（含这一内部控制制度和其他内部控制制度能否互相替代的讨论）。

D．内部控制制度的不完备存在时，在影响金额汇总的基础上讨论是否将其划分为有重要缺陷的项目。

E．识别的内部控制制度不完备等对财务报表审计影响的讨论结果。

②审计人员在经营者存在重要审计缺陷而一定要实施措施时，记录以下内容：

A．关于对经营者实施措施的理解。

B．关于实施的修改措施的经营者评价恰当性的讨论结果。

C．关于将实施结果向董事会和审计小组及审计委员会报告。

附录（2）　统计的样本数的举例

允许误差率 9%、抽样风险 10%（信赖度 90%）、预计误差率为 0 时的样本数见下表：

运用评价程序的统计抽样数

		容许误差率										
		2%	3%	4%	5%	6%	7%	8%	9%	10%	15%	20%
预想误差率	0	114 (0)	76 (0)	57 (0)	45 (0)	38 (0)	32 (0)	28 (0)	25 (0)	22 (0)	15 (0)	11 (0)
	0.25%	194 (1)	129 (1)	96 (1)	77 (1)	64 (1)	55 (1)	48 (1)	42 (1)	38 (1)	25 (1)	18 (1)
	0.50%	194 (1)	129 (1)	96 (1)	77 (1)	64 (1)	55 (1)	48 (1)	42 (1)	38 (1)	25 (1)	18 (1)
	0.75%	265 (1)	129 (1)	96 (1)	77 (1)	64 (1)	55 (1)	48 (1)	42 (1)	38 (1)	25 (1)	18 (1)
	1.00%	*	176 (1)	96 (1)	77 (1)	64 (1)	55 (1)	48 (1)	42 (1)	38 (1)	25 (1)	18 (1)
	1.25%	*	221 (1)	132 (2)	77 (1)	64 (1)	55 (1)	48 (1)	42 (1)	38 (1)	25 (1)	18 (1)
	1.50%	*	*	132 (2)	105 (2)	64 (1)	55 (1)	48 (1)	42 (1)	38 (1)	25 (1)	18 (1)
	1.75%	*	*	166 (3)	105 (2)	88 (2)	55 (1)	48 (1)	42 (1)	38 (1)	25 (1)	18 (1)
	2.00%	*	*	198 (4)	132 (3)	88 (2)	75 (2)	48 (1)	42 (1)	38 (1)	25 (1)	18 (1)
	2.25%	*	*	*	132 (3)	88 (2)	75 (2)	65 (2)	42 (1)	38 (1)	25 (1)	18 (1)
	2.50%	*	*	*	158 (4)	110 (3)	75 (2)	65 (2)	58 (2)	38 (1)	25 (1)	18 (1)
	2.75%	*	*	*	209 (6)	132 (4)	94 (3)	65 (2)	58 (2)	52 (2)	25 (1)	18 (1)
	3.00%	*	*	*	*	132 (4)	94 (3)	65 (2)	58 (2)	52 (2)	25 (1)	18 (1)
	3.25%	*	*	*	*	153 (5)	113 (4)	82 (3)	58 (2)	52 (2)	25 (1)	18 (1)
	3.50%	*	*	*	*	194 (7)	113 (4)	82 (3)	58 (2)	52 (2)	25 (1)	18 (1)
	3.75%	*	*	*	*	*	131 (5)	98 (4)	73 (3)	52 (2)	25 (1)	18 (1)
	4.00%	*	*	*	*	*	149 (6)	98 (4)	73 (3)	65 (3)	25 (1)	18 (1)
	5%	*	*	*	*	*	*	160 (8)	115 (6)	78 (4)	34 (2)	18 (1)
	6%	*	*	*	*	*	*	*	182 (11)	116 (7)	43 (3)	25 (2)
	7%	*	*	*	*	*	*	*	*	199 (14)	52 (4)	25 (2)

注：1. 此表是假定存在大的母集团而制作的。

　　2. 括号内为预想的误差次数。

　　3. 标 * 的地方是抽样数与费用不匹配的件数，故没有表示。

附录（3） 结合型内部控制制度审计报告的举例

（1）文例 1 财务报表审计报告书（无保留意见）和内部控制制度审计报告书（无保留意见）一体型

独立法人审计报告书和内部控制制度审计报告书

×年×月×日

××上市公司

董事会

　　　　　××审计法人

　　　　　指定员工

　　　　　业务执行员工　公认会计师××印

　　　　　指定员工

　　　　　业务执行员工　公认会计师××印

〈财务报表审计〉

　　我公司审计法人依照《金融商品交易法》第 193 条第 2 款第 1 项的规定进行了审计，（财务状况）所揭示的××上市公司的×年×月×日到×年×月×日的会计年度的相关各财务报表，即相关的资产负债表、相关的利润表、相关的股东资本变动计算表、相关的现金收支计算表以及相关的附属明细，进行了审计。以上各表的编制由管理当局负责。我们的责任是在独立的立场上对以上财务报表发表审计意见。

　　我们审计法人，基于日本一般公正恰当的认定审计基准进行审计。审计的基准在于求证我们所审计的各个财务报表有无重大的虚假表示。审计以抽查为基础进行，讨论经营者采用的会计方针以及适用方法和包括经营者进行计划的评价在内的财务报表表示的真实性，我们在合理的基础上对审查的结果作出判断。

　　我们对以上的财务报表，基于日本一般的公正恰当的认定的企业会计为基准，对××上市公司以及关联子公司的×年×月×日这一时点的财务状态和经营业绩以及现金流量的状况等全部的重要部分作出适当的表示和认定。

〈内部控制制度审计〉

　　我们基于《金融商品交易法》第 193 条第 2 款第 2 项的规定进行审计的取证，对××上市公司的×年×月×日当日的内部控制制度报告书进行审计。与财务报告相关的内部控制制度的配备及运用以及内部各报告书的编制是管理当局的责任。我们的责任是在独立的立场上对内部控制制度报告书发表意见。我们有可能不能发现所有的与财务报表相关的内部控制制度的虚假记载。

　　我们基于日本一般的公正恰当的认定，对与财务报告相关的内部控制制度的审查基准进行审计。关于与财务报告相关的内部控制制度的审查基准，我们希望得到与内部控制制度是否有虚假记载的合理的证明。内部控制制度的检查是在抽查的基础上进行的。对于与财务报告相关的内部控制制度的评价范围、评价程序以及评价结果，包含检讨经营者进行的记载在内的作为全体的内部控制制度报告书的表示，我们可以对内部控制制度审计结果在合理的基础上进行判断。

我们对与××上市公司的×年×月×日的财务报告相关的内部控制制度报告书进行了判断，以日本的一般公正恰当的认定及与财务报告相关的内部控制制度为评价标准，对与管理当局财务报告相关的内部控制制度评价全部的重要内容进行了适当的表示。

在公司和我审计法人及业务执行员工之间，根据公认的会计师的规定，没有利害关系。

以上

注释 1：审计者作为审计法人，没有制定证明时是以下：

　××审计法人

代表社员

业务执行社员　　公认会计师　××印

业务执行社员　　公认会计师　××印

另外，审计者是公认会计师的，认定为以下：

××公认会计师事务所

公认会计师　××印

××公认会计师事务所

公认会计师　××印

注释 2：审计人员是公认会计师时，称为"我"或者"我们"。

注释 3：关于注释 1 和注释 2，以下例子的解释相同。

（2）文例 2　财务报表审计报告书（无保留意见）和内部控制制度审计报告书（无保留意见和关于重要缺陷的追加报告）一体型。

独立法人审计报告书和内部控制制度审计报告书

×年×月×日

××上市公司

董事会

　　　　　××审计法人

　　　　　指定员工

　　　　　业务执行员工　　　　公认会计师××印

指定员工

业务执行员工　　　　公认会计师××印

〈财务报表审计〉

〈财务报表审计的部分省略〉

〈内部控制制度审计〉

我们基于《金融商品交易法》第 193 条第 2 款第 2 项的规定进行审计的取证，对××上市公司的×年×月×日当日的内部控制制度报告书进行审计。与财务报告相关的内部控制制度的配备及运用以及内部各报告书的编制是管理当局的责任。我们的责任是在独立的立场上对内部控制制度报告书发表意见。我们有可能不能发现所有与财务报表相关的内部控制制度的虚假记载。

我们基于日本一般的公正恰当的认定，对与财务报告相关的内部控制制度的审查基准进行审计。关于与财务报告相关的内部控制制度的审查基准，我们希望得到与内部控制制度是否有虚假记载的合理的证明。内部控制制度的检查是在抽查的基础上进行的。对于与财务报告相关的内部控制制度的评价范围、评价程序以及评价结果，包含检讨经营者进行的记载在内的作为全体的内部控制制度报告书的表示，我们可以对内部控制制度审计结果在合理的基础上进行判断。

我们对与××上市公司的×年×月×日的财务报告相关的内部控制制度进行了审计，认为其存在重大的缺陷并且其中有无效的表示，以日本的一般公正恰当的认定与财务报告相关的内部控制制度为评价标准，对与管理当局财务报告相关的内部控制制度评价的所有重要内容进行了适当表示。

追加报告：

对于内部控制制度报告书上记载的存在重要缺陷的××程序所处理的全部交易，要对全公司的合同内容进行再次的对账确认，其结果应在特定的必要的关联财务报表中反映。这一点对财务报表的审计不产生影响。

公司和我审计法人以及业务执行员工之间，根据公认的会计师的规定，没有利害关系。

以上

（3）文例 3　财务报表审计报告书（无保留意见）和内部控制制度审计报告书（无保留意见和审计范围受限制的追加报告）一体型

独立法人审计报告书和内部控制制度审计报告书

×年×月×日

××上市公司

董事会

　　　　　××审计法人
　　　　　指定员工
　　　　　业务执行员工　　　公认会计师××印

　　　　　指定员工
　　　　　业务执行员工　　　公认会计师××印

〈财务报表审计〉
（财务报表审计的部分省略）

〈内部控制制度审计〉
　　我们基于《金融商品交易法》第 193 条第 2 款第 2 项的规定进行审计的取证，对××上市公司的×年×月×日当日的内部控制制度报告书进行审计。与财务报告相关的内部控制制度的配备和运用以及内部各报告书的编制是管理当局的责任。我们的责任是在独立的立场上对内部控制制度报告书发表意见。我们有可能不能发现所有与财务报表相关的内部控制制度的虚假记载。

　　我们基于日本一般的公正恰当的认定，对与财务报告相关的内部控制制度的审查基准进行审计。关于与财务报告相关的内部控制制度的审查基准，我们希望得到与内部控制制度是否有虚假记载的合理的证明。内部控制制度的检查是在抽查的基础上进行的。对与财务报告相关的内部控制制度的评价范围、评价程序以及评价结果，包含检讨经营者进行的记载在内的作为全体的内部控制制度报告书的表示，我们可以对内部控制制度的审计结果在合理的基础上进行判断。

　　我们对与××上市公司的×年×月×日的财务报告相关的内部控制制度进行了审计，认为以与财务报告相关的内部控制制度所表示的报告书是有效的表示，以日本的一般公正恰当的认定与财务报告相关的内部控制制度为评价标准，与管理当局财务报告相关的内部控制制度的评价对全部的重要内容进行了适当的表示。

　　追加报告：
　　根据公司内部控制制度报告书上的记载，关于×年×月×日取得股权收购的子公司××上市公司的财务报告相关的内部管理制度，在必须要做的审计工作中没有办法进行充分的审计程序，因而从资产期末日的内部评价中剔出。考虑到该公司的规模、所经营的事业的多样性和复杂性，如果对其内部控制制度进行全部的评价需要相当长的时间，如以往进行本事业年度的董事会决议到决算期间无法完成全部的审计工作。

　　公司和我审计法人以及业务执行员工之间，根据公认的会计师的规定，没有利害关系。

以上
（4）文例 4　财务报表审计报告书（无保留意见）和内部控制制度审计报告书（否

定意见）一体型

独立法人审计报告书和内部控制制度审计报告书

×年×月×日

××上市公司
董事会

　　　　　　　××审计法人
　　　　　　　指定员工
　　　　　　　业务执行员工　　　　　公认会计师××印

　　　　　　　指定员工
　　　　　　　业务执行员工　　　　　公认会计师××印

〈财务报表审计〉
（财务报表审计的部分省略）

〈内部控制制度审计〉

　　我们基于《金融商品交易法》第 193 条第 2 款第 2 项的规定进行审计的取证，对××上市公司的×年×月×日当日的内部控制制度报告书进行审计。与财务报告相关的内部控制制度的配备及运用以及内部各报告书的编制是管理当局的责任。我们的责任是在独立的立场上对内部控制制度报告书发表意见。我们有可能不能发现所有与财务报表相关的内部控制制度的虚假记载。

　　我们基于日本一般的公正恰当的认定，对与财务报告相关的内部控制制度的审查基准进行审计。关于与财务报告相关的内部控制制度的审查基准，我们希望得到与内部控制制度是否有虚假记载的合理的证明。内部控制制度的检查是在抽查的基础上进行的。对于与财务报告相关的内部控制制度的评价范围、评价程序以及评价结果，包含检讨经营者进行的记载在内的作为全体的内部控制制度报告书的表示，我们可以对内部控制制度审计结果在合理的基础上进行判断。

记

　　公司××事业部与顾客之间的物品和服务签订了个别的合同。由于对是否在适当的收益基础上签订的合同内容的讨论程序不充分，在记账时修改了前期的营业额和收益额，因此我们认为，该公司的内部控制制度是不完善的。我们根据日本一般公正的恰当的认定及与财务报表相关的内部控制制度的评价标准，认为其相关的财务报表有可能存在重大的虚假记载，因此我们判断其有重大的缺陷。此外，该公司对这一不完备的重大缺陷没有作出结论，也没有在内部控制制度报告书中列示。

　　公司和我审计法人以及业务执行员工之间，根据公认的会计师的规定，没有利害关系。

以上

（5）文例 5　财务报表审计报告书（无保留意见）和内部控制制度审计报告书（不表示意见）一体型

独立法人审计报告书和内部控制制度审计报告书

×年×月×日

××上市公司
董事会

<table>
<tr><td></td><td>××审计法人</td><td></td></tr>
<tr><td></td><td>指定员工</td><td></td></tr>
<tr><td></td><td>业务执行员工</td><td>公认会计师××印</td></tr>
<tr><td></td><td></td><td></td></tr>
<tr><td></td><td>指定员工</td><td></td></tr>
<tr><td></td><td>业务执行员工</td><td>公认会计师××印</td></tr>
</table>

〈财务报表审计〉
（财务报表审计的部分省略）

〈内部控制制度审计〉

　　我们基于《金融商品交易法》第 193 条第 2 款第 2 项的规定进行审计的取证，对××上市公司的×年×月×日当日的内部控制制度报告书进行审计。与财务报告相关的内部控制制度的配备及运用以及内部各报告书的编制是管理当局的责任。我们的责任是在独立的立场上对内部控制制度报告书发表意见。我们有可能不能发现所有与财务报表相关的内部控制制度的虚假记载。

　　我们基于日本一般的公正恰当的认定对与财务报告相关的内部控制制度的审查基准进行审计。关于与财务报告相关的内部控制制度的审查基准，我们希望得到与内部控制制度是否有虚假记载的合理的证明。内部控制制度的检查是在抽查的基础上进行的，以此讨论与财务报告相关的内部控制制度的评价范围、评价程序以及评价结果，包含讨论经营者进行的记载在内的作为全体的内部控制制度报告书的表示。

记

　　根据公司内部控制制度报告书的记载，×年×月×日主要的关联子公司××上市公司总部房屋遭受火灾。该公司的财务报告等相关的内部信息的评价程序等重要的记录被烧毁。受公司评价范围的制约影响的限定的交易，××上市公司的营业额占关联营业额的×%，其总资产占关联资产的×%。我们对与××上市公司×年×月×日这一时点的财务报告相关的内部控制制度无法作出合理的判断和表示意见。

　　我们鉴于受内部控制制度报告书评价范围的制约，无法鉴定其对财务报告的影响的重要程度。关于对与××上市公司×年×月×日这一时点的财务报告相关的内部控制制度和与财务报告相关的内部控制制度报告书的评价，我们无法知道其是否适当地表示了经营状况，因而不发表意见。

公司和我审计法人以及业务执行员工之间，根据公认的会计师的规定，没有利害关系。

以上

（6）文例 6 财务报表审计报告书（无保留意见）和内部控制制度审计报告书（范围限定以外的事项存在的保留意见（必须做的审计程序无法获得承认））一体型

独立法人审计报告书和内部控制制度审计报告书

×年×月×日

××上市公司
董事会

××审计法人
指定员工
业务执行员工　　　　　公认会计师××印

指定员工
业务执行员工　　　　　公认会计师××印

〈财务报表审计〉
（财务报表审计的部分省略）

〈内部控制制度审计〉

我们基于《金融商品交易法》第 193 条第 2 款第 2 项的规定进行审计的取证，对××上市公司的×年×月×日当日的内部控制制度报告书进行审计。与财务报告相关的内部控制制度的配备及运用以及内部各报告书的编制是管理当局的责任。我们的责任是在独立的立场上对内部控制制度报告书发表意见。我们有可能不能发现所有与财务报表相关的内部控制制度的虚假记载。

我们基于日本一般的公正恰当的认定对与财务报告相关的内部控制制度的审查基准进行审计。关于与财务报告相关的内部控制制度的审查基准，我们希望得到与内部控制制度是否有虚假记载的合理的证明。内部控制制度的检查是在抽查的基础上进行的，以此讨论与财务报告相关的内部控制制度的评价范围、评价程序以及评价结果，包含讨论经营者进行的记载在内的作为全体的内部控制制度报告书的表示。我们认为，可以得出内部审计的结果并在合理的基础上得出判断。

记

根据公司内部控制制度报告书的记载，与×年×月×日取得股份的关联子公司

××上市公司的财务报告相关的内部控制制度的评价被从期末日这一时点的评价中剔除。从股份取得日到现在已经经过了相当长的时间，必须履行的审计程序无法得到承认。

基于内部控制制度评价范围外的上述事项除外，××上市公司×年×月×日现在时点与其财务报告相关的内部控制制度有效地表示了上述财务报告，我们以一般的公正恰当的被承认的财务报告相关的内部控制制度的评价为基准，认为与财务报告相关的内部控制制度的评价适当地表示了全部重点的内容，并且关于内部控制制度报告书评价范围以外的上述事项的关联子公司，其在关联财务报表中的反映不影响对财务报表的审计。

在公司和我审计法人以及业务执行员工之间，根据公认的会计师的规定，没有利害关系。

以上

附录（4）　经营者确认书的例子（合并以及个别的财务报表审计一并适用）

×年×月×日

××审计法人

制定社员　公认会计师××

××上市公司

董事长　　　　　姓名

签字或盖章

财务部门负责人（财务总监）姓名

签字或盖章

贵公司有价证券报告书中所含的×年×月×日到×年×月×日的第×期事业年度的财务报表以及同期间的关联会计年的关联财务报表（以下称为"财务报表"），并且与×年×月×日这一时点的内部控制制度报告书的审计相关联，根据我们所能知道的范围，就以下的实行进行确认。管理当局对财务报表以及内部控制制度报告书的编制负责。

记

1. 财务报表里，基于日本一般公正的企业会计方针的基准，适当地表示财务状态、经营成绩以及先进状况。

2. 内部控制制度报告书基于日本一般公正的企业会计方针的基准，适当地表示期末日试点的内部控制管理状况。

3. 财务报表以及编制财务报表基础的会计记录，重要的交易已经被全部适当地记录。

4. 管理当局的责任是防止和发现不正当行为、正确的编制财务报告、构建并维持企业集团的内部控制制度。

5. 关于不正当行为（包括疑似不正当行为）以及违法行为，不能疏漏以下的状况（如果有以下的状况，应全部向审计人员公开）。

（1）经营者存在不正当及违法行为。

（2）对企业集团的内部管理起到重要作用的从业人员存在违法行为。

（3）对财务报表产生重大影响的不正当行为（包含疑似不正当行为）。

6. 管理当局影响审计人员提示因不正当行为关联子公司的财务报表存在重大虚假表示的可能性的评价。

7. 不存在公司以及关联子公司的职员、原职员、投资家、规划当局或者从其他人那里得到的财务报表的不正当行为。

8. 审计人员要求的公司会计记录以及财务报告等相关的内部控制制度的评价和审计所需要的必要的资料，全部由管理当局提供。

9. 到本日为止，被审计单位所召开的股东会议以及董事会会议的重要决议书以及合同，全部供审计人员阅读。

10. 在内部控制制度评价的过程中，在与特定的财务报告相关的内部控制制度的配备以及运用上有不完备的情况，关于《内部控制制度评价的实施基准》"3.（4）④"所规定的重要缺陷（以及必要的内部控制制度的不完备），在期中被改正时要将被改正的内容和措施向审计人员公示。另外，在存在不完备的情况时，要将其相当于重要缺陷的情况向被审计人员说明。

11. 在与财务报告相关的内部控制制度的评价中，应基于日本一般的公正恰当的认定及与财务报告相关的内部控制制度的评价标准，以确定适当的评价范围和评价程序。另外，作为经营者实施的评价程序要进行充分的查证和有效的评价，并且将记录保存。

12. 不存在对基于行政官厅的通告和指导等编制的财务报表以及与财务报告相关的内部控制制度的有效性产生重大影响的事项。

13. 不存在对财务报表的资产和负债的合计额和表示产生重大影响的经营计划和意思决定。

14. 贵社和相关联的子公司，在不履行合同时，全部遵守可以对财务报表产生重大影响的合同各项条款。

15. 除财务报表所注释的之外，没有所有权受到限制的资产。

16. 除财务报表和内部控制制度报告书上所记载的事项之外，不存在重要的或有事项和后发性事件。

17.（截止到内部控制制度报告书的提出日完成的改善措施，改正的重要缺陷和经营者的主张存在重要缺陷时）内部控制制度报告书上所记载的期末日以后实施的改善措施，期末日当日存在的内部控制制度的重要缺陷被改正时，要有充分的检查期间，以确认其有效性。

18. 上面的第17项（内部控制制度报告书提出时正在进行的改善措施）含评价未了的情况，要记载到内部控制制度报告书中，说明预计到×年×月×日能够完成。在改善措施完成时，确信能够改正内部控制制度存在的重大缺陷。

19. 下面的事项中重要的部分要记入到财务报表中。

（1）与相关联当事人的交易和债权债务余额。

（2）金融衍生商品的交易。

20．审计法人在审计过程中所集中的未改正的财务报表的虚假表示的影响，即使是个别的归集，也要考虑是否对财务报表等全体存在重要性。

21．与特定的财务报告相关的内部控制制度不完备的情况，应汇总个别和其他的不完备。如果不存在相当于重要缺陷的不完备，则要考虑与×年×月×日时点的财务报告相关的内部控制制度有效的修正和运用。

22．……

注：审计人是公认会计师时是以下称呼，或者在确认书正文中称呼为"贵审计法人"或者"贵公司"。

×××× 　公认会计师事务所

　公认会计师××××殿下

以上

附录2　金融商品交易法（抄）

昭和 23 年 4 月 13 日

法律第 25 号

最终修改：2007 年 6 月 27 日

（订正确认书的提交）

第二十四条的四的三、第七条、第九条的第一项以及第十条的第一项的规定，是关于确认书的基准。在这种情况下，第七条中的"第四条的第一项或者第二项规定报出日以后至生效之前，第五条第一项以及第六项规定报出的文件"或者是"确认书"、"报出者"、"确认书的提交者"、"订正提交书"、"订正确认书"和第九条第一项中的"提交者"、"确认书的提交者"和第十条第一项中的"提交者"、"确认书的提交者"、"命令订正提交书的提交"需要确认时，根据第四条第一项或者第二项的规定，"提交效力的停止"和"订正确认书的提交"可以替换之外，其他的必要技术型表达的替换，需要行政的命令来确定。

第六条的规定，根据在前项上准许使用的第七条、第九条第一项或者第十条第一项的规定，适用于从确认书的订正到确认书的提交，在这种情况下必要技术型表达的变更，需要行政命令来确定。

第二十四条第八项、第九项以及第十一项的规定，第一项表达上的变更的第七条，基于第九条第一项或者第十条第一项的规定，在向外国公司提交确认书的订正确认书时以作备用，必要技术型表达的变更，要由行政命令来确定。

（关于财政计算的文件和确保其他的信息的适当性体质的评价）

第二十四条之四的第四项，根据第二十四条的第一项的规定必须提交有价证券报告书的公司（基于第二十三条之三的第四项的规定，包含提交该有价证券报告书的公司，以下各项相同）中，第二十四条第一项第一号揭示的作为有价证券的发行者的公司根据其他的行政命令来确定，每个会计年度，确保该公司所从属的企业集团以及该公司相关的财务计算文件和其他信息的适当性、正确性所必需的由内阁命令确定的体制，必须和被内阁命令评价的报告书（以下称为内部控制制度报告书）按照有价证券报告书（代替同条第八项的确定的有价证券报告书等的外国公司报告书的情况，该项即为外国公司报告书）的形式合并向内阁总理大臣提交。

根据第二十四条第一项的规定必须提交有价证券报告书的公司，必须根据前项的规定将内部控制制度报告书与有价证券报告书合并一起提交的公司以外的公司（政府的行政命令规定的除外）可以基于前项的规定任意提交内部控制制度报告书。

根据第二项的规定，第二十四条第五项的基准适用的同条第一项规定必须提交有价证券报告书的公司（含根据第二十三条之三的第四项的规定提交有价证券报告书的公司）根据行政命令的规定适用。在此情况下，第一项中的"行政命令规定的"、"仅限定行政命令规定的特定有价证券（第五条第一项的规定特定所称的特定有价证券，以下各项相同）的发行者"、"事业年度"、"应该特定有价证券相关的特定期间（基于第二十四条第五项的规定适用的特定期间）"、"该公司所从属的企业集团以及该公司"、"该公司所有的资产运用和其他类似事业相关资产"的表达上的更换根据行政命令确定。

在内部控制制度报告书中，关于第一项规定的内阁府令确定的体制记载相关事项的文件，必须在其他的文件中添加公益性的或保护投资者的必要的适当的内阁府令。

第六条的规定，第一项或者第二项（含此规定的第三项的情况，以下各条相同）以及前项规定的内部控制制度报告书以及其添加的文件所适用的情况适用。此时必要技术型表达的变更依据行政命令来确定。

第二十四条第八项、第九项以及第十一项到第十三项的规定，是关于提交报告书的外国公司根据第一项或者第二项规定提交内部控制制度报告书的情况（限于提交外国公司报告书）的适用，此时，同条第八项中"含外国公司（第二十三条第三项、第四项规定的提交有价证券报告书的情况，以下称为报告提交的外国公司）"或者"外国公司"和第一条规定的有价证券报告书以及第六项规定的必须添加的文件（在以下的这条里称为有价证券报告书）或者第二十四条之四的第一项或者第二项（含这一规定同条的第三项适用的情况）规定的内部控制制度报告书以及同条第四项规定的必须添加的文件（以下称为内部控制制度报告书）和外国的公示（含外国金融商品市场的开设者以及内阁府令所制订的规则，称为外国政府向公众提供的阅览，第二十四条之四的第七项以及第二十四条之五的第七项相同），所发布的有价证券报告上所记载的事项、同条第九项中的该外国公司报告书上所记载的事项中公众的或者投资者保护的必要的适当的内阁府令所确定的事项必须记载的文件和其他文件，或者同条第十一项中有价证券报告书等或者内部控制制度报告书等的表达替换和必要技术型表达的变更，要根据行政命令来确定。

　　第二十四条的四的五、第七条、第九条的第一项以及第十条的第一项的规定，是关于内部控制制度报告书以及附件的适用。此时，第七条中第四条第一项或者第二项规定报出日以后至该报出文件未生效之前，依据第一项以及第六项的规定报出的文件和第六项的规定报出的文件或者"内部控制报告书"以及添加的文件和"报出者"或者"内部控制制度报告书的提交者"和"订正提交者"或者"订正报告书"和第九条第一项中的"提交者"或者"内部控制制度报告书的提交者"和"订正提交书"或者"订正提交报告"和第十条第一项中的"提交者"或者"内部控制制度报告书的提交者"和"下令订正提交书的提交"需要确认时，依据第四条第一项或者第二项的规定"停止提交的效力"或者"订正报告书的提交"等表达上的替换之外，必要技术型表达的变更依据行政命令执行。

　　第六条的规定，依据前项适用的第七条、第九条第一项或者第十条的第一项的关于规定的内部控制制度报告书和添加的文件等的订正报告抵触时，其必要技术型表达的变更，依据行政命令执行。

　　第二十四条第八项、第九项以及第十一项的规定，第一项的表达上的变更的适用第七条、第九条第一项或者第十条第一项的规定，外国公司提交的内部控制制度报告书的订正报告提交的适用所涉及的必要技术型表述的变更，参照行政命令决定。

　　（关于赔偿责任规定的适用）

　　第二十四条的四的六、第二十二条的规定，内部控制制度报告书（含订正报告书）中的重大事项存在虚假记载的，或者应该记载的重要事项被少记载或者是错误记载的，此时如果同条第一项中的该有价证券申报时的申报者又是发行者时，"募集有价证券或者卖出时的取得者"或者"该内部控制管理制度报告书（含订正报告）的申报者是发行者时取得的有价证券"，其表达上的替换，依据行政命令来确定。

　　（四半期报告的提交）

　　第二十四条的四的七、第二十四条的第一项的规定必须要提交有价证券报告书的公司（第二十三条的第三项规定的该有价证券报告书的提交公司，以下相同）中，第二十四条第一项第一号中揭示的有价证券的发行者的公司其他的行政命令确定的事务，其会计期间超过 3 个月时，该会计期间以 3 个月为一个区分分为多个期间（行政命令确定的期间除外，以下相同），该公司所属的企业集团的财务状况和其他的公益性的或者投资者保护的必要的适当的由内阁行政命令确定的事项（以下将这个事项称为四半期报告书记载事项）在该期间结束后的 45 天以内的行政命令所规定的期间内，必须提交内阁总理大臣。此时，上市公司等内阁府令确定的事业公司，除四半期报告所记载的事项之外，该公司的财务状况和其他公益性的或者投资者保护的必要的适当的内容，将记载于内阁府令所规定的事项的四半期报告，在期间结束后的 60 日以内的行政命令所规定的时间以内，必须提交内阁总理大臣。

第二十四条第一项的规定，有价证券报告书提及的公司、上市公司以外的公司（行政命令所规定的除外）的四半期报告书可以随时提交。

前两项的规定，第二十四条的第五项适用的同条第一项规定的必须提交有价证券报告书的公司（含第二十三条的第三项、第四项规定的提交该有价证券报告书的公司）中关于行政命令规定的适用，仅限于此时第一项中行政命令所规定的或者行政命令所规定的特定有价证券（第五条第一项所称的特定有价证券，以下各项相同）的发行者和"所属会计年度"或者"该特定有价证券相关的特定期间"（第二十四条第五项适用的同条第一项相同）和"该会计年度的期间"或者"该特定期间"和"该公司所属的企业集团"或者"该公司所拥有的资产的运用和与其他相类似的事业相关的资产的计算"，一般表达上的变更以外的必要技术型表达的变更，依据行政命令确定。

关于第七条、第九条第一项以及第十条第一项规定的四半期报告书和第二十二条规定的四半期报告书以及订正报告书中存在重大的虚假记录时，或者应该记录的事项没有全部记录或产生错误记录时各自的适用，此时第七条中"依据第四条第一项或者第二项的规定在报出日以后该文件没有生效之前，依据第五条第一项以及第六条的规定报出文件"或者"四半期报告书第二十四条的四的七的第一项或者第二项（含以此规定的同条第三项适用的情况）的规定成为四半期报告书，以下这条，第九条第一项、第十条第一项以及第二十二条的"四半期报告的提交者"和"命令订正报出者的提交，必要的确认时，第四条的第一项或者第二项的规定停止提交的效力"或者"订正报告书的提交"和第二十二条第一项中"有价证券提交书的提交者是发行者时，卖出有价证券的取得者"或者"四半期报告书或者其订正报告书的提交者是发行者时"和同条第二项中前项或者"第二十四条的四的七的第四项的适用前项"的表达上的变更，依据行政命令执行。

第六条的规定，第一项或者第二项（含这一规定的第三项所适用的情况，以下各项到第十一项相同）规定提交的四半期报告以及现象使用的第七条、第九条第一项还有第十条第一项的订正报告提交情况的适用，此时必要技术型表达的变更，依据行政命令执行。

依据第一项的规定必须提交四半期报告的外国公司（含前述规定的提交四半期报告的公司，以下各条相同)，公益性或者受投资者保护的基于内阁府令制定的同时，根据第一项的规定代第四个半期的报告，要根据外国公司的四个半期的报告文件用英文记载并提交。

在外国公司的四半期报告书中，根据内阁政府所制订的该外国公司记载的事项应包括公益性或者受保护的必要的适当的情况。政府令规定报告的要点须翻译成日文，该外国公司季度报告书记载事项中未包括的公益性的或者投资者保护的必要的适当的文件以及其他内阁府令的规定（以下称此条为补充条文）必须补上。

　　根据前两项的规定提交报告书的外国公司提交外国公司季度报告书以及补充条文的情况下，该外国公司季度报告及其补充条文被认为是季度报告书，作为季度报告书提交，适用金融商品买卖法令的规定。

　　内阁总理大臣认为提交外国公司季度报告书的外国公司不属于第六项中规定的不能提交外国公司季度报告的公司的，必须通知该报告书提交的外国公司。在这种情况下，不论行政程序法第十三条第一项规定的意见陈述的程序如何区分，都必须进行听证。

　　接收到前项规定通知的报告书提交的外国公司，不论第一项规定如何，必须根据同项规定在收到该通知之日起公益性的或者投资者保护的必须在政令规定的期间内提交。

　　第六项到第八项的规定，根据与第四项同样适用的第七条、第九条第一项或者第十条第一项的规定，外国公司提交季度报告书及其补充条文也适用本条款，必要的技术解释根据政令规定。

　　根据第一项（仅限第三项适用的情况下，此条下同）季度报告书必须提交的公司（包含根据第二项（仅限第三项适用的情况下）的规定必须提交季度报告书的公司），依据内阁府令的规定，需要记载有一部分第一项规定的内阁府令的事项的文件（限于依据法令或者金融交易所）的规定（类似的依据内阁府令的规定）编制的文件（下面的各项中称之为季度代替文件）和季度报告书一起提交给内阁总理大臣的情况下，作为公益性或者投资者保护的依据内阁府令规定得到总理大臣的承认的第一项中，《内阁府令规定事项》依据内阁府令的规定事项（不包含第十二项规定的季度代替文件的记载事项）。

　　依据前项的解释，在季度代替文件和第一项的季度报告书一起提交的情况下，该季度代替文件视为该季度报告书的一部分，该季度代替文件的提交视为该季度代替文件作为该季度报告书的一部分提交，要依据金融商品交易法令的相关规定。

　　（各财务报表的用语、格式及编制方法）

　　第一百九十三条　按照此法律提交的资产负债表和利润表等其他财务相关资料，既要满足内阁总理大臣对一般公正恰当性的要求，还要遵循内阁府令对用语、格式以及编制方法的要求。

　　第一百九十三条之二　政令规定的金融商品交易所的上市有价证券发行公司等，按照此法律提交的资产负债表、利润表等相关内阁府令规定的资料，需要由与其没有特别的利害关系的注册会计师或者会计师事务所提交审计证据。但是，没有审计证据的符合公益性或者投资者保护的公司按照内阁府令的要求得到内阁总理大臣认可的情况下不受此限制。

　　金融商品交易所的上市公司按照政令的规定，需要提交按照第二十四条 4—4 规定的内部控制报告书，并且需要由与其没有特别的利害关系的注册会计师或者会计师事务所提交审计证据。但是，没有审计证据的符合公益性或者投资者保护的公司按照内阁府令的要求得到内阁总理大臣的认可的情况下不受此限制。

前项指的特别利害关系是指，注册会计师或会计师事务所与同项中规定的资产负债表、利润表等财务资料及内部控制报告书提交者之间的按照注册会计师法第二十四条（包含同法第十六条之二的第六项准用的情况下）、第二十四条之二（包含同法第十六条之二的第六项以及第三十四条的十一的二准用的情况下）、第二十四条之三（包含同法第十六条之二的第六项准用的情况下）或者第三十四条之十一的第一项规定的关系以及注册会计师或者会计师事务所与其是持股人或者出资方的关系，内阁总理大臣认可其在公益性或者投资者保护方面是必要的而且适当的，所以内阁府令就此做了规定。

第一项及第二项的审计证据是指按照内阁府令规定的基准以及程序，是必须执行的。

内阁总理大臣承认其在公益或者投资者保护方面是必要而且适当时，可以要求提交第一项及第二项的审计证据的注册会计师或者会计师事务所提供可供参考的报告或者资料。

注册会计师或者会计师事务所提交其第一条规定的财务相关的资料以及第二项规定的内部控制报告书等证明的情况下，该审计证据按照注册会计师法第三十条或第三十四条之二十一的第二项第一号或第二号判断其为不正当文件的时候，内阁总理大臣可以规定一年内该注册会计师或者审计法人提交的有价证券申报书、有价证券报告书（包括订正报告书）和内部控制报告书（包含订正报告书）中与审计证据的相关内容全部或者部分不予受理。此种情况下，不论按照行政程序法第十三条第一项规定的意见陈述的程序如何区分，都必须进行听证。

内阁总理大臣的关于前项的决定必须通知该注册会计师或者会计师事务所，并且需要公布。

（禁止劝诱表决权的代理行使）

第一百九十四条 禁止任何人劝诱他人违反政令，对金融商品交易所上市的股份发行公司的股份代理行使表决权。

（本法对于外国金融商品市场上的交易的适用）

第一百九十四条之二 在国外金融市场进行的有价证券的买卖或者外国市场金融衍生商品交易的委托的媒介代销或者代理的情况下，本法律规定的技术方面的解释等有关在外国金融商品市场进行交易的法律规定的解释等由政令规定。

（与财务大臣的协商）

第一百九十四条之三 内阁总理大臣对金融商品交易工商业者（限第 28 条第一项规定的第一种金融商品交易工商业者）、记录金融机关、交易所交易许可工商业者、认可金融商品交易业协会、金融商品交易所、外国金融商品交易所、金融商品交易清算机关或者证券金融公司进行以下处分时对有价证券的流通或者市场金融衍生商品交易可能产生重大影响时，需提前与财务大臣协商，采取必要措施保证有价证券的流通和市场金融衍生商品交易的平稳运行。

一、根据第五十二条第一项、第五十二条之二的第一项和第五十三条第二项的规定命令全部或者部分停止业务。

二、根据第五十二条第一项和第五十三条第三项的规定取消登记。

三、根据第五十二条之二的第一项的规定取消第三十三条之二的登记。

四、根据第六十条之八的第一项的规定命令全部或者部分停止业务。

五、根据第六十条之八的第一项的规定取消第六十条第一项的许可。

六、根据第六十七条之六和第七十四条第一项的规定取消第六十七条之二的第二项的认可。

七、根据第七十四条第一项的规定命令全部或者部分停止业务。

八、根据第一百四十八条和第一百五十二条第一项第一号的规定取消第八十条第一项的执照。

九、根据第一百五十二条第一项第一号的规定命令全部或者部分停止业务。

十、根据第一百五十二条第一项第二号规定的命令。

十一、根据第一百五十五条之六和第一百五十五条之十的第一项的规定取消第一百五十五条第一项。

十二、根据第一百五十五条之十的第一项的规定命令外国市场交易的全部或者部分停止。

十三、根据第一百五十六条之十七的第一项或者第二项的规定取消第一百五十六条之二规定的执照，另外根据第一百五十六条之十七的第二项或者第一百五十六条之二十的规定取消第一百五十六条之十九。

十四、根据第一百五十六条之十七的第二项的规定命令全部或者部分停止业务。

十五、根据第一百五十六条之二十六中适用的第一百四十八条和第一百五十六条之三十二的第一项的规定取消第一百五十六条之二十四的第一项规定的执照。

十六、根据第一百五十六条之三十二的第一项的规定命令全部或者部分停止业务。
（通知财务大臣）

第一百九十四条之四　内阁总理大臣进行如下处分的时候需要尽快通知财务大臣，除根据第七十九条之五十三的第三项的规定已经通知财务大臣的。

一、依据第二十九条或第三十三条之二规定的记录（第二十九条的记录仅限该金融商品交易工商业者的第一种金融商品交易业（第二十八条第一项规定了第一种金融商品交易业，下同））或者依据第三十一条第四项规定的变更记录（限于第一种金融商品交易业以外的变更记录为第一种金融商品交易工商业者和第一种金融商品交易工商业者的变更记录为第一种金融商品交易业以外的）。

二、按照第三十条第一项规定的认可。

三、按照第五十二条第一项、第五十二条之二的第一项和第五十三条第一项或第二项规定的命令。

四、按照第五十二条第一项或者第四项、第五十三条第三项或第五十四条的规定取消第二十九条的记录。

五、按照第五十二条之二的第一项或者第三项和第五十四条的规定取消第三十三条之二的记录。

六、按照第五十二条第一项的规定取消第三十条第一项的许可。

七、按照第六十条第一项规定的许可。

八、按照第六十条之八的第一项规定的命令。

九、按照第六十条之八的第一项和第六十条之九的规定取消第六十条第一项的许可。

十、按照第六十七条之二的第二项规定的认可。

十一、按照第六十七条之六和第七十四条第一项的规定取消第六十七条之二的第二项的许可。

十二、按照第六十七条之八的第二项的规定对于同条第一项第十三号记载事项相关的规定的变更认可（限于与开设和关闭店面买卖有价证券市场相关的）。

十三、按照第七十四条第一项的规定命令业务全部或者部分停止，变更业务方法或者禁止部分业务。

十四、按照第七十七条之六的第二项规定的认可。

十五、按照第八十条第一项规定的执照。

十六、按照第一百零六条之三的第一项规定的认可。

十七、按照第一百零六条之七的第一项（包含同条第四项适用部分）规定的命令。

十八、按照第一百零六条第一项的规定取消第一百零六条之三的第一项的认可。

十九、按照第一百零六条之十的第一项和第三项附言规定的认可。

二十、按照第一百零六条之十七的第一项规定的认可。

二十一、按照第一百零六条之二十一的第一项（包含同条第四项适用部分）规定的命令。

二十二、按照第一百零六条之二十一的第一项的规定取消第一百零六条之十七的第一项的认可。

二十三、按照第一百零六条之二十六的规定取消第一百零六条之十的第一项和第三项附言的认可。

二十四、按照第一百零六条之二十八的第一项（包含第一百零九条适用部分）规定的命令。

二十五、按照第一百零六条之二十八的第一项的规定取消第一百零六条之十的第一项和第三项附言的认可。

二十六、按照第一百三十五条第一项规定的认可。

二十七、按照第一百四十条第一项规定的认可。

二十八、按照第一百四十八条和第一百五十二条第一项的规定取消第八十条第一项的执照。

二十九、按照第一百四十九条第一项规定的认可（限于交易所金融商品市场的全部关闭相关的）。

三十、按照第一百五十二条第一项第一号的规定命令业务全部或者部分停止，业务变更和部分业务禁止。

三十一、按照第一百五十二条第一项第二号规定的命令。

三十二、按照第一百五十五条第一项规定的认可。

三十三、按照第一百五十五条之六和第一百五十五条之十第一项的规定取消第一百五十五条第一项的认可。

三十四、按照第一百五十五条之十第一项规定的命令。

三十五、按照第一百五十六条之二规定的执照和按照第一百五十六条之十九规定的承认。

三十六、按照第一百五十六条之十七的第一项或者第二项的规定取消第一百五十六条之二规定的执照和按照第一百五十六条之十七的第二项或者第一百五十六条之二十的规定取消第一百五十六条之十九的承认。

三十七、按照第一百五十六条之十七的第二项的规定命令业务全部或者部分停止。

三十八、按照第一百五十六条之十八规定的认可。

三十九、按照第一百五十六条之二十四的第一项规定的执照。

四十、按照第一百五十六条之二十六适用的第一百四十八条和第一百五十六条之三十二的第一项的规定取消第一百五十六条之二十四的第一项的执照。

四十一、按照第一百五十六条之三十二的第一项的规定命令停止全部或者部分业务。

四十二、按照第一百五十六条之三十六规定的认可。

2 内阁总理大臣受理以下申报时，需及时通知财务大臣。

一、依据第五十条之二的第一项和第七项规定的申报。

二、依据第六十条之七规定的申报。

三、依据第六十七条之十六规定的申报（仅限关于认可金融商品交易业协会记录的允许买卖有价证券业务全部停止或者废除）。

四、依据第七十七条之六的第三项规定的申报。

五、依据第一百零六条之八的第二项（包含适用第一百零六条之二十二及第一百零七条第二项的情况）规定的申报。

六、依据第一百二十条规定的申报。

七、依据第一百二十八条规定的申报（仅限每个交易所金融商品市场的有价证券买卖和市场金融衍生商品交易的全部停止或废除）。

八、依据第一百三十四条第二项和第一百三十五条第二项规定的申报。

九、依据第一百五十五条之八的第二项规定的申报。

内阁总理大臣收到认可金融商品交易业协会或者金融商品交易所的关于第七十七条之六的第四项和第一百五十四条规定的通知时，需要及时通知财务大臣。

附录3　关于确保财务计算资料等信息正确性体制的内阁府令

2007 年 8 月 10 日

内阁府令第 62 号

按照《金融商品交易法》（昭和 23 年法律第 25 号）第 24 条 4—4（包含同法第 27 条适用的情况）以及第 193 条的 2 的规定，以及同法的实施，关于确保财务计算资料等信息正确性体制的内阁府令按如下规定。

2007 年 8 月 10 日

内阁总理大臣　安倍晋三

目　录

第一章　总则

（适用的一般原则）

第 1 条

一、按照《金融商品交易法》（以下称为《法》）第 24 条 4—4（包含《法》第 27 条适用的情况，下同）的规定提交的内部控制报告书的用语、格式以及编制方法须遵照此府令的规定。府令未做规定的部分按照一般公正妥当等财务报告相关内部控制评价标准执行。

二、根据法第 193 条的 2 的第 2 项的规定，内部控制报告书的审计证据必须根据实施内部控制报告书审计的注册会计师（包括注册会计师法（昭和 23 年法律第 103 号）第 16 条的 2 的第 5 项规定的外国注册会计师，下同）或者会计师事务所编制的内部控制报告书执行。

三、前项的内部通知审计报告书，除了府令规定外，还必须本着一般公正妥当的原则，严格按照财务报告相关的内部控制审计基准和惯例要求编制。

四、金融厅组织令（1998 年政令第 392 号）第 24 条第 1 项规定的企业会计审议会公布的财务报告中内部控制的评价及审计基准，与第一项规定的一般公正妥当的财务报告中的内部控制评价标准以及前项规定的一般公正妥当的财务报告中的内部控制的审计相关的基准一致。

（定义）

第2条　此府令各项中用语的含义如下。

一、财务报告　财务报表（合并财务报表（包含与企业内容等的开示相关的内阁府令（昭和48年大藏省令第5号，以下称《开示府令》）第一条第二十一号规定的合并财务报表，第五条第三项同），此号中下同）以及对财务报表的可信性产生重大影响的与宣布相关的外部报告。

二、与财务报告相关的内部控制　保证公司财务报告能够按照法令规定正确编制的管理体制。

三、根据内部控制报告书提交公司法第24条4—4第1项规定的内部控制报告书需要和有价证券报告书同时提交的公司（财务报表等的用语、格式以及编制方法相关的规则（昭和38年大藏省令第59号）包含第1条第1项规定的指定公司（此条以下称为《指定公司》））或者根据法第24条4—4第2项规定的内部控制报告书和有价证券报告书同时提交的公司（包含指定公司）。

四、国内公司　《开示府令》第1条第20号的3中规定的国内公司。

五、外国公司　《开示府令》第1条第20号的4中规定的外国公司。

六、合并子公司　合并财务报表的用语、格式以及编制方法等规则（昭和51年大藏省令第28号，此条以下称《合并财务报表规则》）第2条第4号规定的合并子公司。

七、财务报表审计　按照《法》第193条的2的第1项的规定，注册会计师或会计师事务所实施的审计证据。

八、内部控制审计　按照《法》第193条的2的第2项的规定，注册会计师或会计师事务所实施的审计证据。

九、合并财务报表提交公司　合并财务报表规则第2条第1号规定的合并财务报表提交公司。

十、重要缺陷　财务报告中可能产生重要影响的财务报告相关的内部控制制度的缺陷。

（确保财务计算相关的资料等的正确性的必要体制）

第3条　为确保《法》第24条4—4第1项规定的该公司所属的企业集团以及与该公司相关的财务计算资料等的信息的正确性的必要的体制，内阁府令的相关规定适用于该公司。

第二章　财务报告相关的内部控制的评价

（内部控制报告书的记载事项）

第4条　内部控制报告书提交公司按照下面各条中的区分，分别编制3份相应的内部控制报告书，和《法》第24条第1项规定的有价证券报告书一起提交给财务局长或者福冈财务支局长（第9条中称"财务局长"）。

一、国内公司 第 1 号格式。

二、外国公司 第 2 号格式。

（基准日）

第 5 条 内部控制报告书提交公司需要以该公司会计年度的最后一天作为基准日编制内部控制报告书。

2 如果因为结算日变更等理由变更基准日，必须在内部控制报告书中明确记载变更理由。

3 会计年度最后一天和内部控制报告书提交公司的合并结算日（以下此项中称为"合并结算日"）不一致的合并子公司，以该年度的财务报表为基础编制合并财务报表时，该合并子公司的该年度截止日到该合并财务报表相关的合并结算日的期间，除非该合并子公司的财务报告相关的内部控制出现重要变动，否则，内部控制报告书提交公司的内部控制报告书的编制时，该合并子公司国内公司的财务报表相关的内部控制评价，可以该合并子公司的该会计年度截止日的该合并子公司的财务报告相关的内部控制评价为基础实施。

第三章 财务报告相关的内部控制审计

（内部控制审计报告书的记载事项）

第 6 条 第 1 条第 2 项规定内部控制审计报告书中，要简洁明了地记载下列各项，并且，由注册会计师或者会计师事务所的代表亲自标明日期和署名签章。此种情况下，如果该内部控制审计报告书是由会计师事务所出具的，则该会计师事务所的代表者以外，该审计证据相关的业务执行者（下称"业务执行合伙人"）也必须署名签章。但是，在指定证明（注册会计师法第 34 条 10—4 第 2 项规定的指定合伙人）的情况下，由该指定证明相关的指定业务合伙人（同法第 34 条 10—4 第 2 项规定的指定合伙人）填写年月日并署名签章。

一、内部控制审计的对象。

二、实施的内部控制审计的概要。

三、内部控制报告书是否按照一般公正妥当的原则，按财务报告相关的内部控制的评价标准，对财务报告相关的内部控制的评价结果，正确地表示所有的要点等的意见。

四、追加信息。

五、根据注册会计师法第 25 条第 2 项（包含同法第 16 条的 2 第 6 项及第 34 条的 12 第 3 项适用的情况）的规定应该明示利害关系。

2 前项第一号规定的内部控制审计的对象，参考以下记述。

一、作为内部控制审计对象的内部控制报告书的范围。

二、财务报告相关的内部控制的整备、运用和内部控制报告书的编制责任由经营者承担。

三、实施内部控制审计的注册会计师或者会计师事务所负责从独立的立场提交对内部控制报告书的意见。

四、通过财务报告相关的内部控制不能完全防止或者发现虚假的记载。

3　第1项第2号规定的内部控制审计的概要是按照下列事项记述的。但是，重要的审计程序无法实施的情况下，该无法实施的检查程序需要记载。

一、内部控制审计需要根据一般公正妥当的原则，按照财务报告相关的内部控制审计基准来执行。

二、财务报告相关的内部控制的审计基准是实施内部控制审计的注册会计师或会计师事务所必须保证内部控制报告书中无重大虚假内容。

三、内部控制审计中实施的审计程序的概要。

四、内部控制审计的结果是得到表明意见的合理基础。

4　第1项第3号规定的意见按照下列区分记述。

一、无保留意见　作为内部控制审计对象的内部控制报告书，按照一般公正妥当的原则，作为财务报告书相关内部控制的评价标准，对财务报告相关的内部控制的评价，所有重要的方面都被正确表示。

二、保留意见　作为内部控制审计对象的内部控制报告书，除去保留事项，按照一般公正妥当的原则，作为财务报告书相关内部控制的评价标准，对财务报告相关的内部控制的评价，所有重要的方面都被正确表示。另外，还要表示除外事项以及该除外事项对财务报表监察产生的影响。

三、否定意见　内部控制审计对象的内部控制报告书不恰当，表明理由和对财务报表审计的影响。

5　第1项第4号规定的事项是内部控制审计的注册会计师或会计师事务所说明或者强调的事项的判断须是恰当的。

一、内部控制报告书中财务报告相关的对于内部控制有重要缺陷以及记载有未改正理由的，判断该记载是恰当的，出具无保留意见报告的时候，必须记载该重要缺陷对财务报表审计产生的影响。

二、前述一的情况下，该会计年度的截止日以后，说明纠正重要缺陷的措施的内容。

三、说明与财务报告相关的内部控制的有效性的评价产生重要影响后发生的事情。

四、在内部控制报告书中，对于经营者的评价程序的一部分无法实施，即使不可抗拒的理由得到承认，在表明无限定恰当意见的情况下，说明未能完成充分的评价程序的范围以及理由。

6　注册会计师和会计师事务所由于重要的审计程序未实施等原因，在未能得到第1项第3号规定的表明意见的合理基础的情况下，无论同项的规定如何，同号规定的意见表明的未实行的情况以及理由必须记载在内部控制审计报告中。

第7条　第1条第2项规定的内部控制审计报告书需要同与财务报表等的审计证据相关的内阁府令（昭和32年大藏省令第12号）第3条第1项规定的审计报告

书一起编制，但是，有不可抗拒的理由的情况不在此限。

第 8 条　注册会计师或会计师事务所实施内部控制审计的情况下，与财务报表等的审计证据相关的内阁府令第 5 条第 2 项第 1 号规定的概要书中，内部控制审计的当事人、审计天数等内部控制审计相关的事项的概要需要一起记载。

（承认不需要审计证据）

第 9 条　内部控制报告书提交公司按照《法》第 193 条的 2—2 附言规定想得到承认的情况下，必须向财务局长等提交承认申请书。

（注册会计师或会计师事务所与被审计公司的特别利害关系）

第 10 条　《法》第 193 条的 2 的第 3 项规定的注册会计师相关的内阁府令规定的内容，适用下列关系：

一、注册会计师法第 24 条第 1 项或者第 3 项（包含适用同法第 16 条的 2 的第 6 项的情况）规定的关系。

二、根据注册会计师法第 24 条的 2（包含适用同法第 16 条的 2 的第 6 项的情况）的规定不允许进行同法第 2 条第 1 项规定的业务。

三、根据注册会计师法第 24 条的 3（包含适用同法第 16 条的 2 的第 6 项的情况）的规定不允许进行同法第 24 条的 3 规定的监察关联业务。

四、对接受审计证据的公司（以下称“被审计公司”）进行审计的辅助者（以下称“辅助者”）与其有注册会计师法第 24 条第 1 项第 1 号、第 2 号和第 3 项和注册会计师法施行令（昭和 27 年政令第 343 号）第 7 条第 1 项第 1 号、第 4 号到第 6 号、第 8 号、第 9 号规定的关系的。

五、注册会计师的直系亲属以内的亲属有注册会计师法第 24 条第 1 项第 1 号或注册会计师法施行令第 7 条第 1 项第 1 号所规定的关系的。

六、注册会计师的配偶或辅助者被审计公司的合并子公司（被审计公司是国内公司的情况下称为合并子公司，被审计公司是国外公司的情况下称为合并子公司关联公司，下同）或权益法适用公司（被审计公司是国内公司的情况下，适用合并财务报表规则第 2 条第 6 号规定的权益法适用的非合并子公司（指合并财务报表规则第 2 条第 6 号规定的非合并子公司，下同））及关联公司（合并财务报表规则第 2 条第 7 号规定的关联公司，下同）。被审计公司是外国公司的情况下，适用合并财务报表规则第2条第8号规定的权益法规定的非合并子公司及与关联公司相当的公司，下同），有注册会计师法第 24 条第 1 项第 1 号、第 2 号或第 3 项或者注册会计师法施行令第 7 条第 1 项第 1 号或第 4 号到第 7 号规定的关系的（辅助者除同项第 7 号所列）。

2　《法》第 193 条的 2 的第 3 项规定的与会计师事务所相关的内阁府令的规定有如下的关系。

一、有注册会计师法第 34 条的 11 的第 1 项规定的关系。

二、无法进行注册会计师法第 34 条的 11—2 适用的同法第 24 条的 2 规定的同法第 2 条第 1 项规定的业务的情况。

　　三、执行被审计公司的审计证据业务的会计师事务所的合伙人或其配偶,适用注册会计师法第 34 条的 11 的第 3 项的规定。

　　四、辅助者有注册会计师法第 24 条第 1 项第 1 号、第 2 号或第 3 项或者注册会计师法施行令第 7 条第 1 项第 1 号、第 4 号到第 6 号、第 8 号、第 9 号规定的关系。

　　五、实施监察的合伙人的直系亲属以内的亲属适用注册会计师法第 24 条第 1 项第 1 号或注册会计师法施行令第 7 条第 1 项第 1 号。

　　六、会计师事务所与被审计公司的合并子公司或权益法适用公司,适用注册会计师法第 34 条的 11 的第 1 项第 1 号或注册会计师法施行令第 8 条第 1 号到第 3 号的规定。

　　七、审计的会计师事务所的合伙人及其配偶或者辅助者,与被审计公司的合并子公司或权益法适用公司,适用注册会计师法第 24 条第 1 项第 1 号、第 2 号或第 3 项或者注册会计师法施行令第 7 条第 1 项第 1 号或者第 4 号到第 7 号的规定(辅助者除同项第 7 号)。

　　八、注册会计师合伙人中有被审计公司的权益法适用公司的董事、执行人员、审计人员或者雇员的情况下,或者被检查公司的合并子公司或权益法公司,适用注册会计师法施行令第 8 条第 5 号所列的关系。

　　九、会计师事务所的合伙人中超过半数与被审计公司之间有注册会计师法施行令第 8 条第 7 号规定的关系,或者与被审计公司的合并子公司或权益法适用公司之间有注册会计师法第 24 条第 1 项第 1 号或第 2 号或者第 3 项以及注册会计师法施行令第 7 条第 1 项第 1 号或第 4 号到第 7 号所列的关系。

第四章　和外国公司的财务报告相关的内部控制

(外国公司的内部控制报告书)

　　第 11 条　外国公司将在本国(包含总部所在的州,下同)公示的财务报表的资料作为财务资料提交时,金融厅长官认为其在公益性和投资者保护方面没有问题的情况下,以其公示的财务报告相关的内部控制评价报告书(包含类似书类)作为内部控制报告书提交,金融厅长官认为其在公益性和投资者保护方面没有问题时,该外国公司编制的内部控制报告书的用语、格式以及编制方法等,除了金融厅长官认为有必要而指示的事项以外,也可按照其所在国的用语、格式、编制方法编制。

　　2　外国公司在其所在国开示的财务计算相关资料未取得前项规定的金融厅长官的认可的,该外国公司将其在所在国以外的地域宣布的财务计算相关资料作为财务资料提交时,金融厅长官认为其在公益性和投资者保护方面没有问题的情况下,将该外国公司在国外开示的财务报告相关的内部控制评价报告书(包含类似书类)作为内部控制报告书提交,金融厅长官认为其在公益性和投资者保护方面没有问题时,该外国公司的财务报告相关的内部控制报告书的用语、格式以及编制方法除了金融厅长官认为有必要而指示的事项以外,也可按照其所在国的用语、格式、编制方法编制。

第 12 条　金融商品交易法施行令（昭和 40 年政令第 321 号）第 36 条中内阁府令规定的适用前条规定的内部控制报告书，如果是从注册会计师或会计师事务所相当的人或机构得到的《法》第 193 条的 2 的第 2 项规定的与审计证据相当的证明亦可。

第 13 条　按照第 11 条规定的内部控制报告书需要追加记载下列事项：

一、该内部控制报告书编制时需要遵照的用语、格式以及编制方法。

二、在不适用第 11 条规定而编制的情况下的主要不同点。

三、该内部控制报告书中，按照前条规定，相当于注册会计师或会计师事务所的人或机构在使用《法》第 193 条的 2 的第 2 项的审计证据相当的证明时，其与内部控制监察的主要不同点。

第五章　杂则

第 14 条　合并财务报表提交公司将在美国证券交易委员会记录的根据美国委托保管证券发行等要求的用语、格式以及编制方法编制的合并财务报表（下称"美国式合并财务报表"）按照法律规定作为合并财务报表提交时，金融厅长官认为其在公益性和投资者保护方面没有缺陷的情况下，该公司提交的内部控制报告书的用语、格式以及编制方法除非金融厅长官特别要求，可以按照美国的内部控制报告书的用语、格式和编制方法编制。

第 15 条　按照前条规定编制的内部控制报告书必须用日文编制。

第 16 项　按照第 14 条规定编制的内部控制报告书，需要追加下列事项：

一、编制该内部控制报告书时须遵循的用语、格式和编制方法。

二、不适用第 14 条规定编制时的主要不同点。

第 17 条　在美国证券交易委员会记录美国式合并财务报表的合并财务报表提交公司根据第 14 条的规定编制内部控制报告书的情况下，针对该公司编制的内部控制报告书实施的审计程序，除非金融厅长官认为有必要而指示的事项以外，可以按照美国一般公认的财务报告相关的内部控制监察标准以及惯例执行。

2　与前项规定的内部控制报告书实行的审计程序相关的内部控制审计报告书必须追加下列事项：

一、编制该内部控制审计报告书时须遵循的审计基准。

二、不适用前项规定编制时的主要不同点。

附则

此府令于修正证券交易法等部分内容的法律（2006 年法律第 65 号）的实施日（2007 年 9 月 30 日）开始实行。

第一号格式

【封面】

【提交资料】

【依据条文】

【接收方】

【提交日】

【公司名】（2）

【英文名】

【代表者的职位姓名】（3）

【最高财务责任者的职位姓名】（4）

【总公司的地址】

【可供查阅的地址】（5）

内部控制报告书

金融商品交易法第 24 条 4—4 第＿＿项＿＿财务（支）局长

＿＿＿＿＿＿＿＿＿＿＿＿＿＿＿＿＿＿＿＿

＿＿＿＿＿＿＿＿＿＿＿＿＿＿＿＿＿＿＿＿

＿＿＿＿＿＿＿＿＿＿＿＿＿＿＿＿＿＿＿＿

＿＿＿＿＿＿＿＿＿＿＿＿＿＿＿＿＿＿＿＿

＿＿＿＿＿＿＿＿＿＿＿＿＿＿＿＿＿＿＿＿

名称

（所在地）

1.【关于财务报告相关的内部控制的基本框架的事项】（6）

2.【关于评价范围、基准日以及评价程序的事项】（7）

3.【关于评价结果的事项】（8）

4.【附注事项】（9）

5.【特别事项】（10）

（记载上的注意）

（1）一般的事项

A. 记载事项以及记载上的注意事项难于参照的,可以在不让投资者产生误解的范围内记载。

B. 根据以下的规定有必要记载的事项,可以在内部控制制度报告书的各项记载项目上追加相关的事项。

（2）公司名

提交者是指定公司的情况下,"公司"需要置换成"指定公司"。

（3）代表者的职位姓名

按照《法》第 27 条的 30 的 5 的第 1 项的规定书面提交内部控制报告书的情况

下，需同时提交代表者的署名和签章。

（4）最高财务责任者的职位姓名

规定最高财务责任者的情况下，记载此人的职位姓名。按照《法》第27条的30的5的第1项的规定书面提交内部控制报告书的情况下，需同时提交代表者的署名和签章。

（5）可供查阅的地址

记载可供公众查阅的主要支店、金融商品交易所和认可金融商品交易业协会。

（6）关于财务报告相关的内部控制的基本框架的事项

a. 代表者以及最高财务责任者（仅限公司确定了（4）的最高财务责任者的情况）有建立及运用财务报告相关的内部控制的责任。

b. 建立、运用财务报告相关的内部控制时参考的基准的名称。

c. 财务报告相关的内部控制可能无法完全防止或发现财务报告中的虚假记载。

（7）关于评价范围、基准日以及评价程序的事项

a. 进行财务报告相关的内部控制评价的标准日。

b. 在进行财务报告相关内部控制评价时，要按照一般公正妥当的原则，依据财务报告相关的内部控制评价的标准进行。

c. 财务报告相关内部控制的评价程序的概要。

d. 财务报告相关内部控制的评价范围。

简洁地记载财务报告相关内部控制的评价范围以及该评价范围的确定方法等。另外，由于不可抗拒的原因导致财务报告相关的内部控制的一部分无法实行完全的评价程序时，需要记载其范围以及理由。

（8）关于评价结果的事项

财务报告相关内部控制的评价结果按照下列区分记载：

a. 财务报告相关内部控制是有效的。

b. 评价程序的一部分未能实施，财务报告相关内部控制是有效的以及未实施的评价程序及理由。

c. 有重要缺陷，财务报告相关内部控制无效以及其重要缺陷的内容及到会计年度截止日仍未得到更正的理由。

d. 因为重要的评价程序未能实施，无法表明财务报告相关内部控制的评价结果以及未能实施的评价程序及理由。

（9）附注事项

a. 对财务报告相关的内部控制的有效性的评价产生重要影响的后发事件。结算日以后，到内部控制报告书提交日为止，发生对财务报告相关内部控制的有效性评价产生重要影响的事件时，需要记载该事件。

b. 有重要缺陷，判断财务报告相关内部控制是无效的情况下，会计年度的截止日以后到内部控制制度报告书提交日止，为纠正记载的重要缺陷而实施一定措施的情况下，记载其内容。

（10）特别事项

财务报告相关内部控制的评价中有特别事项的情况下，需要记载其内容。

第二号格式

【封面】

【提交资料】

【依据条文】

【接收方】

【提交日】

【公司名】（2）

【代表者的职位姓名】（3）

【最高财务责任者的职位姓名】（4）

【代理人的姓名或名称】（5）

【代理人的住所或所在地】

【电话号码】

【可供查阅的地址】（6）

内部控制报告书

金融商品交易法第 24 条 4—4 第＿项

关东财务局长

　年　月　日

$$\underline{\hspace{7cm}}$$

$$\underline{\hspace{7cm}}$$

$$\underline{\hspace{7cm}}$$

$$\underline{\hspace{7cm}}$$

$$\underline{\hspace{7cm}}$$

$$\underline{\hspace{4cm}}$$

名称

（所在地）

1.【关于财务报告相关的内部控制的基本框架的事项】（7）

2.【评价范围、基准日以及评价程序的相关事项】（8）

3.【关于评价结果的事项】（9）

4.【附记事项】（10）

5.【特记事项】（11）

（记载上的注意）

（1）一般事项

a. 记载事项以及记载上的注意事项，如果有必要，在不让投资者产生误解的范围内，可以以此为基准记载。

b. 根据以下的规定有必要记载的事项，可以在内部控制制度报告书的各项记载项目上追加相关的事项。

c. 关于记载事项中与金额相关的事项，在用本位币以外的货币形式表示时，主要的事项要换算成本位币来计算金额，并且此时作为换算的基准记载换算日、换算率、换算汇率的种类和其他的必要事项。

d. 基于第十一条的规定，将本报告的用语、模式以及编制方法公开到本国或者本国以外地域的财务报告相关的内部控制制度的评价报告书的时候，要编制该内部控制制度报告书所使用的基准用语、模式和编制方法以及其他的第13条所规定的记载事项，并且，此时"以财务报告相关的内部控制制度基本框架及相关的事项"的记载为主，记载适当的事项名。

e. 第十一条的规定适用的内部控制制度报告书相关的属于注册会计师或者审计法人的人员，接受《法》第193条的2的第2项规定的审计证据被认定时，将其记载下来。

（2）公司名

原来的公司名在括号内记载。

（3）代表者的职位姓名

《法》第27条的30的5的第1项规定的内部控制制度报告书书面提交，要有代表者的签名。

（4）最高财务责任者的职位姓名

对相关的财务报告，公司代表者作为责任人，公司有确定的最高财务责任者时，要记载该最高财务责任者的职位和姓名。

基于《法》第27条的30的5的第1项的规定，书面提交内部控制制度报告书时，要有最高财务责任者的签名。

（5）代理人的名称和签名

在本国内有住所的，对内部控制制度报告书相关的一切行为有代理权限的（以下简称为代理人）要记载代理人的姓名（代理人是法人时，要记载法人名称以及法定代表者的姓名），《法》第27条的30的5的第1项所规定的确认书书面提交时，需要合并代理人的姓名或者名称签名（代理人是法人的，由代表者签名）。

（6）供公众阅览的场所

关于提供公众阅览的主要的分店、金融商品交易所或者认可的金融商品交易协会的记载。

（7）与财务报告相关的内部控制制度的基本框架的相关事项

a. 代表者以及最高财务责任者（仅限于（4）的公司最高财务责任者）对与财务报告相关的内部控制制度的完善以及运用负责。

b. 与财务报告相关的内部控制制度的完备以及运用基准的名称。

c. 与财务报告相关的内部控制制度中存在的虚假记载有不能完全防止或被发现的可能性。

（8）与评价范围、基准日以及评价的程序相关的事项

a. 进行财务报告相关内部控制制度评价的标准日。

b. 在评价与财务报告相关内部控制制度时，以一般的公正妥当的财务报告相关的内部控制制度的评价为基准。

c. 财务报告相关的内部控制评价程序的概要。

d. 财务报告相关的内部控制制度的评价范围。

简洁地记录财务报告相关的内部控制制度的评价范围以及决定该评价范围的顺序、方法等。并且，依据必要事项以及对财务报告相关的内部控制制度的某一部分不能充分实施评价程序的情况，记载其范围和不能充分实施评价程序的理由。

（9）关于评价结果的事项

与财务报告相关的内部控制制度的评价结果，参照下列记载：

a. 与财务报告相关的内部控制制度是有效的。

b. 不能实施评价制度的某一部分的，记载与财务报告相关的内部控制制度有效的部分和其他部分不能实施评价的理由。

c. 存在重要缺陷时，记载财务报告相关的内部控制制度无效的原因、重要缺陷的内容以及到会计年度结束日没有订正的理由。

d. 由于不能实施重要的评价程序，而不能表明的与财务报告相关的内部控制制度的评价结果、不能实施的评价程序以及理由。

（10）附记事项

a. 对财务报告相关的内部控制制度有效性的评价产生的重要影响以及后发事项。

在决算日以后，到内部控制制度报告书的提交日，对财务报告相关的内部控制制度有效性的评价产生重要影响的事项于发生的时候，记载该事项。

b. 会计年度结束日以后因订正重要缺陷而实施措施的时候，其内容：

会计年度的最后一日有重要缺陷的，判断与财务报告相关的内部控制制度无效的情况，会计年度末日以后到内部控制制度报告书提交日以前，记载因修正记载的重要欠缺而实施的措施。

（11）特记事项

与财务报告相关的内部控制制度的评价存在应该特别记载的事项时，记载其原因以及内容。

附录 4　《关于确保财务计算资料等信息正确性体制的内阁府令》实务处理的相关注意事项

（内部控制府令指导方针）

2007 年 10 月
金融厅总务企划局

第一章　总则

3—1　与财务计算相关的文件以及与确保其他信息适当性的体制相关的内阁府令（2007 年内阁府令第 62 号，以下称为内阁府令），第三条的财务计算相关文件和确保其他信息正确性的体制，含公司存在业务委托情况下的委托业务，委托人是地方公共团体和机关的情况下，不受此限。

第二章 财务报告相关内部控制制度的评价

4—1 内部控制府令第一号样式记载上的注意（4）或者第二号样式记载上的注意（4）所规定的最高财务负责人、公司与财务报告相关的责任者称为符合条件者，注意不含单纯的财务处理负责人员。

4—2 内部控制府令第一号样式记载上的注意（6）的 b 还有第二号样式记载上的注意（7）的 b 所规定的"与财务报告相关的内部控制制度的完备以及运用基准的名称"中，"财务报告相关内部控制制度的评价以及审计基准"记载其他基准的具体的名称。

4—3 内部控制府令第一号样式记载上的注意（7）的 c 还有第二号样式记载上的注意（8）的 c 中规定的"财务报告相关的内部控制评价程序的概要"中关于公司进行的程序中，评价范围内的控制制度要点（对财务报告的可信性有重要影响以及控制制度上的要点）的选定、财务报告相关内部控制制度评价结果产生的重要影响以及程序的概要要简洁的记载。

4—4 内部控制府令第一号样式记载上的注意（7）的 d 还有第二号样式记载上的注意（8）的 d 规定的"财务报告相关的内部控制制度的评价范围"的记载，留意以下事项：

1. 作为与财务报告相关的内部控制制度的评价范围，公司和公司的合并子公司以及权益法下的公司，财务报告信赖性以及影响重要性的观点有要求的，将必要的范围记载到与财务报告相关的内部控制制度的评价范围内。

2. 作为决定该评价范围的程序和方法，要考虑对财务报告的金额以及品质影响的重要性，要根据全公司的内部控制制度的评价结果，与业务流程相关的内部控制制度的评价范围等要合理记载。并且，相关联的财务报表上的销售额和其他指标要按照一定的基准分割，选定重要的事业控制点和分割比例，该重要的事业控制点以及重要的会计科目等相关事项要注意记载。

4—5 内部控制府令第一号样式记载上的注意（8）的 c 还有第二号样式记载上的注意（9）的 c 规定，记载重要缺陷内容以及到此会计年度结束日有没有订正的理由时，注意记载该重要缺陷订正的方针、为实现该方针而实行的讨论计划等内容。

5—1 内部控制府令第五条第三项规定的"关联子公司的财务报告相关内部控制制度存在重要变更的情况下"，要留意合并等的组织、结算方法以及交易品目的大幅度变更等。

第三章　财务报告相关的内部控制的审计

6—1　审计法人编制的内部控制制度审计报告书,根据相关的内部控制府令第六条第一项第五号所规定的"应该明示的利害关系",留意执行与该内部控制制度审计相关的业务的人员和被审计公司等的利害关系。

6—2　内部控制府令第六条第一项第五号所规定的"应该明示的利害关系"的,注册会计师法第二十五条第二项以及与注册会计师法等有关的内阁府令(昭和 49年大藏省令第 58 号)第八条规定应记载的内容要留意记载。

7—1　内部控制府令第七条规定的内部控制制度报告书要和财务报表审计证据相关的内阁府令(昭和 32 年大藏省令第 12 号,以下称为审计证据府令)第三条第一项规定的审计报告书相结合编制,在财务报表审计的审计报告书后的内部控制制度审计报告书上以附件的形式记载。

7—2　7—1 的情况,与该公司相关联的财务报表相对应的审计报告书和内部控制制度审计报告书合并编制时,该公司的财务报表相对的审计报告没有必要与内部控制制度审计报告书合并编制。

8—1　内部控制府令第八条规定的内部控制制度审计相关事项概要的记载,根据审计证据府令第一号的样式,内部控制制度审计相关的摘要可以以自己的形式编制。

8—2　员工、审计天数和其他审计相关事项,难以明确区分与财务报表相关的部分和内部控制制度审计相关的部分的情况下,以审计合同、审计计划等为基础合理地区分记载。此时要注意同时记录原因。

10—1　内部控制府令第十条第一项第四号所规定的辅助者,是指在审计合同书上作为候补者提名的和负担这项审计工作的对审计意见的形成有重大影响的人。

10—2　在取得审计证据的内部控制制度报告书相关的合并会计年度的各期首,被审计公司对非合并子公司或者关联公司的投资的分成尚未确定的情况下,关于与审计证据相关的特别利害关系,内部控制府法令第十条第一项第六号以及第二项第六号开始到第九号规定的关系适用权益法的公司,不适用此项规定。

第四章　外国公司的财务报告相关内部控制制度

11—1　关于内部控制府令第十一条规定适用的外国公司编制的内部控制制度报告书,与内部控制府令第二号样式的封皮部分编制相同样式。

第五章　杂则

14—1　关于内部府令第十四条的规定适用的公司编制的内部控制制度报告书,与内部府令的一号样式的封皮部分的编制样式应该相同。

14—2 关于内部控制府令第十四条的规定适用的公司编制的内部控制制度报告书，内部控制府令第十六条第二号揭示的事项要按照内部控制府令第一号样式的"4 附记事项"来记载。

17—1 内部控制府令第 17 条的规定编制的审计报告书，根据内部控制府令第六条规定的事项并用日文记载。

17—2 内部控制府令第十七条第二项第二号所揭示的事项要作为内部控制府令第六条第一项第四号所揭示的事项记载。

附录5 内部控制报告制度相关的 Q&A

2007 年 10 月 1 日
金融厅总务计划局

以下关于内部控制报告制度的核定与问答，在承认以往事例价值的基础上进行了整理，以下的回答揭示了当前的见解，在存在不同的前提条件的情况下，关系法令以及基准等变更要注意考虑的角度的不同。

问题一：为了判定在内部控制制度评价计划测定中存在的重大缺陷，预先要考虑确定重要性的判断标准，在此时的数值基准（如合并税前利润大概要达到 5%的程度）的适用上，以前期决算数和期末预想数为基础可以吗？

回答：1. 关于内部控制制度的评价具体都有什么程序的问题，各企业有自己适当的判断，并不是必须要事先预计重要性的判断标准等，企业经营者在制定每年度的评价计划时，必要时要考虑与审计人员协商制定。

2. 前期决算数要根据期末预想数来决定本年度的判断标准，伴随会计年度时间的流逝，实际的业绩有的情况下会和当初预想的计划有很大的差异，这时候适当地修正当初的计划是必要的。与财务报表审计相关的实务中的一般原则，也可以考虑在内部控制制度的评价中采用。

问题二：作为重大缺陷的判断标准之一的金额标准，是否必须要引用税前利润，或者将历年的数据相比较，税前利润的金额明显很小的情况下也要引用 5%这一标准吗？

回答：1. 作为实施基准的税前利润是无论如何都要列示的，最终财务报表审计相关的重大金额要与审计人员协商，作出适当的判断。

2. 如果作为有关的税前利润重要性的判断标准的基础不适当，税前利润和其他指标并用或者使用可以代替税前利润的指标也是可以的。

3. 与历年相比，税前利润显著变小时，要适当斟酌税前利润，例如，不是 5%，此时应该进行必要的比例修正或者排除影响税前利润的特殊因素，了解财务报表审计的事项、财务报表审计中与金额相关的重要事项，必要的情况下要和审计人员协商作出适当准确的判断。

问题三：关于全公司的内部审计制度，作为原则要根据所有的事业控制点去评价，但是，对财务报告影响的重要性微小的事业控制点也要斟酌其重要性，这一点并不妨碍其是否作为评价对象。（实施基准 2 上面也提到了）所谓的"微小"是以什么样的标准去判断的呢？例如营业额不到 95% 的关联子公司可以称为"微小"吗？

回答：考虑与财务报告相关的该事业控制点影响的重要性，作为经营者要与审计人员进行必要的协商以作出正确的判断。

注：要考虑此判断标准，但我认为一概而言的比率是不恰当的，例如，一般来讲我们认为营业额没达到 95% 的关联子公司可以被列为是微小的，但是在决算和财务报告程序中要站在全公司的视点上适当的评价，不能无论何时都以同样的方式去考虑。

问题四：在业务程序中加入相关的内部控制制度的评价范围时，在实施的基准上列示作为重要的事业控制点的选定指标的营业额，该重要控制点的业务程序的识别，一般的事业公司重要的有三点（主营业务收入、应收账款、存货）相关的业务程序，作为原则要确定是否作为评价对象，是不是所有的企业都要用到这三个会计科目，例如银行等行业。

回答：1. 实施基准是一个基本的数据，是以内部控制制度报告书为对象的所有上市公司采取共同的方法编制的，并没有考虑个别公司和企业的状况，"营业收入"这个指标，还有主营业务收入、应收账款、存货这三个会计科目，所有的上市公司都要列示。

2. 鉴于个别企业种类和企业所置身的环境以及事业特性等不同，将这些指标合并或者使用一个新的指标去替代这些指标，可以适当地考虑使用不同的指标，但此时要和审计人员协商得出适合的对应方法。

3. 银行则要根据每笔业务来判断，以存款和贷款为主的银行，例如"营业收入"可以用"经常收益"这个指标来代替，营业额、应收账款、存货可以用存款额、贷款贷出额、有价证券来代替，对涉及的业务程序和原则的评价对象要熟知。

问题五：根据实施的基准，关联公司相关进度的营业额相关的营业收入等就不能按照比例来决定，要考虑各个相关联的公司有关的财务报表的影响的重要性来确定评价对象（实施基准 2 的 1 的注释 3），例如，关联公司的利益要用权益法对税前利润进行比较，关联公司的营业额也要用权益法与合并基础的销售额相比较，采用这样的方法会出现什么问题吗？

回答：按照实施基准的记录，关于作为评价对象的关联公司的范围，考虑各关联公司对财务报告影响的重要性，必要时要和审计人员协商，经营者欲作出正确的判断，也要把审计人员的指导方法作为方法之一去考虑。

问题六：在确定评价范围时，据说美国在选定重要的事业控制点时，关于"各重要的会计科目"，该重要的事业控制点的金额合计计算出总额没有达到合并基础的该科目金额的一定比例时（例如 2/3），直至达到该科目一定比例，每一个重要的会计科目都将其他的事业控制点作为评价对象去追加评价的业务流程，日本是否也有必要采取同样的流程呢？

回答：我知道美国在实施着您所说的那种实务流程，但在我们这里，作为评价的标准，不采用那种业务流程。

问题七：经营者评价业务时，从执行业务的各部门的责任者开始，要编制声明书声明自己所负责部门的内部控制制度是有效的，以此作为经营者的评价基础去考虑，这是怎么考虑的呢？

回答：实施经营者的评价要基于经营者的适当判断并不是一定要得到业务实行部署的声明书。经营者负有根据内部控制制度报告书制度编制声明书的义务，在内部控制制度审计的实务上，一般来讲，这个声明书的存在更能成为判断内部控制制度有效的强有力的证明。

问题八：根据经营者的评价，以往的审计人员在进行财务报表的审计（实地盘查、资产评价单价的妥当性的讨论等）时的相关内容，不能用审计人员的检查证据来考虑与内部控制制度相关的评价吗？

回答：一般情况下是不会用审计人员的审计证据来代替经营者的自我评价，但在有的情况下，例如在讨论实地盘查和资产评价单价妥当性的情况下，公司内部审计部门的担当者对实地盘查和资产评价担当者审计人员的说明以及与此相对应的审计人员的支出项目等的确认，可以考虑在对与此相关的内部控制制度进行评价时利用。

问题九：审计人员在以往财务报表的审计过程，为了编制审计计划，自己要编制流程图，评价内部控制制度的有效性。这种情况下，与内部控制制度报告书对应，向经营者要求编制流程图的同时，作为审计人员也要编制财务报表审计的流程图，因此也要求经营者提供相应的数据，那么，这两个流程图的编制不属于重复操作吗？

回答：关于流程图的两次编制，确实是像您所说的那样感觉没有效率，但在某些情况下，例如在以下的情况还是要考虑的：

（1）审计人员在验证经营者制作的流程的内部控制制度的记录可信性的情况下，在财务报表的审计时要用到。

（2）在经营者提供的资料的基础上，审计人员也可能编制财务报表审计的流程图等，经营者会认为运用这一信息编制对内部控制制度的评价是可行的，此时，可以编制与内部控制制度评价相关的必要的业务流程和完善流程以及运用相关的适当准确的记录，经营者也可以利用这些信息。

注：作为实施基准，并不是必须要求编制流程图，如果可以根据公司方面的单方的纪录去评价内部控制制度的话，也可以不编制流程图。

问题十：在实施基准上，"关于作为评价对象的营业控制点等，在计划的测定之际，在一定的期间内，除了要留意以全部的营业控制点为一个点来考虑，还要讨论引入不作为的抽样方法等效果的选定方法]（见实施基准二之三（3）④，这个规定就像字面说的那样，必须把营业控制点数年间的情况放到一起作为一个评价对象去考虑，为了代替把营业点数年间的数据放在一起去考虑，除了重要性低的营业控制点以外，允许将作为评价对象的营业控制点用抽样的方法去选定吗？

回答：1. 在实施基准上，选定重要的事业控制点时，不是基于该营业控制点所属的全部营业控制点的内部有效性的评价，而是可以允许用抽样的办法选定营业控制点以作出评价。

2. 此时，在实施基准中，作为选定营业控制点的方法，例如，将一定期间的全部营业控制点放到一起去考虑的同时，用不作为的抽样方法去取得数据，这只是其中的一个例子，具体的营业控制点抽样的方法，要根据各个企业的办法适当考虑。

3. 作为营业地点抽样的方法，如您指出的那样，代替将数年间的全部营业控制点放到一起综合考虑的方法，在重要性比较小的营业控制点除外的基础上，可以考虑在留意母公司的同质性的同时用抽样的办法选定营业控制点去考虑。

问题十一：关于决算和财务报告的程序的内部控制制度的评价，什么时候进行，是不是必须要在当期的决算期以后进行呢？

回答：1. 在实施基准上，内部控制制度的评价时期，显示弹性的交易，到期末日内部控制制度有重要变更的情况下，要实施适当的追加程序，即使不是必须要在当期的评价日以后，也要在适当的时期去进行评价。

2. 特别是与决算和财务报告系统相关的内部控制制度，如果有不完备的情况，为了确保当期报出准确的决算和财务报告，应该尽量提前进行订正。（到期末日存在与内部控制制度相关的重要变更的，要以有适当确切的准价程序为前提）通过上年度的运用状况和四半期的决算作业，尽早提交和实施年度的评价是既有效率又有效果的做法。

问题十二：IT 控制制度是必须全部以 IT 基准集中的管理吗？

回答：作为实施基准，并不谋求"将全部的用一个相同的 IT 基准集中管理"，只有认同企业内部存在各种复杂的 IT 基准，才可以将每个 IT 基准作为评价单位进行相关的 IT 全部控制制度的评价。

问题十三：根据业务种类、业务状态、业务流程等，不是 IT 而是适合手工作业的方法也存在吗？

回答：1. 根据业务种类、业务状态、业务程序等手工作业的控制制度方法所适合的方法，就像您所指出的那样，要根据内部控制制度的 IT 利用程度，在各个企业中作出适当的判断。

2. 在实施基准上，"不利用内电脑系统的内部控制制度、专门以手工作业的内部控制制度在运用时，如为防止手工作业产生的误差等，一定要考虑构建其他必要的方法，但这并不是就说明内部控制制度不够完备"（作为实施基准一的二（6）②，并不是一定要谋求得到电脑系统的相应配合）。

问题十四：IT 相关内部控制制度不完备的情况下，可以直接说存在重大缺陷吗？

回答：1. 在实施基准上，与 IT 相关的内部控制制度，在财务报告存在重大的虚假记载的时候有可能会发生系统的紊乱，并不可以在发现全部控制制度存在不完备时就直接判断其存在重大缺陷。

2. 例如，IT 相关全部控制制度中，如果程序单的变更不能得到适当的承认和策划而使程序变更不完善，与事后的业务处理相关实际程序变更则可以确认为没有变更，因为在实际使用过程中业务处理系统相关的关联性比较薄弱，该系统的内部控制制度难以有效地发挥其机能。

问题十五：在实施基准上，"期末日之前有兼并或者合并的情况发生或者遭遇灾害等时，到编制财务报表取得董事会的认可为止，通常在需要的时间内根据本基准实施评价程序被认为是困难的"，通过"不可抗拒的事情"，规定评价范围之外的事情，在这里，期末日之前允许什么样的期间呢？

回答：作为实施基准，并不明示什么是"期末日之前"，比起显示期间，不如采取弹性的对策，不能完成必须要做的评价时，除不能公开的范围和理由之外，对个别的事情采取温柔的对策，到该事项发生的内部控制制度报告书的编制日，不能完成必须要做的评价时要确认其合理性，考虑"必须要做的事情"。

问题十六：因为不能接受内部控制制度审计、期末日之前三个月冻结系统等，对不能进行内部控制制度的变更的议论应该如何考虑呢？

回答：1. 您所咨询的问题，与财务报表审计有很深的关联，本来在与企业和审计人员的协议中选择合理的计划，有必要留意经营者对内部控制制度的评价，从企业业务改善等的观点去判断系统的变更等，很难实施内部控制制度审计，期末日之前一定的期间内不应该进行系统的变更等，以免审计人员作出的结论是不确切的。

2. 在期末日之前对应系统的变更等如果考虑参照实施基准，要适应以下内容，要下适当的功夫考虑活用。

（1）判断不涉及期末日之前系统变更对财务报告相关内部控制制度的重要影响时，不会发生什么问题。

（2）判断涉及期末日之前的系统变更等财务报告相关内部控制制度的重要影响时，当经营者在财务报告相关内部控制制度的重要变更部分实施追加程序不足时，审计人员要确认经营者实施的必要的追加程序（实施基准三的四（2）的①Ｂｂ）。

（3）还有，在期末日之前大规模地变更业务系统，即使期间内不实施充分的追加程序，作为基准和实施基准中"必须要做的事情"，经营者对于该部分"必须要做的事情"的评价范围除外，能够表明评价结果。

此时，审计人员判断经营者没有实施充分的追加程序时，能够出具无保留意见的报告。

问题十七：与咨询公司签订咨询业务合同，考虑接受咨询公司的建议作成内部控制制度模式，必须用审计人员开发的内部控制制度模式吗？

回答：在实施基准上，适当地利用企业制作和使用的记录等，并进行必要的补充，并不是必须要用审计人员的内部控制制度模式。

问题十八：在内部控制制度审计中，审计人员审计的是基本的经营者的评价结果，是否可以理解为可以不谋求对评价程序详细验证？

回答：1. 实施基准要求审计人员做到：①经营者决定的评价范围的恰当性。②以验证控制制度上的要点识别的恰当性为基础。③讨论内部控制制度完备情况以及运用状况有效性相关经营者评价结果的恰当性。

2. 在此当中，验证控制制度上识别要点的恰当性，要考虑属于评价程序的验证，在实施基准上，讨论内部控制制度完备状况以及相关经营者运用状况的有效性评价的时候，除去审计人员利用评价结果的情况，并不谋求关于经营者具体进行什么样的评价（例如运用测试的具体内容等）的验证，审计人员的审计正如您所指出的那样，是关于经营者的评价结果的审计。

问题十九：审计人员关于内部控制制度审计，能够利用经营者的评价结果吗？例如，审计人员可以以什么样的形式利用根据经营者的评价选定的样本以及经营者对该样本的评价结果呢？

回答：1. 实施基准上，审计人员不能利用内部审计人员的工作去代替自己的审计工作，要检查内部审计人员的能力以及独立性，将内部审计人员的作业的一部分进行检验的基础上，可以对经营者的评价进行审计并作为审计证据利用。

注：所谓的"内部审计人员等"的"等"不仅包括内部审计人员，还包括实施审查等的公司以外的专家和代替经营者进行内部控制制度评价的内部审计人员以外的人员。

2. 另外，对于经营者评价所选出的样本，审计人员还要验证该样本是代表母公司还是该样本是随意抽样的结果，审计人员应该重新选定该样本的一部分对该样本进行评价，检验评价方法等的恰当性，在检验经营者一部分作业的基础上，考虑将其作为审计的证据使用。

问题二十：关于中小规模企业，在意见书的前面"例如，事业规模是小规模的，具有比较简单的组织构造的企业等，存在替代内部职务分管的控制制度和利用企业外部专家的可能性，基于此特性要下一定的功夫这是自不必说的"，对这句话的具体理解应该是怎样的呢？

回答：1. 财务报告相关内部控制制度，根据企业所处的环境、事业的特性和规模等的完备和运用情况，事业规模是小规模的、具有比较简单的组织结构的企业，在意见书的前面要考虑描述以上的特性。

2. 例如，事业规模是小规模的、具有比较简单的组织构造的企业等，由于人员等的不足，设置责任者可以互相牵制的人员分管机制是很难的，此时，要根据各个企业的不同情况适当地考虑，例如经营者或其他部门的人员实施适当的审查、测试，聘请公司以外的专家进行外部审计咨询等。

附录 6　关于财务报告内部控制评价和审计准则以及财务报告内部控制评价和审计实施准则的制定（意见书）

2007 年 2 月 15 日
企业会计审议会

一、审议的背景

（一）内部控制制度充实的必要性
证券市场为了充分发挥其机能，对投资者进行适当的信息公开是不可或缺的，但是现实中却发生了有关有价证券报告书信息公开方面的证券交易法禁止的一系列不正当行为。

看见这些事例，我们开始怀疑确保信息公开制度的新型的企业内部控制制度是否在发挥着有效的作用。在这种状况下，为了确保信息公开制度的可靠性，要考虑信息公开的企业的内部控制制度的充实性和是否正确地实施了检查。所谓被披露的企业内部控制制度充分，是指每个被披露的企业业务的适当化和效率化等带来各种各样利益的同时，要提高信息披露的完整的可靠性，更可以说是证券市场对内对外的可靠性，给包括披露的企业在内的全部市场参与者带来更大的利益。

在这一点上，美国在安然事件发生以后就对企业内部控制制度的重要性有了深刻认识，在企业改革法上，证券交易委员会备案的评价与经营者财务报告相关内部控制制度的有效性的内部控制制度报告书的作成义务，还有关于这一内容的注册会计师审计等开始实施。

还有，在美国以外的英国、法国、韩国等国家里开始导入同样的制度。

在日本，从 2004 年 3 月的决算开始，导入了公司代表者确认的有价证券报告书的记载内容适当性相关确认书制度，其中有与财务报表相关内部控制系统正在有效发挥作用的确认，2006 年 6 月成立的金融商品交易法，以上市公司为对象，负有与财务报告相关内部控制的经营者评价和注册会计师审计相同的义务（内部控制报告制度），2008 年 4 月 1 日以后开始的会计年度适用。

（二）审议的经过

企业会计审议会 2005 年 1 月召开的总会上，开始关于与财务报告相关内部控制有效性评价标准以及注册会计师等的查核基准的审议，2005 年 2 月开始的内部控制部门会议上开始了审议，在同一个会议上，讨论了各个国家的内部控制的内容的同时，结合日本公司法律制度的整合性等特征，在国际上也可能理解的情况下结合了日本的实际情况进行了审议。

在此之上，内部控制部门会议在 7 月就财务报告相关内部控制评价和审计基准发表了公开草案，根据这一意见，2005 年 12 月 8 日总结发表了《财务报告相关内部控制制度评价以及审计及基准案》。

还有，在总结基准案的时候，在实务适用的基础上进行了实务实施指南的策划，并征求了各方面的意见，在内部控制会议上继续讨论了实施基准案，同一个会议上，会议下设的作业部会议上进行了实务草案的充分讨论，并于 2006 年 11 月公布发表了实施基准案和公开草案。

在会议上，按照公开草案所发表的意见等，进行了更进一步的审议，修订了一部分基准案以及实施基准案的内容，在这里作为"关于财务报告相关内部控制评价以及与审计基准相并列的财务报告相关内部控制评价以及审计相关实施基准制定"发表。

二、基准的构成以及内容等

本意见书所展示的基准由"Ⅰ内部控制的基本框架"、"Ⅱ财务报告相关内部控制的评价及报告"、"Ⅲ财务报告相关内部控制的审计"三个部分构成,"Ⅰ内部控制的基本框架"说明的是经营者完成并运用的内部控制的定义和概念等基本的框架内容。"Ⅱ财务报告相关内部控制的评价及报告"、"Ⅲ财务报告相关内部控制的审计"各自说明了与财务报告相关内部控制的有效性和经营者评价以及注册会计师的审计基准等的方法。

基准的主要内容如下:

(一)内部控制的基本框架

内部控制基本上是为了达成企业的四个目的(业务有效性以及效率性、财务报告的可靠性、事业活动相关法令的遵守情况、资产的保全)而进行的程序。是由六个基本要素构成的(控制环境、风险评价和应对、控制活动、信息和传达、监督、IT 对策)。在这里将为确保财务报告的可信性的内部控制定义为"财务报告相关内部控制",本基准展示关于这一有效性经营者的评价以及注册会计师等的审计实施方法和程序。

作为国际的内部控制,美国有 COSO 的关于内部控制基本框架报告书(以下简称 COSO 报告书)等,在本基准里面,与国际的内部控制议论 COSO 报告书一致,基于 COSO 报告书的框架,结合日本的实际情况,在 COSO 的三个目的和五个要素上各加了一个,形成了日本的四个目的和六个要素。

进一步讲,与内部控制的目的相关,在日本资产的取得使用和处理要有正当的程序以及批准才能进行,所以将此作为一个单独的目的表示。还有,与内部控制的基本要素相关,IT 组织普及的现状上增加了"IT 对策"这一要素。

上述的四个目的是相互关联的,企业等完备和运用内部控制时可以达成上述四个目的,从财务报告的可信性的关系来看,经营者要把握公司的全部活动以及公司内部全部的从业人员等的行动是困难的,取而代之的是,经营者需要完备和运用企业内有效的内部控制系统,才能确保财务报告记载内容的正确性。还有,通过内部控制系统的完备和运用确保财务报告的可信性,保证业务有效运行和信息处理、成本削减,甚至是通过扩大市场资金调集机会削减成本来达到一定的目标。

经营者构建内部控制的基本要素框架的过程,并让它发挥适当的机能,为此,不仅是要完备内部控制,让它发挥本来应有的功能才是最重要的。

那么,具体的内部控制是怎样完备和运用的呢?每个企业所置身的环境和业务的性质、规模等不同所以不能一概而论,经营者要根据各自企业的经营状况,让内部控制发挥本身的机能起到相应的作用,期待着经营者在这方面下更多的工夫。

(二)财务报告相关内部控制的评价及报告

经营者具有完备内部控制和运用内部控制的责任,与财务报告相关内部控制相比,其有效性不是基于自我评价而是基于外部的评价和报告。

这一评价是从财务报告的可信性以及产生的影响的重要程度出发的必要的评价范围，这一评价范围，要在考虑对财务报告金额以及质量的影响基础上合理地确定。例如，不太重要的会计科目和不太重要的子公司就没有必要作为评价的对象。

经营者评价内部控制有效性的时候，首先进行对相关程序的财务报告整体产生重要影响以及内部控制的评价，在此基础之上再评价业务程序相关内部控制制度。在这里要对关于内控是不是正确地在发挥机能有一个必要的了解，在此基础上着眼于财务报告中是不是存在重大的虚假记载和评估虚假记载的风险，要采用从上至下的风险研究方法。

经营者要记载编制的内部控制报告书以及与财务报告相关的内部控制有效性评价的结果。

（三）财务报告相关内部控制的审计

经营者对相关财务报告和内部控制的有效性进行评价，至于其评价结果是否适当和准确，则要由对公司财务报表进行审计的注册会计师进行审计和根据所实施的审计程序进行担保。

内部控制审计和财务报表审计一体化、实施同一审计证据为双方利用，这是有效果和高效率的审计，内部控制审计由该公司财务报表审计相关审计人员和同一审计人来实施。

审计人员要根据企业所处的环境等，充分了解经营者的内部控制完备情况和运用情况，制定审计上的重要方案和审计计划。审计人员还要对经营者内部控制评价结果进行审计，首先要讨论经营者所确定的评价范围的恰当性，其次要讨论经营者进行的对全公司的评价以及基于全公司评价的业务流程相关内部控制的评价。

审计人员要对编制说明经营者财务报告相关内部控制有效性评价意见的内部控制审计报告书进行报告，作为原则，要在财务报表审计的审计报告书里一起记载。

（四）注册会计师等进行审计的水准和考虑成本负担

内部控制相关审计人员的审计，要在财务报表可信的前提下进行，与此同时要进行有效果和有效率的财务报表审计、根据经营者所得到的内部控制有效性的评价的审计，还要在这个审计中正确地审计财务报表实施深度和确保与财务报表审计一体进行。尽管对同一个审计人员而言，在财务报表审计中为了得到不同程度的保证而收集不同情况的证据是不恰当的，但在利用同一审计证据时，因为保证的程度不同作出的判断也有可能不同，交换两者的审计程序是很繁杂的，所以在内部控制有效性评价的检查中涉及审计水平的问题。

但是，讨论具体的审计程序等内容时，有必要考虑不给审计人员以及财务报表的编制者以及其他相关人员带来过重的负担，为此，审计人员在制定对经营者的评价计划时，要考虑评价和审计相关成本的负担不能过大，要导入美国等国家的先进制度，具体的见以下构筑方法：

①自上而下型的风险导向型的利用

经营者在评价内部控制有效性的时候,首先进行关系程序整体的内部控制评价,依据其结果，并着眼于财务报告相关重大虚假记载所带来的风险，在必要的范围内评价业务程序相关内部控制。

②内部控制不完备的区分

本基准将内部控制的不完备区分为与财务报告影响相关的重要缺陷和不完备两个方面，在美国将不完备区分为重要缺陷、重大的不完备、轻微的不完备三个方面，由此可见，对财务报告影响等的评价程序是复杂的。

③不采用直接报告业务的方法

审计人员对经营者实施内部控制评价的审计，不采用在美国通常采用的直接报告业务的方法，这是审计人员为了审计经营者评价结果的审计程序和得到审计证据的结果。

④内部控制审计和财务报表审计一同实施

内部控制审计和财务报表审计是由同一审计人员实施的，内部控制审计得到的审计证据以及财务报表审计得到的审计证据可以双方互相利用的，我们期待着有效果和有效率的审计。

⑤内部控制报告书和财务报表审计报告书一同编制

内部控制报告书原则上要和财务报表审计报告书一起记载。

⑥审计人员和审计职务以及内部审计人员的连带

审计人员在进行审计时要和审计部门产生适当的连带关系，在必要时要适当地运用内部审计人员的作业结果。

审计人员有责任保持独立的审计立场，要站在独立的审计立场上去进行对经营者的审计，在审查企业等的内部控制相关审计的同时，在大公司还要对会计审计人员计算的文件所实施的会计审计方法和结果进行评价。另一方面，关于本基准中所显示的内部控制审计，审计人员并不能在进行的审计业务中检讨自身的审计业务，在讨论与财务报告相关的全公司内部控制评价的恰当性的时候，要将包含审计等活动在内的经营水平的内部控制的完备和运用状况作为控制环境的一部分去考虑。

三、实施基准的内容等

如前所述，关于内部控制的构筑方法等，要根据各自的企业状况等考虑用适当的时间去完备，但是仅仅做这些在实务上是很困难的，也会出现很大的分歧，在实施基准上，尊重各企业的创意的同时，对财务报告相关内部控制的构筑、评价、审计等，要尽量提出具体的方针。

在实施基准上，要根据企业所处的业务环境、业务特征、企业规模等，谋求内部控制的完备和运用，在对内部控制进行构筑、评价、审计的时候，例如，对那些事业规模是小规模的、具有比较简单的组织构造的小型企业，可以考虑替代业务分管的控制和聘请企业以外的专家，在此上花费一些时间是必要的。

实施基准的主要内容如下：

（一）内部控制的基本框架

在实施基准上，对基准所显示的内部控制的四个目的和六个基本要素进行了详细的说明。根据内部控制的基本框架，给想要导入内部控制报告制度的企业提供了参考，在显示财务报告相关内部控制构建要点的同时，作为一般的程序列示了财务报告相关内部控制构筑系统。

（二）财务报告相关内部控制的评价以及报告

①全公司的内部控制评价项目

实施基准上，列示了全公司的内部控制评价相关的具体的评价项目，可以在各企业中适当活用。

②业务程序相关内部控制的评价范围

对业务程序相关的内部控制的评价，采用如前所述的自上而下的风险导向型的方法进行适当的评价。关于评价范围的决定，要具体问题具体分析。例如，运用营业额的指标，将金额高的事业控制点合计，达到全体的 2/3 的作为重要的控制点，一般的事业单位，原则上将这个重要的控制点的三个会计科目（主营业务收入、应收账款、存货）作为评价的对象，在此之上，参考对财务报告的影响，重要性大的业务系统存在异常的时候就要将此作为评价对象追加适当的评价范围。

③与审计人的协议

审计人员要对经营者确定的评价范围的恰当性进行讨论并判断其是否适当，关于经营者新的评价范围，要重新评价业务流程相关内部控制有效性，预测时间上的制约等困难，为此，经营者确定评价范围的时候，必要的情况下应该事先与审计人员进行协商确定。

④重要缺陷的判断方针

内部控制不完备属于重要缺陷，有必要在内部控制报告书中揭示，在判断内部控制是否存在着不完备或者重要缺陷时，要判断不完备的金额和重要性，关于金额的重要性要具体列示判断标准。

⑤评价程序等的记录以及保存

内部控制评价相关记录形式、方法等，要显示企业的制作、使用记录等事宜，要利用必要的补充使其完备。

（三）财务报告相关内部控制的审计

如前所述的内部控制审计，作为原则，与财务报表的审计是同一审计人员实施的，在实施基准上，内部控制审计相关审计计划，要记载和财务报表审计相关审计计划的制定和相互利用审计证据的状况。

四、适用时期

本基准以及实施基准，与金融商品交易法导入的内部控制报告制度的适用时期相一致，于 2008 年 4 月 1 日开始在会计年度内财务报告相关内部控制评价以及审计中适用。

附录 7　财务报告相关内部控制的评价以及审计准则

目录

一、内部控制的基本框架

本框架是以经营者所作的财务报告有关的内部控制的评价和报告的基准和审计人所作出的财务报告相关内部控制审计的基准为前提，来表示内控概念的框架。

注：本基准中所说的经营者是董事长、执行董事等执行机关的代表者。

1. 内部控制的定义

所谓的内部控制是组织内的全部人员为了达到基本的业务有效性以及效率性、财务报告的可信性、事业活动相关法令等的遵守、资产保全等四个目的而进行的业务组合所实施的程序，是由控制环境、风险评价和应对、控制活动、信息和传达、监督以及 IT 对策等六个基本要素构成。所谓的业务有效性以及效率性，是指为了达成事业活动的目的而提高业务有效性以及效率性。财务报告的可信性是指确保财务报表以及对财务报表有可能产生重大影响的信赖性。事业活动相关法令等的遵守，是指促进遵守事业活动等相关法令的事项。资产保全使资产的取得、使用以及处分都要有正当的程序。

注：内部控制的目的是各自独立的，又是相互关联的。

为了达成内部控制的目的，经营者必须完备内部控制基本要素的组成体系，有必要适当地运用这一体系。为了达成各自的目的，应该让全部的基本要素有效地发挥作用，每个基本要素都是达成内部控制的目的所必需的。

内部控制根据企业内的规章等的变化的具体情况，组织内的全部人员站在各自的立场上去理解和实行，对内部控制的完善和运用应该保存所有的记录。

具体的内部控制是如何完善和运用的问题，根据每个组织所处的环境不同而不同，不能一概而论，以经营者为首的组织内的所有人员，都要在达成内部控制的机能和作用效果上下工夫。

2. 内部控制的基本要素

内部控制的基本要素是为了达成内部控制的目的所必需的内部控制的组成部分，是内部控制的有效性判断的基准。

（1）控制环境

控制环境决定组织风气，在对组织内的全部人员的意识产生影响的同时，也对其他基本要素的基础、对领导的评价和应对、控制活动、信息和传达、审计以及 IT 对策产生影响。

控制环境，如以下事项所示：

①诚实性以及伦理性。

②经营者的意向以及姿态。

③经营方针以及经营战略。

④董事会以及审计人员和审计委员会的机能。

⑤组织构造以及实行。

⑥权限以及职责。

⑦人力资源以及对人才的方针和管理。

注：关于财务报告的可靠性，例如利润合计等对财务报告的影响，还有董事会以及审计人员或者审计委员会是否对财务报告的系统性和合理性以及内部控制系统进行有效性的监督，或者是财务报告程序和内部控制系统相关组织和人的构成是怎样的。

（2）风险的评价和应对

风险的评价和策略是对组织目标的实现产生影响的事项，作为领导者要识别对组织目标的实现产生阻碍的因素，对该因素进行分析和评价，是该领导者进行的一系列的适当的策略。

①风险的评价

风险的评价是对风险对组织目标的实现产生的阻碍因素的识别以及分析评价等进行应对的行为。

在领导者进行评价时，基于其性质评价风险的大小、发生的可能性和频率，对组织内外发生的风险、组织整体目标相关风险和组织机能等活动单位相关业务风险分类，并评价对目标的影响。

②领导的对策

所谓领导的对策是指根据领导的评价选择恰当的应对程序。

在领导的对策方面，被评价的风险，选择回避、降低、转移或接收等应对方式。

注：与财务报告可信性相关，例如，在新产品的开发、新事业的成立、主要产品的制造和买卖等产生的风险以及阻碍组织目标达成的风险中，基本的业务有效性以及效率性相关风险是会计上可以预测的，以上的风险对财务报告的影响很大，所以,恰当的判断和分析以上风险对财务报告的影响以及作出必要的应对是很重要的。

（3）控制活动

所谓的控制活动是指为确保经营者的命令和指示顺利的实施而制定的方针以及程序。

控制活动包含赋予权限和职责、职务的分管等的范围和方针等，这一方针和程序是组成业务流程所必需的，是组织内全部人员必须遵守的职能。

注：与财务报告可靠性相关，涉及对财务报告内容的影响的可能性以及方针程序等，要确保按照经营者的意向实施，例如，明确的职务分管、内部牵制、记录的维护以及适时检查实物资产等活动，这一点对组织内的各级员工分析和增长见识是很重要的。

（4）信息和传达

信息的传达要求识别必要的信息，把握以及处理该信息，确保组织内外以及相关者相互间正确传达信息，组织内全部人员都在各自的岗位上处理着信息资料，必须适时而准确地识别、把握、处理和传达。还有，不仅是传达必要的信息，还要正确地理解信息，将信息在必要的组织内共享是很重要的。

一般信息的识别、把握、处理以及传达，通过人和机械化的信息系统进行。

①信息

组织内全体人员，为了达成组织目标以及内部控制目标，准确地识别着各自岗位上的信息，充分把握信息的内容以及可信性，利用可能的形式将信息进行整理。

②传达

A. 内部传达

为了实现组织目标以及内部控制的目的，适时地进行信息的传达是必要的，经营者通过组织内的信息系统，向全体人员传达经营方针等的同时，确保重要的信息在组织上层准确地传达是必要的。

B. 外部传达

外部传达包含根据法律将财务报告公开，信息不仅在组织的内部，还要向组织的外部传达，为了向顾客等组织以外的人员传达重要的信息，组织正确地识别和把握从外部而来的信息是很重要的。

注：关于财务报告的可信性，例如，会计信息是财务报告的核心，为了对经济活动进行适当的会计处理，要构建一系列的会计系统，并且在传达上要确保相关会计信息能够及时准确地向组织以外的关系者传达。

（5）监督

监督是评价内部控制有效发挥机能的程序，根据监督内部控制正常的运行，以对其评价和订正。监督时，对业务的日常检查也要站在独立的立场上实施评价，个别的情况下两者组合进行。

①日常的监督

日常的监督是为了监督内部控制的有效性，针对经营管理或业务改善等通常的业务活动。

②独立的评价

独立的评价，与日常的监督不同，从通常的业务中独立出来，定期的或者是随时的对内部控制进行评价，由经营者、董事会、审计人员以及审计委员会、内部审计等实施。

③评价程序

评价内部控制是自身的程序之一，评价内部控制的人员要对组织活动以及评价对象的内部控制各个基本要素有充分的理解。

④内部控制上问题的报告

对由日常审计以及独立评价明确的内部控制上存在的问题要采取适当的对策，根据该问题的严重程度向组织内的适当人员进行报告，以完善内部控制，包含经营者、董事会、审计人员的报告程序。

注：关于财务报告的可信性，例如，日常监督对业务部门的账簿记录、实际库存情况和买卖数量等进行对账是必要的，要定期实施盘点程序，盘点库存的正确性以及检查相关业务。还有，作为独立的评价，对于企业内部的审计机关或者审计部门、审计委员会等，作为财务报告的一部分对其可信性进行会计审计。

（6）IT 对策

IT 对策是为达成组织目标，预先制定恰当的方针和程序，基于此，在实施业务时重视对组织内外的 IT 财务的对策。

IT 对策并不是独立于内部控制的其他基本要素独立存在的，组织的业务内容高度依存于 IT 或组织的信息系统高度依存于 IT 的情况下，为达成内部控制的目的不可或缺的要素是核算内部控制有效性的规则。

IT 对策，由 IT 环境的对策和 IT 应用以及控制构成。

①IT 环境的对策

所谓 IT 环境，是指组织活动必然相关的内外 IT 利用状况和公司以及市场上 IT 的占有度、组织进行的交易等 IT 的使用状况以及组织选择的一系列信息系统状况。对于 IT 环境，为实现组织目标，组织管理中预先制定了恰当的方针和程序，基于此，财务应恰当地应对。

IT 环境的对策，不仅仅是与控制环境相关，在每个业务程序的阶段，与内部控制的其他基本要素一起进行评价。

②IT 的使用以及控制

IT 的使用以及控制，为确保组织内的内部控制的其他基本要素的有效性，高效地使用 IT，以及组织内组成业务体系使用的各种形态的 IT，为达成组织的目标，预先制定方针以及程序，使内部控制的其他基本要素发挥有效的机能。

IT 的使用以及控制，与内部控制的其他基本要素是密不可分的，要进行一体的评价。还有，IT 的使用以及控制在引入 IT 的便利性的同时，要在充分考虑其弱点以及对业务影响的重要性等的基础上进行评价。

注：关于财务报告的信赖性，是以脱离 IT 无法考虑企业的现今环境为前提，考虑对财务报告业务程序产生重要影响的 IT 环境对策，以及组成 IT 财务报告程序自身的 IT 使用及恰当的控制，为确保财务报告的可信性，需要建立必要的内部控制基本要素。例如，从控制活动来看，为确保企业内全体信息处理系统成为恰当的收集处理财务报告相关数据的程序，或在各业务领域中使用计算机等恰当地收集数据、处理，确保成为反映财务报告的业务程序。

3. 内部控制的界限

内部控制因为有下面的固有界限，其目的的实现并不是绝对的，是一个各基本要素结合成的有机整体，其目的是在合理的范围内实现的。

（1）内部控制存在判断的错误、不注意、多数负责者共谋等情况而失去有效的机能。

（2）内部控制出现当初预想之外的情况，如组织内外的环境变化或者非定性交易等必须应对的情况。

（3）内部控制的完备和运用之际，谋求费用和便利的相对平衡。

（4）因为经营者不正当的目的无视内部控制使其无效的情况是存在的。

4. 内部控制相关人员的作用和责任

（1）经营者

经营者对企业组织的所有活动承担最终的责任，遵守董事会决定的基本方针，建立和运用内部控制的责任。

作为经营者完成责任的手段，通过社内组织完成内部控制的完善和运用。

经营者对内部控制相关各个因素以及其他内部控制基本要素的影响和决定，对组织风气有重大的影响力。

（2）董事会

董事会决定内部控制的完备以及运用的相关基本方针。

因为董事会监督经营者的业务执行，所以对经营者内部控制的完备和运用承担监督责任。

董事会是全公司内部控制的重要组成部分，同时也是业务系统相关内部控制的环境控制的一部分。

（3）监事会或者监事委员会

监事会或者监事委员会，作为对董事以及执行董事的工作进行监督的一个环节，负有在独立的立场上对内部控制的完备以及运用情况进行监督的责任。

（4）内部审计人员

内部审计人员为了有效地达成内部控制的目的，作为内部控制基本要素之一的审查的一环，要检验和评价内部控制的完备和运用，必要时承担促进其改善的责任。

注：在本基准中，所谓的内部审计人员，是无论组织内所属的名称如何，都要检验和评价内部控制的完备以及运用状况，促进其改善的部门。

（5）组织内的其他人员

内部控制是根据组织内的全部人员实施的程序，上述以外的组织内的其他成员也对与自己业务相关联的、有效的内部控制的完备以及运用承担责任。

二、财务报告有关的内部控制的评价和报告

1. 财务报告相关内部控制评价的意义

经营者对内部控制的完备和运用负有责任，特别是为确保财务报告的可靠性，内部控制的基本框架显示的内部控制力，关于财务报告相关内部控制，以一般的公正恰当的内控评价为基准，进行有效的自我评价和向外部公开评价结果。

对本基准用语的解释如下：

（1）财务报告是对财务报表以及财务报表的信赖性产生重要影响的公开外部报告。

（2）财务报告相关内控是确保财务报告信赖性的内部控制。

（3）财务报告相关内部控制的有效性是指该内部控制是基于恰当的内部控制框架为基准进行完善和运用的，不存在重大的缺陷。

（4）重要缺陷是指对财务报告产生重大影响的控制环节的不完备。

2. 财务报告相关内部控制评价和范围

（1）财务报告相关内部控制有效性的评价

从经营者对财务报告可信性影响的重要程度的角度出发，必须对财务报告相关内部控制有效性进行评价。

经营者在评价之前，要事先确定财务报告相关内部控制的完备程度以及运用的方针和程序，并且保存记录。

对财务报告相关内部控制有效性的评价，遵循作为原则的关联程序进行。

注：包含委托外部业务内部控制的评价范围。

（2）评价范围的决定

经营者评价内部控制有效性时，要考虑对财务报告的金额以及质的影响决定以下事项等相关合理的评价范围，对该内部控制的评价范围的确定方法以及根据等要做确切的记录。

①财务报表的列示以及披露。

②构成企业活动的事业或者业务。

③作为财务报告的基础的交易和事项。

④主要的业务流程。

关于这些事项，根据重要的事业控制点的选定，讨论财务报表的列报以及金额的重要性。

根据讨论结果，根据构成企业活动的事业或者业务、构成财务报告基础的交易以及主要的业务流程等讨论对财务报告整体相关金额的重要性，确定合理的评价范围。

注：关于财务报表的列报，例如财务报表相关会计科目，从影响金额的重要性的角度上考虑去确定一定的金额，在审计评价范围的同时，从质的影响上去判断对财务报表的影响程度，评价范围中必须要包含会计科目，并且将其重要性也放在内部控制的评价范围内。

再加上构成企业活动的事业或者业务，关于以下事项财务报表的列报及披露，要考虑评价的金额的重要程度构成相关评价范围。

3. 财务报告相关内部控制的评价方法

（1）经营者的内部控制评价

经营者作为对内部控制的完善以及运用的责任人需要评价内部控制，在经营者评价内部控制时，对相关程序中对财务报告整体产生重要影响的内部控制的评价之后，还必须对业务程序组成一体的内部控制进行评价。

经营者对内部控制的评价要在期末日这一时点进行。

注：企业具体的内部控制的完备情况和运用是根据每个企业的具体状况的不同而不同的，经营者要根据本企业的内部控制框架确定适合自己企业的内部控制系统并完备和运用该内控。

（2）全公司的内部控制评价

经营者要评价全公司的内部控制的完备情况以及运用情况以及与业务系统相关的内部控制的影响程度，在此，经营者在充分评价组织内部发生的风险的同时，还要充分讨论对财务报告整体的重要影响。

例如，要与全公司的会计方针、财务方针、组织的构筑以及运用等相关经营判断、经营水平等决定的程序相符合。

（3）业务程序相关内部控制的评价

经营者根据全公司的内部控制的评价结果，在分析成为评价对象的内部控制的范围基础上，选定对财务报告的信赖性产生重大影响的内控，评价符合要点的相关内控的基本要素是否发挥着基本的机能。

（4）判断内部控制的有效性

经营者评价财务报告相关内部控制有效性的结果，涉及控制上的要点等相关不完备对财务报表影响性大的，要判断该内部控制是否存在重大缺陷。

①内部控制重要缺陷的订正。经营者评价的过程中发现与财务报告相关内部控制存在重大缺陷时，要采取必要的对应措施。即使发现重大缺陷，只要在报告书被评价前订正，可以认定与财务报告相关内部控制的实施是有效的。

注：关于期末日以后实施的订正措施要在报告书附记事项上记载。

②在经营者评价财务报告相关内部控制有效性时，可能遇到的事情是不能充分实施评价程序以对内部控制的一部分进行充分的评价，此时，在充分把握该事项对财务报告产生的影响的基础上，可以对不能实施评价程序的范围以外的财务报告相关内部控制的有效性进行评价。

注：不能充分实施评价时，例如，在期末日之前购买其他企业的情况，可以考虑说明不能对该企业的内部控制的有效性实施充分的评价。

③评价的程序等记录的保存。经营者对财务报告相关内部控制的有效性、评价结果及发现的不完备的地方和采取的措施要保存记录。

4. 财务报告相关内部控制的报告

（1）经营者作出的内部控制的报告

经营者应该编制与财务报告相关内部控制有效性评价相关的报告书。

（2）内部控制报告书上记载的项目

①完备以及运用的相关事项。

②评价范围以及评价时点和程序。

③评价结果。

④附记事项。

（3）完备以及运用的相关事项

①财务报告以及财务报告相关内部控制责任者的姓名。

②经营者对财务报告相关内部控制的完善以及运用负责。

③财务报告相关内部控制完善和运用的基准是一般的公正恰当地认定内部控制的框架。

（4）评价的范围、时点以及评价程序

①财务报告相关内部控制的评价范围。

②财务报告相关内部控制评价的时点。

③在评价财务报告相关内控时，要基于一般的公正的恰当的认定基准。

④财务报告相关内部控制评价程序的概要。

（5）评价结果

表示内部控制评价结果的方法如下：

①与财务报告相关的内部控制有效的概要。

②虽然评价程序的一部分不能实施，但与财务报告相关的内部控制是有效的，说明不能实施的评价程序以及理由。

③存在重要缺陷而无效的内部控制的概要，以及重要的内部缺陷的内容以及不能订正的理由。

④因不能实施重要的程序而不能发表财务报告相关内部控制的评价结果时，说明不能实施的评价程序以及理由。

（6）附记事项

①对财务报告相关内部控制有效性评价产生重要影响的后发事项。

②对期末日以后实施的重大缺陷的订正措施。

三、财务报告相关内部控制的审计

1. 内部控制审计的目的

对经营者所作出的内控评价结果作出财务报表审计的审计人员实施审计的目的是，评价经营者编制的内部控制报告书，是否基于一般的公正的恰当的认定的内部控制的评价标准，关于内部控制有效性的评价的全部重要方面是否都做了适当的表示，审计者要根据自己所掌握的审计证据表明意见。

内部控制报告书的意见，在内部控制评价相关的审计报告书上发表。

内部控制报告书发表的审计人意见中，要包含内部控制报告书上是否存在重大虚假表示，也包含得到了合理保证的审计人员的判断。

所谓合理的保证是指审计人员为了表明意见所取得的充分、适当的证据。

2. 内部控制审计和财务报表审计的关系

内部控制审计原则上是同一审计人所作的与财务报表审计一体的审计行为，内部控制审计的过程中得到的审计证据，可以作为财务报表审计相关内部控制评价的审计证据来利用，同理，财务报表审计过程中所运用的审计证据也可以作为内部控制审计的审计证据来利用。

注：在这里，同一审计人不仅包括审计事务所，也包括业务执行员。

一般来讲，在财务报告相关内部控制存在重大缺陷而无效的时候，在审计财务报表时，确定审计基准的内部控制依据的审计不能实施。

审计人员在进行内部控制审计时，除本基准之外还要遵守"审计基准"上的一般基准以及"审计相关品质基准"。

3. 内部控制审计的实施

（1）制定审计计划

审计人员基于企业所处的环境和业务特点，充分理解经营者建立和运用的内部控制以及评价的状况，考虑审计上的重要性，从而制定审计计划。

审计人员制定审计计划的注意事项以及状况发生变化的情况下，或是审计实施过程中内部控制不健全以及发现重要缺陷的情况下，实施改善内部控制的评价程序等，要适时修正审计计划。

（2）检查评价范围的恰当性

审计人员为判断经营者决定的内部控制评价范围的恰当性，必须检查经营者决定该范围的方法和依据的合理性。

特别是经营者由于特殊事项对内部控制内有实施充分的评价程序，但将没有实施评价程序的范围以外的部分编制了内部控制报告书时，审计人员必须对该除外范围是否合理以及该除外范围对财务报表审计的影响进行充分检查。

（3）全公司内部控制评价的检查

审计人员对经营者进行的全公司内部控制评价的恰当性进行检查。审计人员在进行检查时，必须充分综合考虑董事会、监事会以及监事委员会、内部审计等经营水平方面内部控制的建立以及运用状况等。

（4）业务程序相关内部控制评价的检查

审计人员对经营者进行的业务程序相关内部控制评价的恰当性进行检查。审计人员进行检查时，在考虑经营者进行的全公司内部控制评价状况、充分理解业务程序的基础上，评价经营者选定的控制要点是否恰当。

审计人员判断经营者评价的每个控制要点是否在内部控制的基本要素中发挥机能，必须取得符合真实性、连续性、权益和义务的归属、评价的恰当性、期间分配的恰当性以及列示的恰当性等审计要点的审计证据。

还有，业务程序方面在判断内部控制基本要素的机能是否充分发挥时，对内部控制的建立以及运用状况（包含 IT 对策）应进行充分的检查。

（5）报告和修正内部控制的重要缺陷

审计人员在实施内部控制审计时发现内部控制的重要缺陷的情况下，向经营者报告寻求改正的同时，还必须适时检查该重要缺陷的改正状况。审计人员还必须向董事会、监事会以及监事委员会报告该重要缺陷和改正的结果。

审计人员在发现内部控制缺陷时必须向适当的人员报告。

审计人员必须将内部控制审计的结果向经营者、董事会、监事会以及监事委员会报告。

注：审计人员对于内部控制审计过程中发现的内部控制重要缺陷，截至公司法定审计结束日必须向经营者、董事会、监事会以及监事委员会报告。

（6）报告舞弊

审计人员在实施内部控制审计的过程中发现不合规、违反法令的重大事实时，向经营者、董事会、监事会以及监事委员会报告以寻求恰当的对策的同时，还必须检查对内部控制有效性的影响程度。

（7）与监事会或监事委员会的合作

审计人员为实施高效的审计，必须决定与监事会或监事委员会合作的范围和程度。

（8）利用其他审计人员

审计人员在利用其他审计人员实施的内部控制审计结果时，必须考虑该审计人员进行的内部控制审计结果的重要性以及对该审计人员的信赖程度，评价该审计人员实施的审计是否恰当，以决定利用该审计人员实施审计结果的程度以及方法。

审计人员在评价内部控制基本要素下的企业内部控制审计状况的基础上，决定利用内部审计业务的范围和程度。

4. 审计人员的报告

（1）发表意见

审计人员对经营者编制的内部控制报告书是否遵循一般公正恰当的内部控制评

价标准、财务报告相关内部控制的评价是否在所有重要方面进行了恰当的表示，在内部控制审计报告书中发表意见。该意见是对财务报告截至期末日，内部控制有效性评价发表的意见。

注：截至期末日，重要缺陷已经改正，发表是否恰当的意见。期末日后改正重要缺陷的情况下，在内部控制审计报告书中追加信息记载。

（2）内部控制审计报告书的记载区分

审计人员在内部控制审计报告书中，必须简洁明了地记载内部控制审计的对象、实施内部控制审计的概要以及对内部控制报告书的意见。没有发表意见的情况下，在内部控制报告书中记载原因。

审计人员判断内部控制报告书是恰当的情况下，在内部控制报告书中追加记载与其判断相关的必要说明事项时，必须与发表意见明确地区别开来。内部控制审计报告书按原则，必须与财务报表审计的审计报告书的记载相辅。

（3）内部控制审计报告书的记载事项

审计人员判断经营者编制的内部控制报告书遵循一般公正恰当的内部控制评价标准、财务报告相关内部控制的评价在所有重要方面进行了恰当的表示，必须根据其发表相应的意见（此时发表"标准无保留意见"）。

审计人员对于经营者在内部控制报告书中记录的财务报告相关内部控制中存在重要缺陷以及没有改正的理由，判断该记载事项是恰当的发表意见时，将该重要缺陷、没有改正的理由以及该重要缺陷对财务报表审计的影响追加记载到内部控制审计报告书中。

①审计人员发表标准无保留审计意见时，在内部控制报告书中记载以下事项：
内部控制审计的对象

A. 内部控制审计的范围。

B. 财务报告内部控制的建立、运用以及内部控制报告书编制是经营者的责任。

C. 内部控制的固有限制。

②实施内部控制的概要：

A. 在实施内部控制审计时，审计人员基于一般公正恰当的内部控制审计基准实施审计。

B. 内部控制审计中实施审计程序的概要。

C. 取得了发表内部控制审计意见的合理证据。

③关于内部控制报告书审计人员的意见：

A. 内部控制报告书中经营者评价的结果。

B. 经营者编制的内部控制报告书遵循一般公正恰当的内部控制评价标准、财务报告相关内部控制的评价在所有重要方面进行了恰当的表示。

（4）意见例外事项

在内部控制报告书中，审计人员认为经营者决定的评价范围、评价程序以及评价结果存在不恰当之处，不能发表标准无保留审计意见，但其对内部控制报告书总体的影响没有达到虚假表示的重要程度,应说明该例外事项发表无保留意见。此时,对于内部控制报告书的意见必须记录该例外事项以及对财务报表审计的影响。

审计人员在财务报告书中,经营者决定的评价范围、评价程序以及评价结果存在明显不恰当时,判断对内部控制报告书总体存在虚假表示,必须发表内部控制报告书不恰当的意见。此时,必须记载内部控制报告书不恰当的原因、理由以及对财务报表审计的影响。

(5)评价范围的限制

审计人员由于没有实施重要的审计程序,不能发表标准无保留审计意见时,但判断其影响并没有达到不能对内部控制报告书发表意见的程度,列示该例外事项发表带说明段的无保留意见。此时,在审计实施概要中记载审计程序,在内部控制报告书中记载该事项对财务报表审计的影响。

审计人员由于没有实施重要的审计程序,没有取得对内部控制报告书发表意见的合理证据,不能发表意见。此时,必须记载不对内部控制报告书发表意见的原因以及理由。

(6)追加信息

审计人员将以下事项在内部控制审计报告书中作为追加信息记载:

①经营者在内部控制审计报告书中记载了财务报告相关的重要缺陷以及没有改正的理由,如判断该意见是恰当的发表无保留审计意见时,追加该重要缺陷、没有改正的理由以及该重要缺陷对财务报表审计影响的信息

②对财务报告相关内部控制有效性评价产生重要影响的或有事项。

③期末日以后实施的改正措施。

④经营者没有实施部分评价程序,认为是属于特殊事项发表无保留意见时,没有实施充分评价程序的范围以及理由。

附录8 财务报告内部控制评价和审计准则实施的相关设置

目录

（2）风险评价和应对。

（3）控制活动。

（4）信息和传达。

（5）监督。

（6）IT 对策。

3．内部控制的界限

4．与内部控制有关人员的职务和责任

（1）管理层。

（2）董事会。

（3）审计员或审计委员会。

（4）内部审计师。

（5）组织内的其他人员。

5．与财务报告有关的内部控制的设立

（1）与财务报告有关的内部控制的设立要点。

（2）与财务报告有关的内部控制的构筑程序。

Ⅱ．与财务报告有关内部控制的评价和报告

1．与财务报告有关内部控制评价的意义

2．与财务报告有关内部控制的评价及其范围

（1）与财务报告有关的内部控制有效性的评价。

（2）评价范围的决定。

3．与财务报告有关的内部控制的评价方法

（1）管理层实施的内部控制评价。

（2）全公司性的内部控制评价。

（3）与业务程序有关的内部控制的评价。

（4）内部控制有效性的判断。

（5）内部控制重要缺陷的改正。

（6）评价程序等的记录以及保存。

Ⅲ．财务报告相关内部控制的审计

1．内部控制审计的目的

2．内部控制审计和财务报表审计的关系

3．审计计划和审计范围的检查

（1）审计计划的制定。

（2）评价范围恰当性的检查。

4．内部控制审计的实施

（1）全公司内部控制评价的检查。

（2）业务程序相关内部控制评价的检查。

（3）内部控制重要缺陷的报告和改正。

（4）不合规的报告。

（5）与监事会或监事委员会的合作。

（6）利用其他审计人员。

5. 审计人员的报告

（1）意见例外事项。

（2）审计范围的限制。

（3）追加信息。

（注）在本实施基准中，用四角括号表示引用的应对基准。

Ⅰ. 内部控制的基本框架

1. 内部控制的定义

> 内部控制基本上是为了达到业务的有效性和效率性、财务报告的信赖性、业务活动相关法令的遵守以及资产的保全四个目的，来组织业务，由组织内的所有成员来执行，由控制环境、风险评价和应对、控制活动、信息和传达、监督（监视活动）以及 IT 对策六个基本要素构成。

内部控制为达成组织事业活动的四个目的构筑组织内的框架。内部控制并不能绝对保证达到四个目的，组织即对内部控制负有责任的经营者，合力保证将达成四个目的的风险降到一定水平以下这一目的。

内部控制并不是独立于日常业务构筑的，是与组织的业务组合构筑的、组织内的所有人员都参与业务的过程，即不仅仅是正规的从业人员，组织内担任职务的短期、临时雇用的从业人员也是内部控制的执行人员。

内部控制是组织内所有人员在业务中执行的一连串的活动，不是单独的事项、状况、规定或机构。内部控制的构筑完成并不等于完事大吉，而是需适应组织的变化在组织的环境中去应用，是需要经常变动和修改的。

> 具体内部控制是怎样建立、运用的，每个组织所处的环境和业务的特性是不同的，并不能一概而论，但以经营者为首的组织内的所有人员，为高效达到内部控制的机能和作用需要花费很多的工夫。

每个组织所处的环境和业务的特性是不同的，内部控制构筑方法等也是不同的，并不能一概而论。

经营者根据组织的环境和业务的特点、规模等，建立和运用适合组织自身的内部控制。内部控制的建立和运用应考虑很多事项，例如产品市场的状况、产品以及顾客的特征、地理的活动范围、组织间的竞争状况、技术革新的速度、业务规模、劳动市场的状况、IT 环境、自然环境的配置等。

一方面，内部控制不论组织的规模和形态，都要建立共同的基本框架。本基准中"Ⅰ. 内部控制的基本框架"是基于金融商品交易法实施财务报告内部控制的评价以及报告的审计的前提。

（1）业务的有效性以及效率性

> 业务的有效性以及效率性是指为达成业务活动的目的，提高业务的有效性以及效率性。

所谓业务是指为实现组织事业活动的目的，组织内的所有人员每天的持续活动。业务的有效性是达成事业活动和业务的目的程度。业务的效率性是达成组织目的时，时间、人员、成本等组织内外资源合理的使用程度。

业务的有效性和效率性，可以由组织总体把握，可根据需要将业务活动个别业务细分化，根据设定的细分化业务设定合理的目的。内部控制通过达成每个目的最终有效和高效地组织全体的目的，建立以及运作组织内的各项业务。

业务有效性以及效率性相关的内部控制是测定、评价业务完成度以及资源的合理利用度，通过将对策书面化形成体制，以帮助达成组织制定业务有效性和效率性的目标。

（2）财务报告的信赖性

> 所谓财务报告的信赖性，是指对确保财务报表以及可能对财务报表产生重要影响的信息的信赖性。

财务报告是建立在组织内外人员确认该组织活动的基础上的。极其重要的信息、确保财务报告信赖性对于组织而言，涉及维持社会的信任、融资事项。相反，错误的财务报告不仅给很多利益相关者带来损失，组织的信赖性也会很快丢失。

财务报告是基于金融商品交易法、公司法等法令的规定编制的，银行、供应商的合同等规定的事项，应主动向利益相关者公开。本基准中，财务报告是在金融商品交易法上公开文件（有价证券报告书以及有价证券提交书）中规定的财务报表以及可能对财务报表产生重要影响的信息（详细参照"Ⅱ.财务报告有关内部控制的评价和报告 1①财务报告的范围"）。

财务报告可信性相关的内部控制，为防止财务报告存在重大虚假的记载，建立、运用必要的体制，支持组织财务报告的信赖性。

（3）业务活动相关法令的遵守

> 业务活动相关法令的遵守是指促进业务活动遵守相关法令及其他规范。

组织或组织内的人员怠慢法令的遵守，或无视社会的规范进行活动，很可能涉及罚责、批判，甚至威胁到组织的存续。相反，遵守商品的安全标准和确保作业的安全性等，真诚地遵守和认知法律，通过组织评价的提升和社会信用的提高，也会提升业绩和股价等。这样为组织的存续和发展，不可或缺地建立遵守业务活动相关法令等的体制。

业务活动相关的法令等包括以下事项：

①法令

组织在进行业务活动时，应遵守的国内外的法律、法令、条令、规则等。

②基准等

法令以外，组织外的强制力应遵守的规范。例如交易所的规则、会计准则等。

③公司内外的行动规范

上述以外组织应遵守的事项，或自身决定遵守的事项。例如，组织自己的规章、其他内部规程、业界的行动规范等。

法令等的遵守相关的内部控制，是指建立、运用遵守业务活动的体制，借此，谋求组织的存续和发展。

（4）资产的保全

> 资产保全是指资产的取得、使用以及处理，通过正当的程序以及批准进行，确保资产的安全。

资产被不合规或不正当取得、使用以及处理时，可能会影响到组织的财产以及社会的信用。还有，接受组织出资者出资的财产时，经营者负有确保安全的责任。监事会以及监事委员会按照公司法的规定，可以调查业务以及财产的安全状况，对组织的财产保全有重要的责任和义务。

资产除有形资产外，还包含商誉、顾客相关的信息等无形资产等。

组织中，为防止错误和不合规取得、使用以及处理资产，要求建立资产在正确的程序以及批准的基础上取得、使用和处理的体制。假如资产是在不正当的程序以及批准下取得、使用和处理的，要求建立、运用迅速发现和应对的体制。

（5）四个目的的关系

内部控制的四个目的，业务的有效性以及效率性、财务报告的信赖性、业务活动相关法令的遵守以及资产的保全，各自有其固有的目的，但相互之间并不是相互独立的，而是密切联系的。

内部控制是组织业务，由组织内的所有人员执行，为了达成每个目的构筑的内部控制，与其他目的构筑的内部控制组成共同的体制，相互补充。

金融商品交易法中引入的内部控制报告书制度，通过经营者的评价、报告以及审计人员进行的审计，确保财务报告相关内部控制的有效性，为达成财务报告信赖性以外的目的，并不要求直接建立、运用内部控制。但是，财务报告汇集了组织业务全体相关的财务信息，与组织业务全体有着密不可分的关系。经营者要构筑高效的财务报告相关内部控制时，在了解相互间关联性的基础上，建立、运用内部控制。

2. 内部控制的基本要素

> 内部控制的基本要素，是为达成内部控制的目的所必需的内部控制的构成部分，成为判断内部控制有效性的标准。

组织为达成内部控制的目的，重要的是建立、运用六个基本要素。

（1）控制环境

> 控制环境决定了组织的氛围，组织所有成员对组织控制的意识进行影响的同时，构成其他基本要素的基础，即风险评价和应对、控制活动、信息和传达、监督以及 IT 对策的影响基础。

控制环境是对组织的价值基准以及组织的基本人事、职务制度等的总称。

组织的氛围，一般为该组织的意识以及基于此的行动，该组织固有的强项和特征。组织的氛围，大多会反映组织的最高责任者的意向和姿态。组织具备的价值基准和基本的制度等，规定了组织的意识和行动，影响到组织内人员对内部控制的影响。

控制环境是其他基本要素的前提，是对其他基本要素影响最重要的基本要素。

控制环境中包含的一般事项如下：

①诚实性以及伦理观

组织具备的诚实性以及伦理观，是决定组织风气的重要因素，对组织内所有人员的社会道德观的判断起到很大的影响。

诚实性以及伦理观存在各种各样的组合，例如组织基本的理念和其伦理规章、编制行动指南等，确保遵守此内部控制，经营者自身参与确保运用的有效性。

②经营者的意向以及姿态

经营者的意向以及姿态，对组织的基本方针产生重要影响的同时，对组织氛围也产生很重要的影响。还有，经营者的意向和姿态如何传达也影响到组织内人员的行动。例如，关于财务报告，经营者有尊重会计处理和财务报告的意识，明确尊重会计的方针和原则，将其传达给组织的内外，为实现此，建立恰当的体制，是达成财务报告信赖性的重要基础。

经营者决定组织内外的声明、日常的行动、预算以及人事等方针，通过组织内人员的意识影响到组织的内部控制。还有，直接或间接地反应经营者的意向以及姿态、公司守训和公司指导、经营理念、经营计划、伦理规章、行动指南等公司内的规章，组织内为达成和遵守各规章的内容建立、运用内部控制。

③经营方针以及经营战略

为达到组织的目的，组织采取何种经营方针以及经营战略，对组织内人员的价值基准有很大的影响，且是决定组织内向各业务分派资源的重要原因，对其他基本要素产生很大的影响。基于经营方针以及经营战略的组织总体的目的，通过按年度、部门等的预算、事业计划等被分解和具体化，通过内部控制管理的对象，达到内部控制的目的。

④董事会、监事会以及监事委员会的机能

董事会、监事会以及监事委员会负有对董事的业务进行监视的职责，根据公司法的规定是每个企业都必须设立的制度。例如，董事会、监事会以及监事委员会实质上独立于经营者和特定利益关系人员发表独立的意见，监视必要的信息适时恰当地取得，经营者、内部审计人员等之间适时恰当的疏通意见，董事会、监事会以及监事委员会报告以及指出的事项在组织内是否恰当地处理等，董事会、监事会以及监事委员会活动的有效性是判断组织全部监视活动是否发挥有效机能的重要因素。

⑤组织构造以及惯例

组织的构造是指适合组织的目的，在管理业务活动的基础上提供必要的信息流程，使组织目的达成，这对确保组织信息传达的有效性是很重要的。组织根据其规模和业务内容、提供的产品和服务的类型、市场的特点、地理分布、从业人员的构成等，经营者恰当地构筑适合组织的形态、权力以及责任、认识以及薪酬制度等是很重要的。

组织的惯例是各个组织内判断行动善恶的指南。例如，组织内存在问题形成难以指出的风气时，对控制活动、信息和传达、监视的有效性会产生很大的影响。组织的惯例，组织的历史、规模、业务内容、从业人员构成等组织内的条件，是与市场、供应商、股东、母公司、地域特点、产业固有规模等组织外部的条件相匹配形成的。为此改变多年形成的组织的惯例是比较困难的，如判断这些惯例对组织的存续、发展存在障碍时，经营者公开恰当的理念、计划、人事方针等是很重要的。

⑥权利和职责

权利是组织活动所赋予的权利，职责是执行活动的责任和义务。规定适合事业活动的目的和职责，配置恰当的人员，对达成内部控制非常重要。

⑦对人力资源的方针和管理

人力资源指的是经营资源中的人。对人力资源的方针，作为经营上的方针的一部分进行设置，有雇佣、晋升、工资、研修等人事相关的方针。为达成组织的目的，充分发挥组织的人力资源是非常重要的，为此制定恰当的人力资源方针也是至关重要的。

（2）风险评价和应对

> 风险评价是指关于达成组织目标的影响事项，识别、分析、评价阻碍达成组织目标要因的程序。

所谓风险是指阻碍达成组织目标的障碍。具体为天灾、盗窃、市场竞争的激化、交替和资源市场的变动影响组织的外部因素和信息系统故障、不匹配、会计处理的错误和发生不规范的行为，个人信息以及重要的经营判断相关的信息丢失和泄漏等组织中的内部因素等。此处的风险，是对组织的影响，即仅指带来损失的风险，对组织的正面影响即带来利益的可能性，是不属于风险的。

风险评价和应对实务，根据每个组织所处的环境和义务的特性不同，不能一概而论。风险评价的流程如下：

风险识别→风险分类→风险分析→风险评价→风险应对

A. 风险识别

风险评价应对的业务程序中，首先需要恰当地识别风险。为此，把握可能影响到达成组织目标的事项，确认其中有何种风险。从全公司水平到业务程序水平，风险在各个阶段都存在，在各阶段都应恰当地识别风险。

B. 风险分类

为了恰当分析和评价风险，将识别的风险区分为全公司的风险和业务程序的风险，以往的风险和新的风险等都是非常重要的。

a. 全公司的风险和业务程序的风险

全公司的风险是指阻碍达成组织全体目标的风险。

全公司的风险，例如财务状况、经营业绩以及现金流状况的异常变动，依靠特定的交易、产品、技术、特有的法律规则、交易惯例、经营方针，发生重要的诉讼事件，依靠经营者个人等。财务报告的信赖性，例如为恰当的会计估计和预测，全公司风险的恰当对策也是重要因素。

业务程序风险，是阻碍达成组织的各业务程序目标的风险。

业务程序风险，通常是与业务中构成控制活动等对应的事项。全公司的风险是与制定明确的经营方针和经营战略、强化董事会以及监事会和监事委员会的机能，强化内部控制审计部门等的监视作用，以组织全体为对象建立、运用内部控制是必要的。

b. 以往存在的风险和新的风险

风险分为以往存在的风险和新的风险。对于以往存在的风险，可以判断风险的影响，但新的风险由于不确定会产生怎样的影响，故对于其影响，必须进行慎重的检查。还有即使以往存在的风险，随着时间的变化、状况的变化，其影响程度可能也会变化，要予以关注。

C. 风险分析和判断

通过上述的识别、分类风险，对风险发生的可能性以及风险带来的影响大小进行分析，可估计该风险的重要程度。基于此，参照估计风险的重要程度，构筑对策评价风险。

组织并不是识别、分类所有风险的对策，而是要对重要的风险构筑对策。

D. 风险应对

> 所谓的风险应对，是对风险进行评价，对于该风险选择恰当的对策。
>
> 选择风险对策时，对于评价的风险，将其回避、降低、转移或承受等，选择恰当的对策。

（应对风险的种类）

对风险的对策，有风险的回避、降低、转移或承受以及混合等。

a. 风险回避是指将风险的原因互抵或终止风险。风险发生的可能性非常大和影响非常大，或管理比较困难时，选择风险回避。

b. 风险减低是指为减低风险发生的可能性和影响，制定新的内部控制寻找对策。

c. 风险转移是指将风险的一部分或全部转移到组织的外部，降低风险的影响。例如加入保险、套利保值交易等。

d. 风险承受是指对于风险发生的可能性和影响不采取对策，即接受风险。承受风险之前对相关的费用，在判断提高效果时，或判断风险明显化以后是可以应对的情况下，如在可承受的风险水平以下，组织可以接受风险。

（3）控制活动

> 所谓控制活动，是指为确保经营者的命令以及指示恰当地执行而规定的方针和程序。
>
> 控制活动，包括权限以及职责的赋予、职务的分配等广泛的方针以及程序。这样的方针以及程序，组合业务程序，通过组织内的所有人员执行来发挥机能。

经营者方面，为减低发生不合规或错误等的行为风险，明确各责任人员的权限以及职责，建立各责任人员在其权限以及职责内执行的体制是很重要的。例如，交易的批准、交易的记录、资产管理相关的职责由各自人员负责，各自的责任人员之间达到恰当的牵制。

恰当的职能分工，通过将业务分给专属特定的人员，可以克服组织持续的对策困难等问题。还有，权限以及职责的分担和职务分配的明确化规定，使内部控制可视化，可以抑制不规范和错误的发生。

①风险评价和对策的结合

风险评价和对策，对某风险构筑了对策后，风险即业务程序风险的对策，主要为业务中组合的控制活动。在此，风险评价、应对和控制活动方面对风险的对策把握是否恰当，根据需要改善控制活动的计划也是很重要的。

②控制活动的方针和程序

控制活动的方针要全公司统一标准、统一规定才恰当，例如，全公司业务规程等建立的同时，根据组织内各部门或活动单位确定的事项是恰当的，由于考虑建立每个业务程序等。

还有，为执行此控制活动的方针，基于每个业务，根据需要设定批准、检查、记录等的恰当的程序。

（4）信息和传达

> 信息和传达是识别必要的信息，把握以及处理必要的信息，确保组织内外以及相关人员相互正确地传达。组织内，所有的人员掌握各自职务必要的信息，这些信息必须适时且恰当地识别、把握、处理以及传达。还有，不仅仅是传达必要的信息，将其正确地理解，将信息在必要的组织成员间共享也是很重要的。

①信息的识别、把握以及处理

组织将识别的信息中真实且公正的信息特别处理（识别），该信息对于组织是必要的情况下，将其纳入信息系统（把握）。信息系统，无论是手工作业还是机械化作业，均可称之为信息的处理以及传达，信息系统处理的信息，可根据目的进行分类、整理、选择、演算等。

②信息的传达

在组织中，建立将识别、把握、处理的信息传达给组织内或组织外的框架是很重要的。组织内，例如经营者的方针需要适时且恰当地传达给组织内所有人员。还有，发生不合规或是错误等相关的信息等内部控制的重要信息，建立向经营者以及组织内的恰当管理者传达的框架是很重要的。

一方面，信息向组织外恰当地传达或报告是必要的，例如向股东、监督机关、其他外部相关人员进行报告或公开等，必须提供恰当的信息。另一方面，不合规或错误等重要信息，通过供应商等相关人员，从组织外部传达进来，不仅仅要建立将信息向组织外传达或是报告的框架，为取得组织外的信息，建立向内传达的框架也是很重要的。

③内部通报制度等

组织中，通常没有传达路线，但存在组织信息和传达以及监视的框架统一制定为内部通报制度的情况。内部通报制度是以法令的遵守为主，组织的所有成员到经营者、董事会、监事会以及监事委员会，根据情况直接向律师等外部窗口传达信息。引入内部通告制度时，经营者为发挥内部通报制度的有效机能，保护通报者建立的框架，同时为采取必要的改正措施而建立方针以及程序是必要的。

还有，在组织外的人员提供内部控制相关信息的情况下，应规定这样的信息传递时采取何种对策。

④其他基本要素和关系

在信息和传达中，内部控制的其他基本要素是相互作用着发挥内部控制有效运用的机能。

例如，控制环境中制定新的经营方针时，其内容传达给组织的恰当人员，通过正确的理解其内容，适时采取风险的评价和应对，适时恰当地控制活动。

一方面，控制活动和监视方面，发现内部控制的不健全的重要信息时，通过将相关信息传达给恰当的管理者，根据需要，控制环境包括变更全公司的计划、方针等。

另一方面，为确保组织内部控制的有效性，组织信息系统被恰当地构建，确保高质量的信息和恰当的传达路线是很重要的。

（5）监督

> 监督是指持续评价内部控制有效发挥机能的程序。通过监督，评价以及改正内部控制。监督有业务组合进行的日常监督和业务独立的监督实施的独立评价，也存在将两者分别或是组合实施的情况。

①日常的监督

日常的监督，通常是实施业务组合的一连串的程序，持续地评价和检查内部控制的有效性，包括业务活动执行部门内实施的内部控制自行检查、自行评价的监视。

例如，财务报告相关的应收账款的管理，对于重要的应收账款，定期或随时监视恰当的管理者对担当人员进行的余额确认实施过程和发现差异的分析、修正业务。该程序对确保财务报告的正确性和资产的存在性是有效的，在不一致的事项被批准的情况下，不仅是修正，销售程序发现的问题也得以改善。

②独立的评价

为防止日常的监督不能发现经营上的问题，从其他的试点定期进行随时或定期的独立评价。

A. 经营者的独立评价

经营者作为组织内的代表，有建立和运用内部控制的最终责任，从这个角度实施独立的评价。但是，经营者直接实施的活动是存在限制的。为此，通常对内部审计部门进行恰当的指示，通过监视结果执行独立的评价。

B. 董事会进行的独立评价

董事会决定内部控制的建议以及运用的基本方针。还有，董事会负有监督董事执行职务的职责。

为发挥此机能，董事会有监视经营者是否基于董事会的决定建立、运用内部控制的责任。

C. 监事会或监事委员会进行的独立评价

监事会或监事委员会监视董事会等执行的职务。

监事会或监事委员会为实施有效的监视，可使用辅助人员的调查。此时，监事会或监事委员会对于确保辅助人员独立调查调查对象的业务活动、董事会等是很重要的。

D. 内部审计部门进行的独立评价

内部审计一般是经营者设置直属内部审计人员，独立于业务活动的执行，调查内部控制的建立以及运用的状况，报告改善事项。

③对于内部控制问题的报告

通过监视识别的内部控制的缺陷，根据其内容，需要向恰当的管理者进行及时的报告，为此规定方针以及程序是很重要的。

日常的监视识别的问题，通常由实施监视的部门分析对策，同时归纳问题和对策，向上级管理者报告。必要时，向经营者、董事会、监事会以及监事委员会报告。

关于在独立评价中识别的问题，对于内部控制的审计人员进行的事项，确保向经营者适时的报告框架是很重要的，必要时，向董事会、监事会以及监事委员会报告。董事会、监事会以及监事委员会独立进行评价结果，在董事会上进行报告，经营者谋求恰当的对策也很重要。

经营者对于报告的问题，将其风险分类、分析、评价，采取恰当的对策。

内部控制缺乏相关的信息，在很大的范围内预示着内部控制存在缺陷。为此，经营者接到的特定交易或事项相关的缺陷，必要时，可在更为广泛的范围内进行调查指示。

（6）IT 对策

> IT 对策，是指为达成组织的目标预先制定的方针和程序，基于此，在实施业务的过程中，要组织内外恰当的 IT 对策。
>
> IT 对策，并不是独立于内部控制的其他基本要素的，组织的业务内容很大程度上依赖于 IT 或组织信息系统高度渗入了 IT，为达成内部控制的目的不可或缺的要素是内部控制有效性相关的判断标准。
>
> IT 对策是由 IT 环境的对策和使用以及控制组成的。

基于环境的飞速发展、IT 组织深入渗透的现状，本基准中的"Ⅰ.内部控制的基本框架"，将"IT 对策"加入基本要素。组织业务内容高度依赖于 IT，组织信息系统高度渗入了 IT 等，很多组织脱离 IT 是无法存续的。将 IT 对策加入到基本要素中，在目前组织深入渗透的现状下，在实施业务的过程中，组织内外的 IT 对策对于达成内部控制的目的是不可或缺的，因此要求组织中引入新的 IT 系统，更新目前的 IT 系统。

①IT 环境的对策

> 所谓 IT 环境，是指组织活动上必然相关的内外 IT 使用状况，公司以及市场上 IT 的渗透度、组织进行的交易中 IT 的使用状况，以及组织选择的一连串信息系统的状况等。

组织需要恰当地理解组织的 IT 环境，基于此，要恰当地采取 IT 使用以及控制所必需的对策。每个组织根据所处的 IT 环境，必须考虑组织的事项如下：

A. 公司以及市场中 IT 的渗透度。

B. 组织进行的交易中 IT 的使用状况。

C. 组织选择依赖的一连串信息系统状况（是否依赖信息系统、依赖的情况下依赖何种信息系统等）。

D. 使用 IT 信息系统的稳定程度。

E. IT 相关外部委托状况。

②IT 的使用以及控制

> IT 的使用以及控制，是指组织内，为确保内部控制其他基本要素的有效性，高效地使用 IT，以及组织内业务体系内各种形态下使用 IT，为达成组织内的目标，预先制定方针和程序，使内部控制的其他基本要素充分发挥机能。

（IT 的使用）

IT 中提高信息处理的有效性、效率性等，将其利用到内部控制中，可有效地发挥内部控制的机能。

A. 为确保控制环境的有效性使用 IT

控制环境的 IT 相关事项如下：

a. 经营者对 IT 的关心和考虑。

b. IT 相关的战略、计划、预算等的制定以及体制的建立。

c. 组织成员的 IT 相关基本知识和活用的能力。

d. IT 相关的教育、研修方针。

还有，IT 的使用在控制环境的建立以及运用上是很重要的。例如，利用 IT 的电子邮件，可以适时向恰当的人员传达经营者的意向、组织的基本方针、决定事项等，有利于控制环境的建立以及运用。

但是，IT 的使用，例如经营者、组织的重要成员通过使用电子邮件，很容易引起共谋等，为了防止此类事件发生，注意恰当的控制活动是必要的。

B. 为确保风险评价和对策有效性使用 IT

作为认识组织内外事项的手段和共有风险信息手段，通过使用 IT，使风险评价和对策有效地发挥机能。例如，销售管理部门和财务部门，适时把握发生和回收销售债权，对于回收延迟的销售债权，利用 IT 构筑其他途径的管理框架，可进行恰当的高效债权管理。

还有，使用 IT 在组织内部把握风险信息的共有状况，基于此分析风险是否在恰当的人员之间共有，基于其结果，修改风险信息的共有范围等以建立内部控制。

C. 为确保控制活动的有效性使用 IT

通过将使用 IT 的控制活动进行恰当的设计，纳入业务程序，可实现控制活动的自动化。例如，开发恰当的生产管理系统，将其纳入存货的验证过程中，制造部门依据制造指示图的数据，通过输入在库原材料的出库数量或输入仓库每日的原材料实际在库数量纳入业务程序，把握临时账簿的在库和实际在库的差异，对于发现问题起到很大的作用。

控制活动自动化，与通过手工作业进行的控制活动相比，可以迅速地处理信息之外，还可以防止因人的不注意引起的错误，结果在内部控制评价和审计的阶段实施程序就很容易。在控制活动自动化过程中错误的改动和不规范的使用等情况下，难以适时发现困难，只有精通的人员才能采取对策，注意需要采取恰当的存取管理等的措施。

D. 为确保信息和传达的有效性使用 IT

通过使用 IT，可将组织内部信息传达的手段有效地引入业务程序。使用 IT 信息系统，特别是使用网络的情况下，例如必要的批准和完成作业在一定的期间没有实施，将其情况传达给责任人员的上级等，将业务管理必要的信息的传达引入业务程序中。

主页上通过 IT 揭示讯息等，可以向组织外适时报告，同时使用 IT，可从外部收集对本公司产品的评价等。但是，使用 IT 向组织外部公开信息和收集信息时，特别应注意防范外部侵入不规范的信息。

E. 为确保监视的有效性使用 IT

与控制活动有效性相关的日常监视，将日常的业务活动纳入管理系统进行自动化的处理，可系统性地发挥机能。

其结果，因为在独立评价时可以低估风险，因此也可以降低独立评价的频率，或减少投入的人数。

一方面，使用 IT 技术的监督体制，需要预先制定监督体制指标设计程序，因此需要进行从系统设计阶段开始计划性的准备。如上，通过在内部控制中使用 IT 技术，可期待更有效且高效地构筑内部控制，另一方面，IT 技术高度介入的信息系统，与手工操作信息系统不同，使用后流程的大幅度修改比较困难。

另外，由于系统的型号不同，使用 IT 实施的流程、信息的变更等不会被适当地记录，这种情况下，事后的验证就很困难。

因此，在完备和运用内部控制时，需要充分了解使用了 IT 的信息情报系统的特性，预先进行计划性的准备，同时就合适的事后验证方法等进行研讨。

在内部控制中不使用 IT 技术，以手工操作来运用内部控制的情况下，例如，为防止手工操作带来的错误等而运用的内部控制，可能会产生其他途径构筑的需要，但是不能直接将内部控制取消，这点需要注意。

〔IT 的控制〕

所谓 IT 的控制是指采用 IT 技术的信息系统的相关控制，以自动化的控制为中心，常常包含由手工操作产生的控制。

A. 为达成组织目标的 IT 控制目标

管理层为使 IT 的控制有效而制定的目标，称为 IT 控制目标。IT 控制目标举例如下：

a. 有效性和效率性：为业务有效果、有效率地提供信息。

b. 依据性：符合与信息相关的法令、会计准则、公司内规则等。

c. 可信性：按照组织的意思、意图进行信息的批准，无遗漏地正确地记录信息（正当性、完整性、正确性）。

d. 可用性：需要信息的时候可以使用。

e. 机密性：对信息处理没有正当权限的人员不能使用。

确保财务报告的可信性而运用的 IT 的控制，为确保会计上的交易记录的适当性、完整性和正确性而被实施。

所谓适当性是指按照组织的意思、意图批准进行交易；完整性是指无遗漏、不重复记录的交易；正确性是指发生的交易被正确地记录在财务、科目分类等主要的数据项目中。

金融商品交易法的内部控制报告制度中，也指出 IT 的控制是为确保财务报告的可信性而建立的，不能为达成财务报告的可信性以外的其他目的而建立和运用，而是直接要求建立和运用 IT 的控制。

B. IT 控制的构筑

管理层为达成自行制定的 IT 控制目标而构筑 IT 控制。

针对 IT 的控制活动，分为全盘控制和业务处理控制，将两者作为一体发挥作用对于确保信息的完整与正确处理是很重要的。

a. IT 相关全盘控制是指，为保证业务处理控制有效发挥作用的环境而实施的业务处理控制的，一般是复数的业务处理控制的相关政策和程序。

IT 相关全盘控制举例如下：

• 系统开发、保养的相关管理。

• 系统运用、管理。

• 内外存取管理等系统安全的确保。

• 外部委托的相关合同的管理。

使用 IT 的信息系统具有一旦纳入适当的内部控制（业务处理控制），只要不试图修改就会持续发挥作用的性质，例如，在此之后的系统变更阶段如果未纳入必要的内部控制，对程序进行不正当的删改、存取等，全盘控制无法有效地发挥作用时，即使纳入适当的内部控制（业务处理控制），也可能无法保证其有效性。

为了应对这样的问题，例如：①在开发或变更系统时，就该程序的开发或变更对现有程序和匹配性的保护进行研讨，同时适当地保存开发、变更等过程的记录。②为防止程序的不正当使用、删改等，与对系统的存取管理相关，采取适当的对策。适当地建立全盘的控制活动是很重要的。

所谓的 IT 相关全盘控制一般是以支援管理业务的系统的 IT 基础设施为单位而构筑的。例如，用一个工作站集中管理购买、销售、流通三个业务管理系统，全部在同一个 IT 基础上运行，通过构筑对该 IT 基础有效的全盘控制，以期待提高与三个业务有关的信息的可信性。

同时，三个业务管理系统在不同的 IT 基础上运行的情况下，不同的 IT 基础的管理部门、运用方法等不同，每个 IT 基础需要分别构筑全盘控制。

b. IT 相关业务处理控制

所谓 IT 相关业务处理控制是指，在管理业务的系统中，为确保正确地处理、记录全部被批准的业务，而导入业务程序的 IT 相关内部控制。

IT 相关业务处理控制举例如下：

· 确保输入信息的完整性、正确性、正当性等的控制。

· 例外处理（错误）的修正与再处理。

· 主要数据的维持管理。

· 与系统使用相关的认证、操作范围的限定等存取管理的业务处理控制，也可以通过手工操作实施，但是纳入系统可以得到更有效率且更正确的处理。

3. 内部控制的界限

内部控制具有以下固有界限，虽然对于达成其目的来说不是绝对的，但是要有机地联结各基本要素成为一体发挥作用，在合理的范围内达成其目的。

（1）内部控制有时会因判断失误、疏忽、多位负责者的合谋而失去其作用。

（2）内部控制不一定能应对当初设想的组织内外的环境变化或非定型的交易等。

（3）在建立和运用内部控制时，要比较衡量费用与便利性。

（4）管理层有时会因不正当目的而凌驾于内部控制，如果无效则中止内部控制。

所谓内部控制的界限是指，即使是适当地建立、运用的内部控制，有时也会因内部控制本来就有的制约而不能有效地发挥作用，不是总能完全地达成内部控制的目的。

内部控制有时会因判断失误、疏忽、多位负责者的合谋而失去其作用。但是通过建立内部控制，可以在相当程度上降低因判断失误、疏忽而带来的风险，同时多位负责者也很难进行舞弊。

另外，内部控制不一定能应对当初未设想到的组织内外的环境变化或非定型的交易等。例如，对比较容易发生的当初没有想到的环境变化或非定型的交易的程序，重点配置有知识、有经验的人员等，的确可以通过建立内部控制，在相当程度上扩大对当初未设想的环境变化或非定型的交易进行应对的范围。

在组织的经营判断中，在建立和运用内部控制时，要比较衡量费用与便利性。组织在决定可否导入或维持某个内部控制程序时，比较研讨因此产生的费用和从谋求应对该程序带来的风险得到的便利。

更有甚者，管理层有时会因不正当目的而凌驾于内部控制，如果无效则中止内部控制。但是，管理层如果在组织内构筑了适当的全公司或者业务程序水平的相关内部控制，通过多位人员的参与，管理层要实行该行为就相当困难了，结果，可以期待这也给管理层自己的行动带来相应的抑制效果。

对于当初未设想的组织内外的环境变化或非定型的交易等，管理层在现有的内部控制的范围以外进行应对，根据现有的内部控制界限，由具有正当权限的人员通过经营上的判断采取别的手段，这些并不是无视或者废除内部控制。

4．与内部控制有关的人员的职务和责任

（1）管理层

> 管理层对于组织的全部活动负有最终的责任，作为其中的一环，具有根据董事会决定的基本政策建立和运用内部控制的职务和责任。
>
> 作为尽责任的手段，管理层通过公司内的组织进行内部控制的建立和运用（包括监督体制）。
>
> 和组织内的任何人相比，管理层对给控制环境的相关各主要原因及其他内部控制的基本要素带来影响的组织风气有更重大的影响力。
>
> （注）本基准中，管理层指的是，董事长、首席执行官等执行机构的代表人员。

管理层拥有代表组织（公司法第 349 条）执行业务的权限，同时接受董事会决定的基本政策，负有建立和运用组织内部控制的职责。

管理层作为公司的代表人提交有价证券，对披露文件的可信性负有最终责任。

根据金融商品交易法的内部控制报告制度，应在内部控制报告中记录提交公司代表人的职位姓名，管理层对建立和运用与财务报告有关的内部控制进行适当的评价、报告。

公司如果设置了最高财务负责人，与代表人一样要求有最高财务负责人的签名等。

（2）董事会

> 董事会决定建立和运用内部控制的相关基本政策。
>
> 董事会从监督管理层的业务执行，到管理层对内部控制的建立和运用均负有责任。
>
> 董事会是"全公司的内部控制"的重要部分，同时，也是"业务程序的相关内部控制"中的控制环境的一部分。

董事会是相关业务的组织、执行的决策部门，决定内部控制的基本政策。另外，董事会是与管理层的职务执行相关的监督机关，拥有选择和解除管理层的权限（公司法第 326 条、第 416 条、第 420 条）。

因此，董事会对于管理层建立和运用的内部控制也负有监督责任。

（3）审计员或审计委员会

> 审计员或审计委员会作为对董事和执行人员的职务执行进行审计的一环，站在独立的立场，对监视、验证内部控制的建立和运用情况负有责任。

审计员或审计委员会审查董事等的职务执行（公司法第 381 条第 1 项、第 404 条第 2 项第 1 号）。另外，审计员或审计委员会还要进行包括会计审计在内的业务审计。

审计员或审计委员会作为业务审计的一环，旨在确保财务报告可信性的体制，对内部控制是否适当的建立和运用进行监视。另外，根据会计法，审计员或审计委员会对审计师就财务报表实施审计的方法和结果的适当性进行评价。

本基准显示的内部控制审计中，审计师不研讨审计员进行业务审计的内部本身，但是在研讨与财务报告有关的内部控制的评价妥当性时，将包含审计员或审计委员会活动的经营水平中的内部控制的建立和运用状况，作为控制环境、监督体制等的一部分进行考虑。

（4）内部审计师

> 内部审计师为了更有效地达成内部控制的目的，作为内部控制的基本要素之一的监督体制的一环，研讨、评价内部控制的建立和运用状况，根据要求担当促进其改善的职务。
>
> （注）本基准中，内部审计师是指，不论在组织内的所属名称如何，担任研讨、评价内部控制的建立和运用状况，促进其改善的人和工作岗位。

内部审计师调查、研讨、评价内部控制的建立和运用状况，将其结果报告给组织内的适当人员。内部审计师多作为管理层的直属设置，在内部控制的独立性评价中担当重要职责。

内部审计师在进行其业务时，必须不受来自内部控制审计的对象组织内的其他工作岗位等的制约，能够维持客观性的状况。为此，关于内部审计师的身份等，管理层要确保其从内部审计对象业务和工作岗位中独立，内部审计对象对该业务和工作岗位不负有直接权限和责任。

另外，为提高内部审计的有效性，管理层要建立确保能够随时、适当地从内部审计师那收到报告的体制。

（5）组织内的其他人员

> 内部控制是由组织内所有人员执行的程序，组织内其他人员也在与自己的业务的关联中，为建立和运用有效的内部控制担当一定的职务。

内部控制是由组织内的所有人员执行的程序。上述（1）～（4）以外的组织内的其他人员也在日常业务中，例如，执行控制活动、组织内的信息和传达及日常的监督体制等的相关活动，在自己的权限和责任的范围内，对有效的内部控制的建立和运用，承担一定的任务和责任。组织内的其他人员，除正规员工以外，也包含在组织里担当一定职务执行业务的短期、临时雇用的员工。

5．与财务报告有关的内部控制的设立

（1）与财务报告有关的内部控制的设立要点

根据以上所示内部控制的基本结构，特别是关于与财务报告有关的具体的内部控制的构筑，列举以下重点。管理层确认以下列举的事项，如有任何不健全的情况，根据需要谋求改善。

A．在确保适当的财务报告的全公司的政策、程序的同时，适当地建立和运用公示

•表明关于适当的财务报告的意向等，设定为将其实现而制定的政策、原则等。

•发挥董事会和审计员或审计委员会的作用。

•构筑适当的组织构造。

B．对财务报告的重要事项中发生虚假记录的风险进行适当的评价和应对

•对有发生重要虚假记录的可能性的风险进行辨别、分析。

•降低风险的全公司的内部控制和与业务程序有关的内部控制的制定。

C．适当地建立和运用旨在降低财务报告的重要事项中发生虚假记录的风险的体制

•分担权限、职责，明确职务的分担。

•根据全公司的职务章程等需要，分别建立业务程序等。

•根据控制活动的实行情况，对控制活动进行相关必要改善。

D．识别、把握和处理真实且公正的信息，建立和运用适时向适当的人员传达的结构

•建立能够传达明确的意向、适当指示的体制。

•建立内部控制的相关重要信息能够适时、适当的传达的结构。

•建立能够从组织外部取得内部控制的相关重要信息的结构。

E．建立财务报告的相关监督体制，并适当地运用

•建立定时或随时对与财务报告有关的内部控制的有效性进行评价的体制。

•建立对内部、外部的通报进行适当应对的体制。

•为了适时、适当地报告根据监督体制掌握的内部控制上的问题（不健全）而建立的体制。

F．对与财务报告有关的内部控制的相关 IT 作出适当的应对

•对 IT 环境的适当理解且以此为基准有效且有效率地使用 IT。

•与 IT 有关的全盘控制和业务处理控制的建立。

（2）与财务报告有关的内部控制的构筑程序

各组织的内部控制的构筑程序是不同的，在内部控制的评价与报告之前，作为准备工作的一般程序如下所示：

①基本计划和政策的制定

内部控制的构筑，基于管理层的一贯政策来实施是很重要的。根据会计法的规定，内部控制的基本政策由董事会制定，管理层需要根据董事会的决定，为了在组织内的全公司水平和业务程序水平中实施与财务报告有关的内部控制，而制定基本计划和政策。

管理层应制定的基本计划和政策如下所示：
· 为实现适当的财务报告而应制定的内部控制的政策、原则、范围和水平。
· 在构筑内部控制时，管理层以下的负责人和全公司的管理体制。
· 内部控制的构筑所需要的程序及日程。
· 与内部控制的构筑有关的个别程序的相关人员和其编制以及事前的教育、训练的方法等。

②内部控制建立情况的把握

制定了内部控制的基本计划和政策之后，在组织内，把握内部控制的建立情况，记录、保存其结果。这项工作，在管理层和对内部控制的设立负有责任的人员的指示下，作为组织内的全公司性的研究进行实施比较有效。

关于与财务报告有关的全公司性的内部控制，根据现存的内部控制的相关章程、惯例和其遵守情况等，把握全公司性的内部控制的建立情况，并记录、保存。特别是如果有默许实施的公司内决定的事情等，将其明文规定很重要。

把握全公司性的内部控制的建立情况时，参照"Ⅱ.与财务报告有关内部控制的评价和报告"参考 1（与财务报告有关的全公司性的内部控制的相关评价项目的例子）刊登的项目会有作用。

另外，关于与财务报告有关的业务程序中的内部控制，关于重要业务程序，例如，以如下程序把握并记录、保存内部控制的建立情况。

A. 关于组织的各重要业务程序，交易的流程、会计处理的过程，按照需要活用并整理、理解图、表。

B. 辨别各业务程序发生虚假记录的风险，那些风险和财务报告或核算科目等的关联性，或者，已被识别出的风险被纳入业务中的内部控制，能否充分降低，根据需要活用图、表研讨。

关于上述 A、B 中的图、表，参考"Ⅱ.与财务报告有关内部控制的评价和报告"参考2（业务流程图（例），业务记述书（例））～参考3（风险和控制的应对（例））。

通过记录内部控制的建立情况，并将其可视化，使内部控制有效性的相关评价达到可实施的状态。

（注）作为业务程序识别的举例如下，因为组织不同则业务的形态不同，每个组织对于如何识别、整理业务程序进行判断也是很重要的。

业务程序详细分别之例

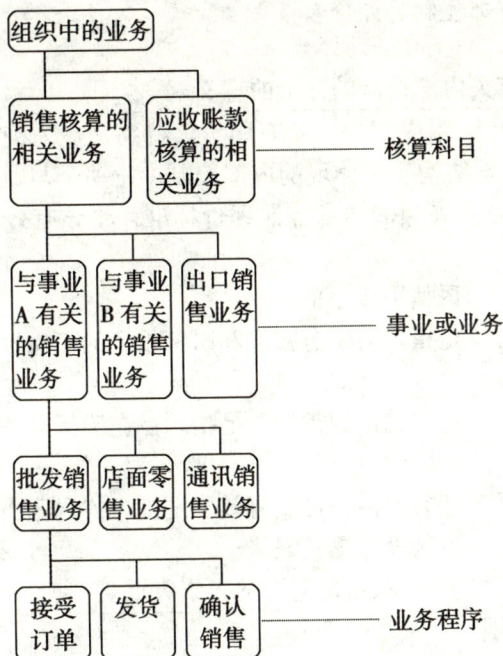

③应对和修正已掌握的不健全

应通过把握内部控制的建立情况，谋求适当地应对内部控制的不健全。管理层和对内部控制的设立负有责任的人，根据内部控制的基本计划和政策，制定修正不健全的措施。

关于全公司性的内部控制，例如，以"Ⅱ.与财务报告有关内部控制的评价和报告"参考 1（与财务报告有关的全公司性的内部控制的相关评价项目之例）刊登的项目，如有问题，进行必要的修正。

另外，与业务程序有关的内部控制，用以下程序修正。

A. 纳入业务的内部控制，如果不能充分降低发生虚假记录的风险，则应采取修正该内部控制的措施。

B. 如果按照 A 完成了交易的流程、会计处理的过程，那么根据需要更新②A和②B 的图、表。

基于金融商品交易法制定的内部控制报告制度，其目的是确保财务报告的可信性，防止与财务报告有关的内部控制的不健全，期待在内部控制报告之前做适当的应对和修正。管理层在实施内部控制报告之前，应改善自己公司的内部控制，使之有效。

Ⅱ.与财务报告有关内部控制的评价和报告

1. 与财务报告有关内部控制的评价的意义

管理层对建立和运用内部控制负有职责。特别是，为确保内部控制的可靠性，"内部控制的基本结构"中体现的内部控制中，关于与财务报告有关的内部控制，依据公认的公允妥当的内部控制评价标准，将该有效性的自我评价结果对外公布。

本基准中，以下用语使用以下的意思：

（1）"财务报告"是指，对财务报表和财务报表的可靠性有重要影响的披露事项的公告。

（2）"与财务报告有关的内部控制"是指，旨在确保财务报告的可靠性的内部控制。

（3）"与财务报告有关的内部控制有效"是指，依据适当的内部控制结构建立该内部控制，该内部控制没有重要缺陷。

（4）"重要缺陷"是指，很可能对财务报告有重要影响的不健全的内部控制。

①财务报告的范围

A."财务报表"是指，合并财务报表的用语、样式和编制方法的相关规定（昭和51年大藏省令第28号第1条）规定的合并财务报表和财务报表等的用语、样式和编制方法的相关规定（昭和38年大藏省令第59号第1条）规定的财务报表。

B."对财务报表的可靠性产生重要影响的披露事项等"是指，在有价证券报告等报告中的财务报表以外的披露事项中刊登的以下内容：

a. 对记录在财务报表中的金额、数值、注释进行归纳、摘录、分解或利用且应记录的披露事项（以下称为"采用财务报表的标示等的记录"）。

例如，有价证券报告的记录事项中，"企业的概况"的"主要经营指标等的推移"的项目，"事业状况"的"业绩等的概要"、"生产、接受订单和销售的情况"、"研究开发活动"和"财务状况与经营成果的分析"的项目，"设备状况"的项目，"提交公司的情况"的"股份等的情况"、"自己股份的取得等的情况"、"分配政策"和"公司监管的状况"的项目，"财务状况"的"主要资产和负债的内容"和"其他"的项目，"保证公司信息"的"保证对象的债券"的项目以及"指数等信息"的项目中，刊登采用财务报表数据等的记录。

管理层关于这一点的评价关注的是，是否建立和运用了使记录在财务报表中的内容能够被适当的归纳、摘录、分解或使用的体制。

b. 与对相关公司的判定、合并范围的决定、是否采用权益法、关联方的判定以外的财务报表的编制进行判断紧密相关的事项。

例如，刊登有价证券报告的记录事项中，"企业的概况"的"事业的内容"和"相关公司的情况"的项目,"提交公司的情况"的"大股东的情况"的项目中的相关公司、关联方、大股东等的记录事项。

管理层关于这一点的评价,是对这些事项对财务报表编制中的重要判断产生的影响的大小进行考虑。

②重要缺陷的判断准则

在本基准中,从对财务报告可靠性的影响程度的角度出发,体现重要缺陷的判断准则。重要缺陷的判断准则,根据企业所处的环境和事业特性等的不同而不同,不能一概而论,不过,基本上是通过财务报告整体发生虚假记录的可能性及其产生的影响的大小来判断。

因此,须注意以下所说的重要缺陷的判断准则是在判断不健全是否为重要缺陷时使用的,而不是在"Ⅱ.2.(2)②评价对象业务程序的识别"中,决定追加个别评价对象的业务程序时使用的准则。

A. 内部控制的不健全

内部控制的不健全,是由不存在内部控制或者制定了内部控制却不能充分达到内部控制的目的等建立上的不健全,以及在建立阶段没有如预想的一样运用内部控制或者运用上存在很多错误或者实施内部控制的人对控制内容、目的理解不正确等运用上的不健全而来。

内部控制的不健全单独或者复数组合,阻碍依据一般公认为是公允妥当的企业会计的基准和规定财务报告的法令,记录、处理及报告交易,其结果可能会成为重要缺陷。

B. 重要缺陷

内部控制的重要缺陷是指,内部控制的不健全,很可能导致超过一定金额的虚假记录,或者实质性的重要虚假记录。

管理层在判断内部控制的不健全是否为重要缺陷时,从金额和性质两方面进行研究。

与财务报告有关的内部控制的有效性的评价,原则上以合并基础进行,因此重要影响水平也作为原则对合并财务报表进行判断。

a. 金额的重要性的判断

金额的重要性,是通过合并总资产、合并主营业务收入、合并含税利润等的比例进行判断的。此比例不是统一使用的,而是根据企业的行业、规模、特性等以及公司的情况而使用的。

(注)例如,合并含税利润的比例大概是 5%,但是,最终需要注意与财务报表审计的金额的重要性相关。

b. 实质性的重要性的判断

实质性的重要性是通过上市废止基准与财务显示条款的相关记录事项等对投资判断的影响程度、关联方交易、大股东的情况的相关记录事项等对财务报告的可靠性的影响程度来判断。

2. 与财务报告有关内部控制的评价及其范围

（1）与财务报告有关的内部控制有效性的评价

> 关于从对财务报告可靠性的影响的重要性的角度出发所需要的范围，管理层需要进行与财务报告有关的内部控制有效性的评价。
>
> 另外，管理层应在评价之前，预先制定与财务报告有关的内部控制的建立和运用的政策及程序，记录其状况并保存。
>
> 与财务报告有关内部控制有效性的评价，原则上以合并基础进行（与企业集团全体有关，带给合并财务报告整体重要影响的内部控制，以下称为"全公司性的内部控制"）。
>
> （注）委托给外部的业务的内部控制包含在评价范围中。

①合并基础的评价范围

"与财务报告有关内部控制有效性的评价，原则上以合并基础进行"是指，将构成合并财务报表的有价证券报告提交公司和该公司的子公司以及关联公司，作为在进行与财务报告有关内部控制的评价范围的决定程序时的对象，应留意以下几点。

A. 合并对象的子公司等（包括组合等）包括在决定评价范围时的对象中。如果子公司上市，该子公司按照本基准编制内部控制报告，接受审计，母公司在对与该子公司的财务报告有关的内部控制的有效性进行评价时，可以使用与该子公司的财务报告有关的内部控制报告（包括在编制内部控制报告的过程中，来自该子公司的报告等）。

B. 适用权益法的关联公司包括在决定评价范围时的对象中。但是，如果该关联公司按照本基准，编制内部控制报告，接受审计，或者该关联公司是其他公司的子公司，该关联公司的母公司按照本基准，编制内部控制报告，接受审计，按照A所述处理。根据该关联公司中有无其他支配股东的存在，对该关联公司的投资股权和权益法损益的情况，职员（董事、审计职员等）的派遣和兼任情况等，虽然被认为不能进行与子公司同样的评价，但是那种情况下，需要以全公司性质的内部控制为中心，通过给该关联公司发送问卷，询问或审阅该关联公司编制的报告等适当的方法进行评价。

C. 驻外子公司也包含在决定评价范围时的对象中。但是，如果在所在地国有适当的内部控制报告制度，该驻外子公司可以适当采用该制度。另外，如果所在地国没有内部控制报告制度，从历史上、地理上的沿革等来看，可以使用日本以外的第三国的适当的内部控制报告制度，那种情况下，可以适当采用。

②委托业务的评价

A. 委托业务的评价范围

列举的委托业务，例如，企业将成为财务报表的编制基础的交易的批准、实行、核算、记录或披露事项的编制等业务委托给企业集团外部的专业公司的情况。

关于委托业务，委托人负有责任，与委托业务有关的内部控制也包含在评价范围中。委托业务构成企业的重要业务程序的一部分，对于提供该业务的外部受托公司的业务，管理层应评价其内部控制的有效性。

B. 与委托业务有关的内部控制评价

关于与委托业务有关的内部控制，管理层应把握该受托公司实施的内部控制的建立和运用情况，并进行适当的评价。此时，也可通过以下某个程序，对其内部控制的有效性进行评价。

a. 抽查验证

验证委托业务结果的报告书和基础资料的调整，并对委托业务的结果，在企业管理层进行部分项目的验证。

例如，工资计算业务，将委托给受托公司的工资数据的对象人数，与从受托公司得到的计算数据的件数，在企业进行比较，并随机抽出一部分，在企业实施验算。

b. 受托公司的评价结果的使用

关于与委托业务有关的内部控制的建立和运用情况，管理层从受托公司取得记录委托业务相关内部控制的评价结果的报告等，根据自行判断作为委托业务的评价代替手段。

此时，管理层应对该报告是否提供了充分的证据进行研讨。

（2）评价范围的决定

> 在进行内部控制有效性的评价时，管理层应考虑对财务报告的金额和实质性影响的重要性，对以下事项，合理地决定评价范围，并适当记录该内部控制的评价范围的相关决定方法和依据等。
> ①财务报表的显示和披露。
> ②构成企业活动的事业或业务。
> ③成为财务报告基础的交易或事项。
> ④主要业务程序。
> 关于这些事项，根据重要事业控制点的选定，以及财务报表的显示和披露，从金额和实质性影响的重要性的角度出发，对评价范围进行研讨。
> 根据研讨结果，对构成企业活动的事业或业务、成为财务报告基础的交易或事项，以及主要业务程序，整体研讨财务报告的金额和实质性影响的重要性，决定合理的评价范围。

管理层进行全公司性的内部控制评价，根据评价结果决定业务程序的评价范围。

而且，按照在以下的"与业务程序有关的评价范围的决定"中记述的程序，全公司性的内部控制不包含在决定评价范围的对象中，原则上，应留意以全公司性的观点就所有的事业地点进行评价。

但是，与对财务报告的重要性影响很小的事业地点相关的，考虑其重要性，可以不作为评价对象。

（与业务程序有关的评价范围的决定）

主要是在财务部门负责的结算、财务报告的相关业务程序中，以全公司性的观点进行评价比较适当，关于这一点，注意按照全公司性的内部控制，以全公司性的观点对所有的事业控制点进行评价。

（注）以全公司性的观点进行评价比较适当的结算、财务报告程序，包含以下的程序：

- 以总账编制财务报表的程序。
- 合并修正、合计资料和统一科目等为编制合并报表的会计分录及记录其内容的程序。
- 为财务报表的相关披露事项而执行的程序。

但是，与对财务报表的重要性影响很小的相关的事业控制点，考虑其重要性，可以不作为评价对象。

关于上述以外的业务程序，以以下程序决定评价范围：

①重要业务地点的选定

企业拥有多数事业地点的情况下，根据主营业务收入等的重要性决定作为评价对象的事业地点。例如，以总公司的各事业地点中主营业务收入等金额较高的据点进行合算，以达到合并基础的主营业务收入等的一定比例的事业地点作为评价对象。

（注 1）事业地点不一定是地理上的概念，根据企业的实际状态，有的以总公司、子公司、分公司、分店以外的事业部形态存在。

另外，作为选定事业地点的指标，基本上用的是主营业务收入，不过，根据企业所处的环境、事业的特性不同，有的会使用不同的指标或追加指标。

（注 2）关于如何考虑一定比例，由于企业不同，事业或业务的特性等也不同，要一概体现比较困难，但是，只要全公司性的内部控制评价良好，例如，合并基础的主营业务收入等的一定比例，大概 2/3，根据以下②的记述，适当进行对重要性影响大的个别业务程序的评价对象的追加。而且，不是合并基础的主营业务收入的一定比例，合并前未抵消内部交易的主营业务收入等的一定比例的方法。

（注 3）至于关联公司，合并基础的主营业务收入不包含关联公司的主营业务收入，不能将该关联公司的主营业务收入等就那样按一定比例算出，因此可以采取其他途径，考虑对各关联公司拥有的财务报表的影响的重要性，决定评价对象。

而且，如快到期末日之前的收购合并、灾害等，发生这种很难实施评价工作的事情的重要事业地点，可以从评价对象中去除，但是这种情况下，应注意在内部控制报告中记录评价范围的限制。

②识别成为评价对象的业务程序

A. 在用①选定的重要事业地点（使用权益法的关联公司除外）中，将达到与企业的营业目的有很大关联的核算科目（例如，一般的事业公司，原则上是主营业务收入、应收账款和存货）的业务程序，原则上，全部作为评价对象。

但是，与该重要事业地点进行的重要事业或业务的关联性不大、对财务报告的重要性的影响也很小的业务程序，可以不作为评价对象。这种情况下，应注意记录不作为评价对象的业务程序，及不作为评价对象的理由。

而且，除销售程序以外，库存管理程序、期末的盘点程序、采购程序、成本核算程序等，与存货的业务程序有关的，为了根据企业的特性等准确把握发生虚假记录的风险，需要对对象的评价范围作出适当的判断。

通常，成本核算程序将涉及期末库存的作为评价范围就足够了，因此，需注意不需要对成本核算程序的全过程实施评价。

B．关于以①选定的事业地点和那以外的事业地点，考虑对财务报表的影响，对重要性较大的业务程序，个别追加评价对象

此时应注意以下几点：

a. 进行风险大的交易的事业或业务的相关业务程序

例如，在容易与财务报告的重要事项的虚假记录有联系的事业上，有风险的事业或业务（例如，进行金融交易、金融衍生商品交易的事业或业务，存货价格变动很大的事业或业务等）、需要复杂会计处理的交易的事业或业务，存在以上事业或业务的情况下，该事业或业务的相关业务程序包含在评价对象里，进行追加研讨。

b. 伴随着估计和管理层的预测的重要核算科目的相关业务程序

例如，准备和固定资产的减值损失、递延所得税资产（负债）等的估计、管理层所作的预测，用于与之伴随的重要核算科目的相关业务程序，最终对财务报告的影响可能会变大，应研究追加纳入评价对象。

c. 非定型、不规则的交易等，发生虚假记录的风险比较高，应特别留意业务程序

例如，从与一般的合同条件和结算方法不同的交易、集中在期末的交易，和上一年度的趋势对比来看，突出的交易等为非定型、不规则的交易，进行这些交易发生虚假记录的风险较高，应特别留意业务程序，研讨追加为评价对象。

d. 在因上述其他理由追加为评价对象的情况下，考虑影响财务报表的重要性，如果不是事业或业务全体，仅将特定交易或事项（或者，其中的特定的主要业务程序）作为评价对象就足够了，那么只将该部分纳入评价对象就可以了。

〔与审计人员的协议〕

审计人员就评价范围的适当性进行研讨的结果，如果判定管理层决定的评价范围不适当，这种情况下，管理层需要就新评价范围进行重新评价，该程序的实施，可能会因为时间的限制等变得比较困难。因此，管理层决定评价范围后，最好根据需要，就决定该范围的方法和依据等，和审计师进行协商。

3. 与财务报告有关的内部控制的评价方法

（1）管理层实施的内部控制评价

> 管理层作为建立和运用有效的内部控制的负责人，对与财务报告有关的内部控制进行评价。管理层在评价内部控制时，对给纳入合并基础的财务报告有重大影响的内部控制进行评价之后，应根据该结果，对纳入业务程序的整体运用的内部控制（以下，简称"业务程序有关的内部控制"）进行整体评价。
>
> 而且，管理层实施的内部控制评价是以期末日为评价时点进行的。

①内部控制的评价体制

管理层实施的评价是指，管理层自行进行企业内部控制评价，发表评价结果。管理层对内部控制评价负有最终责任，并对评价的计划、实施、评价结果负有责任。

但是，由管理层实施所有的评价工作是很困难的，除对在管理层的指挥下协助管理层进行评价的负责人进行指定外，一般是在管理层的指挥下设置评价的岗位、机构，例如，在不对自己的业务进行评价的范围内，采用财务部、内部审计部等现有的岗位。

辅助管理层实施评价的岗位和机关以及其要员，应从成为评价对象的业务中独立出来，保持客观性。另外，应具有评价所需的能力，即精通内部控制的建立和其评价工作，充分理解评价方法和程序，并具有适当的判断力。

执行日常工作的人或执行工作的岗位自身实施的内部控制的自我检查，不能认定为独立的评价，这样做对改善内部控制的建立和运用情况比较有效，使独立评价有效地发挥作用。通过对自我检查的结果适当地实施独立的监督体制，作为内部控制评价的判断基础使用自我检查。

②利用专家的业务

管理层可以利用公司外的专家，实施与财务报告有关的内部控制的评价工作的一部分。

关于是否将专家实施工作的结果作为评价的证据来使用，管理层需要在自己的责任范围内进行判断，管理层对评价结果负有最终责任。因此，需留意以下事项：

A. 专家不仅要具有单纯的业务的专业知识，还应具有达成管理层关于内部控制评价的委托内容所需的知识和经验。

B. 将业务委托给专家时，应明确评价程序的具体内容、评价时间、评价范围、样品数量等基本要件。

C. 为了明确评价程序、业务内容，应明确专家向管理层提交的报告中须加入的事项。

D. 定期验证专家实施的业务的推进情况。

E. 确认专家实施的业务结果是否满足委托的基本内容。

（2）全公司性的内部控制评价

> 管理层对全公司性的内部控制的建立和运用情况以及该情况对与业务程序有关的内部控制的影响程度进行评价。此时，管理层在对组织内外发生的风险等进行充分评价的同时，充分研讨对财务报告全体有重要影响的事项。例如，全公司性的会计政策和财务政策、组织的构筑和运用等的相关经营判断、经营战略中的决策程序等。

①全公司性的内部控制

全公司性的内部控制对企业全体有很广泛的影响，是以企业全体作为对象的内部控制，基本上就是将企业集团全体作为对象的内部控制。但是，企业集团内的子公司、事业部等具有独特的历史、习惯、组织结构等，将以该子公司、事业部为对象的内部控制以其他途径作为评价对象比较适当，这种情况下，也有对仅以各个子公司、事业部为对象的全公司性的内部控制进行评价的。这种情况，关于以哪个子公司、事业部为单位，对内部控制进行识别，实施评价，管理层应考虑对财务报告影响的重要性而进行适当的判断。

〔全公司性的内部控制的评价项目〕

全公司性的内部控制的形态由于企业所处的环境、事业的特性等而多种多样，应建立和运用每个企业适合的内部控制各基本要素，如参考 1"与财务报告有关的全公司性的内部控制的相关评价项目之例"的评价项目。但是，也有不像参考 1 那样的情况，即使是如参考 1 的例子那样，也可以适当地加以修正。

②全公司性的内部控制的评价方法

评价全公司性的内部控制时，准确地、完整地理解和分析成为评价对象的内部控制后，按照需要实施对相关人员的询问、记录和验证等程序。

③全公司性的内部控制和与业务程序有关的内部控制

管理层根据全公司性的内部控制的评价结果，评价与业务程序有关的内部控制，全公司性的内部控制和与业务程序有关的内部控制相互影响，处于补充关系。管理层适当考虑两者的平衡后，进行内部控制的评价。

〔企业的业务性质等产生的平衡差异〕

根据企业进行的业务性质等的不同，全公司性的内部控制和与业务程序有关的内部控制中，哪一个为重点是不同的。例如，组织结构相对简单的情况下，有时全公司性的内部控制的重要性会变高。

在依据公司内的章程、政策、程序运营的业务比例较高的企业中，与业务程序有关的内部控制相对比较重要。例如，在多店铺展开的店铺销售业务中，需要将业务程序定型化，编制与销售章程、先进处理章程、员工教育章程、例外事项应对章程等多个业务程序有关的内部控制辅导。

管理层根据全公司性的内部控制的评价结果，决定与业务程序有关的内部控制的评价范围。例如，全公司性的内部控制的评价结果无效的情况下，关于受该内部控制影响的业务程序的相关内部控制的评价，需要采取扩大评价范围、追加评价程序的措施。全公司性的内部控制评价结果有效的情况下，在对与业务程序有关的内部控制进行评价时，采取缩小抽样调查的范围等简单的评价程序，或者考虑重要性等，对评价范围的一部分，在一定的复数会计期间作为评价对象。

而且，例如，上述①中记录的，鉴于企业集团内的子公司、事业部等的特性等，考虑其重要性，进行仅以各个子公司、事业部等为对象的全公司性的内部控制评价，在这种情况下，根据其评价结果，对于该子公司、事业部等的相关业务程序，可以对评价的范围、方法等进行调整。

（3）与业务程序有关的内部控制的评价

> 管理层根据全公司性的内部控制评价结果，分析在成为评价对象的内部控制的范围内的业务程序，选定带给财务报告的可靠性重要影响的控制上的要点，关于该控制上的要点，对内部控制的基本要素是否正在发挥作用进行评价。

管理层根据全公司性的内部控制评价结果，能把对成为评价对象的业务程序进行分析后带给财务报告的可靠性重要影响的内部控制，确认为控制上的要点。其次，对成为控制要点的内部控制是否充分降低发生虚假记录的风险进行评价。管理层通过对各个控制要点的建立和运用情况进行评价，作为与该业务程序有关的内部控制的有效性的相关评价基础。

①把握和整理成为评价对象的业务程序

包括成为评价对象的业务程序中的交易的开始、批准、记录、处理、报告，从交易的发生开始理解合计、记账的会计处理过程。对已掌握的业务程序概要，根据需要使用图、表理解和记录比较有用。

（注）作为图、表之例，刊登参考2（业务流程图（例）、业务记述书（例））。但是，这是根据需要编制的，作为参考刊登的，另外，企业如果有通过其他途径编制的，根据需要进行补充就可以了，并不一定要按这个样式。

②业务程序中发生虚假记录的风险与降低风险的控制的识别

A. 管理层对成为评价对象的业务程序，根据舞弊或错误，识别发生虚假记录的风险

在识别此风险时，在该舞弊或错误发生的情况下，认别编制所谓的存在性、完整性、权利和义务的归属、计价的准确性、期间分配的适当性、披露的恰当性的适当的财务信息所需的必要条件，理解哪个必要条件产生的影响是重要的。

a. 存在性——资产和负债实际存在，交易和会计事项实际发生了。

b. 完整性——应核算的资产、负债、交易和会计事项全部记录了。

c. 权利和义务的归属——核算的资产的权利和负债的义务归属于企业。

d. 计价的准确性——资产和负债以适当的数额核算。

e. 期间分配的适当性——交易、会计事项以适当的金额记录，收入和费用分配在适当的期间。

f. 披露的恰当性——交易、会计事项被恰当地披露。

B. 对降低发生虚假记录的风险所需的控制点进行识别

管理层应对降低发生虚假记录风险的内部控制进行识别。此时，特别是将交易的开始、批准、记录、处理、报告的相关内部控制作为对象，确保为达到编制所谓的存在性、完整性、权利和义务的归属、计价的准确性、期间分配的适当性、披露的恰当性的适当的财务信息所需的必要条件，需要什么样的内部控制，从这一角度进行识别。

关于与各个重要核算科目有关的各个控制上的要点，内部控制适当地发挥作用，是否对具备所谓的存在性、完整性、权利和义务的归属、计价的准确性、期间分配的适当性、披露的恰当性等必要条件提供了合理的保证，管理层通过对这一点进行判断，对与财务报告有关的内部控制的基本要素是否有效地发挥作用进行判断。

而且，对与业务程序有关的内部控制的建立和运用情况的评价，根据需要，采用图、表，并整理、记录是比较有用的。

（注）作为图、表的例子，刊登参考（风险与控制的应对（例））。但是，这是根据需要编制的，作为参考刊登的，另外，企业如果有通过其他途径编制的，根据

需要进行补充就可以了，并不一定要按这个样式。

③与业务程序有关的内部控制的建立情况有效性的评价

关于是否建立了通过上述②识别出的各个重要核算科目的相关各个控制点，是否能对所谓的存在性、完整性、权利和义务的归属、计价的准确性、期间分配的适当性、披露的恰当性等必要条件提供合理的保证，管理层通过阅览相关文件和对员工等进行询问、观察等进行判断。这时，如果内部控制按照章程、政策被运用了，就能充分降低财务报告的重要事项发生虚假记录的风险，从而判断该内部控制建立情况的有效性。

这时，注意以下事项：

· 内部控制是否适当地实施，以便能够防止或者及时发现舞弊或错误。
· 是否导入了适当的职务分离。
· 是否适当地传达、分析、使用内部控制的相关信息。
· 是否制定了及时应付由内部控制发现的舞弊或错误的程序。

④与业务程序有关的内部控制的运用情况的有效性评价

A. 运用情况的评价内容

管理层为了判断是否适当地运用了与业务程序有关的内部控制，而实施与业务程序有关的内部控制的运用情况的评价。

管理层通过相关文件的阅览、对与该内部控制有关的适当的负责人员的询问、业务的观察、内部控制实施记录的验证、对各现场的内部控制的相关运用情况的自我检查情况进行研讨等，确认与业务程序有关的内部控制的运用情况。

B. 运用情况评价的实施方法

在实施运用情况的评价时，原则上，管理层通过抽样检查取得充分且恰当的证据。如果全公司性的内部控制的评价结果良好，或者关于业务程序的内部控制，判断在企业内部的多个事业地点广泛导入基于同一政策的标准程序，那么就可以缩小抽样检查的范围。

例如，在经营多个营业网点、店铺的情况下，按照统一的章程实施业务；决定业务意思所需的信息和传达良好；实施监督体制内部控制统一性的内部审计等，判断全公司性的内部控制运用良好的情况下，可以不对所有的营业网点实施运用情况评价，而是按照各个事业地点的特性分为几个组合，对各组合的一部分营业网点实施运用状况评价，根据其结果，推断、评价整个内部控制的运用情况。

关于成为评价对象的营业网点等，注意制订计划的时候，在一定期间内将所有的营业网点巡视一周，就导入的随机抽样的方法等，有效地选定方法进行研讨。

C. 运用情况的评价实施时期

判断截止到评价时点（期末日）的内部控制的有效性，需要在适当的时间对运用状况实施评价。

如果在中期对运用情况实施评价，截止日，如果存在内部控制的重要变更，应研讨实施以下的追加程序。而且，对变更后于期末日不存在的内部控制，不需要评价。

a. 把握、整理重要的变更内容。

b. 伴随着变更的业务程序，发生虚假记录的风险，与对包括识别降低风险的控制在内的变更后的内部控制的建立情况有效性的评价。

c. 变更后的内部控制的运用情况有效性的评价。

关于与结算、财务报告程序有关的内部控制运用情况的评价，当期，为确保适当的结算、财务报告程序，如果暂时不健全，应于早期进行修正，另外，与财务报表审计中的内部控制的评价程序重复的部分较多，因此，截止到期末日，如有与内部控制有关的重要变更，以实施适当的追加程序为前提，以以前年度的运用情况为基础，早期实施会有效率且有效果。

D. 与评价的实施方法的决定有关的注意事项

在决定运行情况评价的实施方法（抽样件数、样品的对象期间等）时，应考虑如下事项：

a. 内部控制的情态、特征等

管理层需要考虑内部控制的重要性、复杂程度、负责人所作判断的性质、内部控制实施者的能力、以前年度的评价结果、此后的变更情况等，决定运行情况评价的实施方法（抽样件数、样品的对象期间等）。

另外，使用 IT 的内部控制为了反复继续一贯地处理，评价其建立情况为有效的情况下，以与 IT 有关的全盘控制的有效性为前提，通过人工内部控制，例如减少抽样件数，缩短样本的对象期间等，通常可以减少运行状况的评价工作。

b. 结算、财务报告程序

如上述 2（2）所记录，与结算、财务报告有关的业务程序中，被认为用全公司的观点进行评价比较恰当，基于全公司的内部控制，用全公司的观点进行评价，但是关于其他的结算、财务报告程序，将其自身作为固有的业务程序进行评价。

此时，与结算、财务报告程序有关的内部控制，对财务报告的可靠性是非常重要的业务程序，其实施频率比日常交易的相关业务程序低，因此能够评价的实例数量较少。所以，对于与结算、财务报告有关的内部控制，一般需要比其他内部控制更谨慎地进行运行情况评价。

⑤使用 IT 的内部控制的评价

A. 使用 IT 的内部控制的评价

如果信息系统使用 IT，通常信息是用各种业务系统进行处理、编制，会计系统反映其信息。所以，管理层需要对为确保根据这样的业务系统、会计系统编制的财务信息的可靠性而建立的内部控制进行评价。此内部控制中，有纳入计算机程序自动化的内部控制，有人工与计算机处理一体发挥作用的内部控制。

另外，IT 的控制分为全盘控制和业务处理控制，管理层需要对这两者进行评价。

B. 评价范围的决定

a. 业务程序与系统的范围

与财务报告有关的 IT 的评价中，首先，需要明确与财务报告有关的内部控制的相关系统的对象范围。在从业务程序中交易的发生，到合计、记账的会计处理过程中，确认财务报表的重要核算科目与什么样的业务程序和系统有关，对系统的作用概要、哪个职务在使用等进行整理。

此时，加入从各业务程序中使用的业务程序中交易的发生，到合计、记账的会计处理过程的整理，系统间的数据流程等，按照需要，活用图、表，并把握、整理，另外，编制各业务程序使用的系统一览是比较有用的。

（注）在前述参考2（业务流程图（例））中，在右列设置系统的相关流程栏，可以记录这一点。

b. IT 基础的把握

加入对各业务程序中的系统的把握，以把握对其进行支持的 IT 基础概要。例如，把握如下项目：

- 与 IT 有关的组织的构成。
- 与 IT 有关的章程、程序书等。
- 硬件的构成。
- 基本软件的构成。
- 网络的构成。
- 外部委托的情况。

C. 评价单位的识别

与 IT 有关的全盘控制，以 IT 基础概要为基础，对评价单位进行识别、评价。例如，关于自行开发的销售、采购、物流系统，由系统部管理，会计系统由财务导入并管理软件包，这种情况下，将评价单位分为"系统部"和"财务部"两个进行识别。

一方面，与 IT 有关的业务处理控制的评价，基本上需要按各个系统分别进行，管理层根据需要使用流程图等，识别各系统中的业务处理控制。

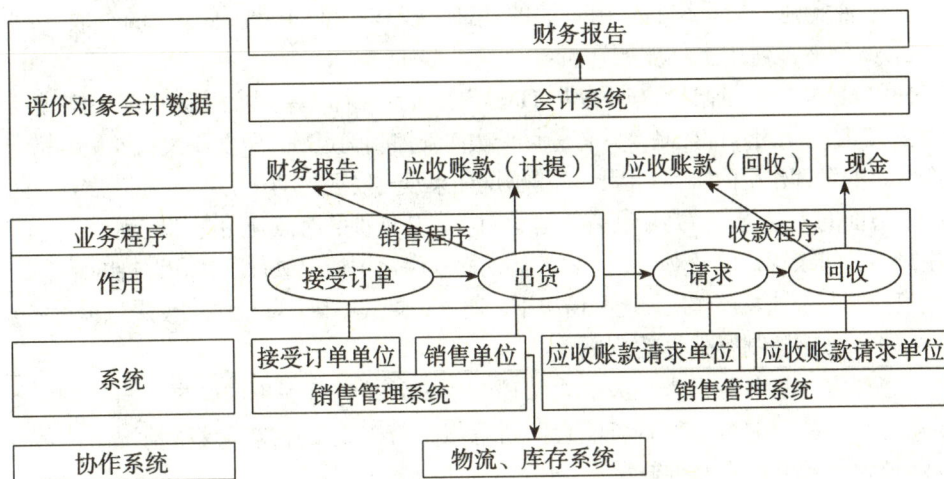

（注）前述参考2（业务流程图（例））中，在右列设置系统相关流程栏。例如，此注释中，通过其他途径编制业务记述书（例）的情况下，其中，就业务处理控制的内容进行记述。

上图，将销售交易的销售额和收款的业务程序和会计数据的关联，作为一个例子图示化。企业的各业务程序按每个作用详细划分，按照其作用系统化的情况较多。例如，销售程序，按接受订单、出货等的作用分类，根据需要系统化。

管理层需要理解财务报表的核算科目和交易业务程序以及系统的关系，关于主要交易等，对哪个会计数据依存于哪个系统进行把握。

D. 使用 IT 的内部控制的建立情况和运用情况有效性的评价

a. 与 IT 有关的全盘控制的评价

管理层根据以下几点中，对有效地建立和运用了与 IT 有关的全盘控制进行评价。

- 系统的开发、维护。
- 系统的运用、管理。
- 对内外的存取管理等的系统安全性的确保。
- 外部委托的相关合同的管理。

内部控制有效性的评价中，进行内部控制的运行情况有效性的评价时，管理层与业务处理控制的运行情况评价一同实施相关全盘控制的运用情况评价，但是有时通过扩大业务处理控制的运用情况评价的实施范围，不实施与全盘控制的运用情况评价，也可以得到与内部控制的运用情况有效性有关的充分的印象。

b. 与 IT 有关的业务处理控制的评价

管理层对已识别的与 IT 有关的业务处理控制是否已被纳入适当的业务程序并运用进行判断。具体是根据如下几点，对是否有效地建立和运用了业务处理控制进行评价。

- 是否确保输入信息的完整性、正确性、正当性等。
- 是否确保错误数据的修正和再处理作用。
- 是否确保主要数据的正确性。
- 是否实施了与系统的使用有关的认证、操作范围的限定等适当的存取管理。

c. 如果能够使用上年度的评价结果

使用 IT 的内部控制评价与不使用 IT 的内部控制一样，原则上需要每期实施。但是，使用了 IT 自动化的内部控制，具有进行一次内部控制确定后，只要不发生变更或错误，就会一贯的发挥作用的特性。因此，管理层如果没有发现自动化的内部控制上年度有内部控制方面的不健全，可判断其有效地运用着，从评价的时点开始内部控制无变更，未发生障碍、错误等，以及对相关全盘控制的建立和运用情况进行确认和评价的结果是判断全盘控制有效地发挥作用，这种情况下，通过记录其结果，就能继续使用该评价结果。

（4）内部控制有效性的判断

管理层对与财务报告有关的内部控制的有效性进行评价的结果，与控制上的要点等有关的不健全，很有可能会给财务报告带来重要影响，这种情况下，需要判断该内部控制存在重要缺陷。

①全公司的内部控制有效性的判断

A. 不健全的评价

全公司的内部控制的不健全也会给与业务程序有关的内部控制带来直接或间接

的广泛影响，最终给财务报告的内容带来广泛影响。

所以，如果全公司的内部控制不健全，也包括给与业务程序有关的内部控制带来如何的影响，可能会导致财务报告出现重要的虚假记录，需要慎重研讨。

B. 有效性的判断

判断全公司的内部控制为有效，全公司的内部控制为降低发生与财务报告有关的虚假记录和披露的风险，需要满足以下条件：

· 以一般认为公允妥当的内部控制结构为基准，建立和运行全公司的内部控制
· 全公司的内部控制对与业务程序有关的内部控制的有效的建立和运用，构成了企业中的内部控制有效的实施控制的状态。

C. 全公司的内部控制不健全

如果全公司的内部控制不健全，很可能给内部控制有效性带来重要影响。成为内部控制的重要缺陷的内部控制的不健全，如下举例：

a. 管理层未实施财务报告可靠性的相关风险评价和应对。

b. 董事会和审计员或审计委员会未监督、监视、验证为确保财务报告可信性而建立和运用的内部控制。

c. 对与财务报告有关的内部控制有效性进行评价的责任职务未明确。

d. 与财务报告有关的 IT 相关内部控制不健全，且未对其进行改善。

e. 业务程序的相关记述、虚假记录的风险识别，针对风险的内部控制相关记录等，及内部控制监理情况的相关记录欠缺，董事会和审计员或审计委员会无法对与财务报告有关的内部控制有效性进行监督、监视、验证。

f. 管理层或董事会、审计员或审计委员会报告的全公司的内部控制的不健全未在合理的期间内得到改善。

即使有全公司的内部控制不健全的情况，与业务程序有关的内部控制也可以单独有效地发挥作用。但是，全公司的内部控制不健全的状况，指的是基本的内部控制的建立有不健全之处的，使整体内部控制有效地发挥作用的可能性受到了限制。

②与业务程序有关的内部控制有效性的判断

A. 内部控制的建立情况有效性的评价

如果评价为有效的建立了内部控制，应确认内部控制是否将财务报表的核算科目、注释和披露事项发生虚假记录的风险降低到合理的水平。

B. 内部控制的运行情况有效性的评价

管理层对内部控制是否如所期待的那样实际有效的运用进行评价。这种情况下，需确认对于各个虚假记录的风险，内部控制是否如计划般运行。

C. 发生虚假记录的情况的影响度和发生可能性的评价

为了评价内部控制的不健全是否符合重要缺陷，如果因内部控制的不健全，核算科目等发生虚假记录的情况，推定其影响涉及的范围。对内部控制的不健全发生的影响额进行推定时，需要连同发生虚假记录的可能性一并进行研讨。

内部控制的不健全为复数存在时，对那些内部控制的不健全单独或复数组合，是

否符合重要缺陷进行评价。即，是否符合重要缺陷，将相同核算科目的相关不健全全部合并，对该不健全带来的影响是否存在符合财务报告重要事项的虚假记录的可能性进行判断。例如，应收账款核算的余额，受到使用销售业务程序的信用销售和收款业务程序的货款回收的影响，但是如果这两方的业务程序内部控制存在不健全，需要将各个不健全带来的影响合并，对带给应收账款核算的余额的影响进行评价。

另外，合计的不健全的影响，即使从每个核算科目来看，不符合财务报表编制的重要虚假记录，如果与复数的核算科目有关的影响合并，符合重要虚假记录。这种情况也是重要缺陷。

再者，研讨核算科目等发生虚假记录的可能性和影响度时，不是将各个内部控制分开研讨，而是需要研讨各个内部控制如何相互联系降低发生虚假记录的风险。因此，有无弥补有的内部控制的不健全的内部控制（补充控制），如果假定有补充控制，对其多大程度上降低了核算科目等发生虚假记录的可能性和金额性影响进行研讨。

关于由内部控制的不健全产生的影响金额的计算方法，"Ⅲ 与财务报告有关的内部控制的审计" 4（2）④与业务程序有关的内部控制不健全的研讨中记录，这在评价时也可参考。

③与 IT 有关的内部控制有效性的判断

A. 与 IT 有关的全盘控制存在不健全时

与 IT 有关的全盘控制存在不健全的情况下，研讨通过代替或者补充的其他内部控制，是否达成财务报告可靠性的目的。

与 IT 有关的全盘控制的不健全，并非直接与财务报告的重要事项发生虚假记录的风险相联系，因此，直接不能评价为重要缺陷。但是，与 IT 有关的全盘控制存在不健全的情况下，即使与 IT 有关的业务处理控制是为了有效地发挥作用而建立的，也有可能不能继续维持其有效运用，则发生虚假记录的风险会提高。

B. 与 IT 有关的业务处理控制存在不健全时

与 IT 有关的业务处理控制存在不健全的情况下，与业务程序有关的内部控制存在不健全时一样，对其影响度和发生可能性进行评价。

与 IT 有关的业务处理控制中，人和 IT 为一体发挥作用的控制活动存在不健全的情况下，管理层需要对其不健全的内容是由人为因素产生的还是由 IT 的相关部分产生的进行识别。如果是 IT 相关部分产生的，需要注意的是，同样种类的错误可能会反复。

④不健全等的报告

与财务报告有关的内部控制的评价过程中，已识别的内部控制的不健全和重要缺陷，连同其内容和对财务报告产生的影响金额、对策、其他被认为有用的信息，及时向识别的人的上层管理者等适当的人汇报并更正，同时，重要缺陷（如需要加上内部控制的问题），需要向管理层、董事会、审计员或审计委员会和审计师报告。并且，如果期末日存在重要缺陷，需要在内部控制报告中记录重要缺陷的内容和未将其更正的原因。

（5）内部控制的重要缺陷的更正

> 管理层实施评价的过程中，发现的与财务报告有关的内部控制的不健全和重要缺陷，需要及时确认，适当进行应对。
>
> 即使发现了重要缺陷，只要在报告的评价时点（期末日）之前进行更正，那么就可以认定与财务报告有关的内部控制有效。
>
> （注）关于期末日以后实施的更正措施，可以在报告中作为附注事项记载。

①重要缺陷等的更正程序

编制内部控制的评价和报告计划时，如果内部控制不健全和存在重要缺陷，假设要对其进行更正，确保一定的期间直到最终的评价时点（期末日），这样比较恰当。

②期末日以后实施的更正措施的相关评价程序

内部控制的评价时点是期末日，期末日以后实施的更正措施，不影响期末日与财务报告有关的内部控制的评价。

但是，在内部控制报告的提交日之前，管理层如有实施的更正措施，可以将其内容作为内部控制报告的附注事项记载。

并且，在提交日之前，建立了内部控制，并确认其运用的有效性的情况下，可以将更正措施完成后的要点，实施的更正措施的内容一起记载。

（6）评价范围的限制

> 管理层，在评价与财务报告有关的内部控制有效性时，由于不可抗拒的事项，有时对内部控制的一部分，不能实施充分的评价程序。那种情况下，在充分掌握该实施对财务报告的影响的基础上，可以将无法实施评价程序的范围除外，对与财务报告有关的内部控制有效性进行评价。
>
> （注）由于不可抗拒事项，不能充分实施评价程序的情况，例如，由于临近期末日的其他企业的收购等，导致对与该企业有关的内部控制有效性，不能充分实施评价程序等。

〔评价范围的限制〕

"不可抗拒事项"指的是，例如，在临近期末日，由于发生了收购或合并其他企业、发生灾害等，在编制财务报表并得到董事会的认可之前，在通常需要的期间内，实施以本基准为基础的评价程序是比较困难的。

对排除在外的评价范围，需要在内部控制报告中记载该范围和排除理由，另外，不能实施评价对财务报告的可靠性产生重要影响的情况下，注意不能发表内部控制的评价结果。

（7）评价程序等的记录和保存

> 对与财务报告有关的内部控制有效性的评价程序和其评价结果，以及发现的不健全和其更正措施，管理层需要将其记录并保存。

①内部控制的记录

与内部控制有关的记录范围、形式和方法不能一概进行规定，例如，记录并保

存如下事项:

A. 与财务报告有关的内部控制的建立和运用政策和程序。

B. 在评价全公司的内部控制时,管理层采用的每个评价项目的建立和运用情况。

C. 重要核算科目、披露项目的相关业务程序概要(包括各业务程序中的系统的相关流程、IT 相关的业务处理控制概要、已使用的系统一览等)。

D. 各业务程序中,发生重要虚假记录的风险和降低风险的内部控制的内容(包括与存在性、完整性、权利和义务的归属、计价的准确性、期间分配的适当性、披露的恰当性的关系)。

与上述 D 有关的内部控制的建立和运用情况。

E. 与财务报告有关的内部控制有效性的评价程序和其评价结果,以及发现的不健全和其更正措施。

F. 评价计划的相关记录。

评价范围的决定的相关记录(包括评价范围的相关决定方法和根据等)。

已实施的内部控制评价程序和评价结果、更正措施等的相关记录。

而且,关于记录的形式、方法等,不是一概规定的,适当使用企业编制、使用的记录等,按照需要对其进行补充就足够了。

②记录的保存

关于与财务报告有关的内部控制,已编制的记录的保存范围、方法、期间,考虑与各法令的关系,在企业中进行适当的判断,金融商品交易法中,考虑有价证券报告和其附属文件的纵览期间(5 年),通过与其同样程度的期间、适当的范围和方法(磁介质媒体、纸或胶片等其他按照需要可以适时可视化的方法)进行保存。

在记录和保存时,需要适当地保存相关证据文件,以便可以由第三者进行验证。

(参考 1)

与财务报告有关的全公司的内部控制相关评价项目之例[注]

控制环境

• 管理层是否重视具有可靠性的财务报告,包括与财务报告有关的内部控制的职务,明确财务报告的基本政策。

• 根据适当的经营理念或管理章程,设计、运用公司内的制度,在发现了脱离原则的行动的情况时,是否适当地进行了更正。

• 管理层选择适当的会计处理原则,制定会计估计等时,是否保持客观的适时过程。

• 董事会和审计员或审计委员会是否理解、实行与财务报告和其内部控制有关,对管理层进行适当的监督、监视的责任。

• 审计员或审计委员会是否谋求与内部审计师和审计师的适当协作。

• 管理层在存在即使有问题也很难提醒等组织结构或惯例的情况下,是否谋求适当的改善。

·管理层对于企业内的各个职能（生产、销售、信息、会计等）和活动单位，是否制定了适当的职务分担。

·管理层是否对编制具有可靠性的财务报告所需的能力进行识别，并确保配置了具有所需能力的人才。

·编制具有可靠性的财务报告所需的能力内容，是否定期修正，是否总是适当的。

·责任分配和权限的分配，对于所有的员工是否都是明确的。

·对于员工等的权限和责任的委任，不是没有限制的，是否限定了适当的范围。

·是否向管理层、员工等提供执行职务所需要的手段、训练等，是否对引导员工等的能力进行支援。

·员工等的工作评价是否公平适当。

风险的评价和应对

·为编制具有可靠性的财务报告，是否存在与适当的阶层的管理层、管理人员有关的有效的风险评价结构。

·在识别风险的工作中，是否考虑了企业的内外各主要原因和该主要原因对编制具有可信性的财务报告的影响。

·当发生组织的变更或 IT 的开发等，有可能对编制具有可信性的财务报告产生重要影响的变化时，管理层是否适当地进行应对。

·管理层在研讨舞弊的相关风险时，不仅是单纯的舞弊的相关表面事实，还应考虑是否根据舞弊的动机、原因、背景等，适当地评价并应对风险。

控制活动

·应付具有可信性的财务报告的编制的风险，为确保有将其充分降低的控制活动，是否制定了政策和程序。

·管理层关于具有可信性的财务报告的编制，是否将职务的分担明确化，将权限和职责恰当地分配给担当者。

·与控制活动有关的责任和说明义务是否适当的归属于存在风险的义务单位或业务程序的管理者。

·是否恰当地编制了全公司的职务章程、各个业务程序。

·控制活动是否在业务全体中诚实地实施。

·对调查通过实施控制活动检查出的错误等，是否进行适当的调查、必要的应对。

·控制活动是否根据其实行情况，对其妥当性进行定期验证并进行必要的改善。

信息和传达

·是否建立了使与具有可信性的财务报告的编制相关的管理层的政策或指示，能适当地传达给企业内的所有人员，特别是与财务报告的编制相关的人员的体制。

•是否建立了使会计和财务的相关信息，从相关业务程序适当地传达给信息系统，能够适当地使用的体制。

•是否建立了能使内部控制的相关重要信息顺利地传达给管理层和组织内的适当管理人员的体制。

•信息是否在管理层、董事会、审计员或审计委员会以及其他相关人员之间适当地传达并共享。

•是否制定了内部通报结构等，以便能够使用独立于通常的报告路径的传达路径。

•是否形成了能够适当地使用从内部控制的相关企业外部得到的信息，并适当的传达给管理层、董事会、审计员或审计委员会的结构。

监督

•是否将日常的监督适当地纳入到企业的业务活动中。

•管理层是否根据风险的重要性、内部控制的重要性和日常监督的有效性，对独立评价的范围和频度进行适当地调整。

•是否指名拥有业务执行所需的充足的知识和能力的人员为监督的实施负责人。

•管理层是否适时接受监督的结果，并进行适当的研讨。

•是否适当的研讨企业内外传达的内部控制的相关重要信息，并进行必要的修正。

•是否将由监督得到的内部控制不健全的相关信息，适当的报告给与该实施过程有关的上层管理人员，以及处于应对该实施过程和相关内部控制进行管理并实施修正措施的地位的人员。

•是否将与内部控制有关的重要缺陷等的相关信息，适当的传达给管理层、董事会、审计员或审计委员会。

IT 对策

•管理层是否制定了 IT 相关的适当的战略、计划等。

•在建立内部控制时，管理层是否适当地理解了 IT 环境，并据此明确政策。

•管理层是否对为降低达成编制可信性报告的目的的风险，而使用人工操作和 IT 控制的使用领域，进行了适当的判断。

•使用 IT 建立控制活动的时候，是否考虑了由于使用 IT 产生的新的风险。

•管理层是否制定了关于与 IT 有关的全盘控制和与 IT 有关的业务处理控制的政策和程序。

（注）与全公司的内部控制有关的评价项目的例子，全公司的内部控制形态，由于企业所处的环境或特性等不同而不同，可以适当加减修正。

（参考 2）

业务流程图（例）

与事业 A 有关的批发销售程序

客户	销售部门	出货部门	财务部门	系统

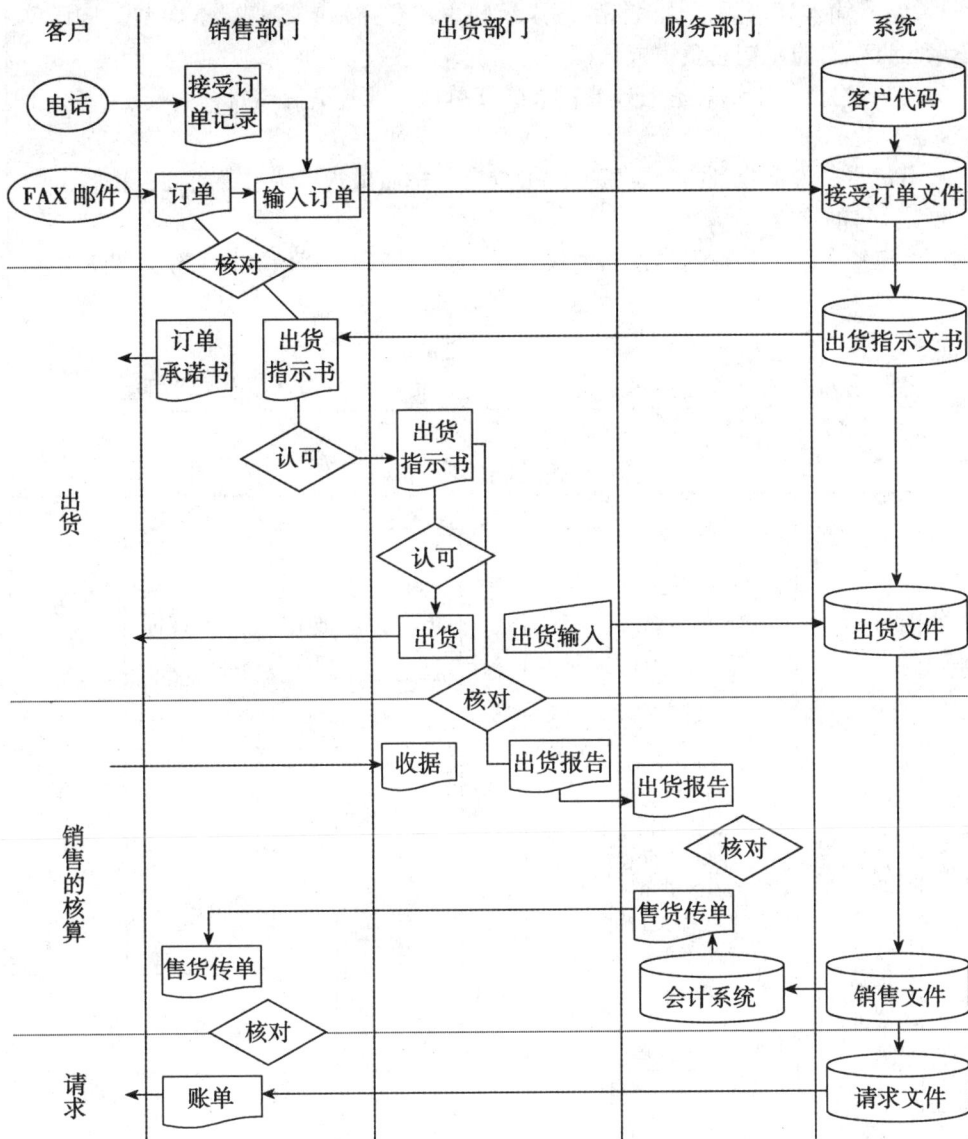

1. 接受订单

（1）在通过电话订货的情况下，销售负责人员编制订单记录。

（2）在销售管理系统中输入订单，只能输入注册了客户代码的客户订单。

（3）输入订单后，从销售管理系统输出出货指示书和订单承诺书，将订单记录与订单对照，销售负责人认可。

（4）将出货指示书附上订单记录或订单后，送交出货部门。

2.出货

出货责任人员收到出货负责人的批准后，按照出货指示书，将商品出货。

3.销售的核算

将已输入的出货数据转换为销售数据。销售数据传送给会计系统，录入售货传单。

4.请求

将已录入的账单送交销售负责人员，销售负责人员与售货传单对照。

（参考 3）

风险和控制的应对（例）

业务	风险的内容	控制的内容	重要事项						评价	评价内容
			存在性	完整性	权利和义务的归属	计价的准确性	期间分配的恰当性	披露的恰当性		
接受订单	订单输入的金额错误	由销售部门的输入负责人员，将订单承诺书、出货指示书与订单进行核对。所有的订单和出货指示书须经销售负责人认可	○	○					○	—
接受订单	接受超过信用限度额的订单	订单的输入仅可以输入符合客户注册条件的订单			○				○	—
⋮										
出货	发货比请求出货的数量少	由出货部门的负责人确认出货指示书和商品是否一致	○		○				△	负责人不能应对不规则的出货
出货	商品未按照出货指示书的日程出货	核对出货指示书的日期和出货报告的日期				○			○	—
⋮										

Ⅲ. 与财务报告有关的内部控制的审计

1. 内部控制审计的目的

> 审计师针对管理层得出的与财务报告有关的内部控制有效性的评价结果所实施的审计（以下称为"内部控制审计"）的目的是，管理层编制的内部控制报告是否是以一般认为公允妥当的内部控制评价为基准，是否在所有重要方面公允地反映了内部控制的有效性，根据审计师自行取得的审计证据，对判断结果发表意见。
>
> 而且，对于内部控制报告的意见是通过内部控制评价的相关审计报告（以下称为"内部控制审计报告"）发表的。
>
> 内部控制报告中，审计师做出的内部控制报告是适当的意见包括，审计师关于没有重要虚假反映、取得了合理的保证的判断。
>
> 合理的保证是指，审计师为发表意见，取得的充分且适当的证据。

[内部控制审计的目的]

基于本基准的内部控制审计的目的是，审计师关于管理层编制的内部控制报告，是否依据一般认为公允妥当的内部控制评价标准适当地反映其有效性，发表意见。即，在内部控制审计中，以管理层认定的内部控制的有效性的评价结果为前提，审计师对此发表意见，没有采取与管理层主张的内部控制有效性的评价结果无关且审计师直接对内部控制的建立和运用情况进行验证的形式。

（注）关于这一点，在美国，如上的内部控制与直接报告业务（direct reporting）并用，在日本，还未实施直接报告业务。

不过，审计师在内部控制审计中发表意见，审计师自行取得充分且适当的审计证据，并据此发表意见，因此，审计师是从企业等直接取得审计证据的。

2. 内部控制审计和财务报表审计的关系

> 内部控制审计原则上是与财务报表审计由同一审计师进行的。在内部控制审计的过程中得到的审计证据，作为财务报表审计的内部控制评价中的审计证据使用，另外，财务报表审计的过程中得到的审计证据也作为内部控制审计的证据使用。
>
> （注）此处，"同一审计师"指的不仅是审计事务所，业务执行职员也是同一个。
>
> 一般来说，在财务报告有关的内部控制存在重要缺陷而无效的情况下，财务报表审计中，不能实施以审计基准制定的内部控制为依据的一般抽样。
>
> 审计师在进行内部控制审计时，还应遵循本基准以外的"审计基准"的一般基准和"审计相关的品质管理基准"。

[同时提供内部控制审计业务和非审计证明业务的相关限制]

审计师关于内部控制审计业务，没有相关法令规定身份上、经济上的利害关系限制与一定的非审计证明业务同时进行。

但是，审计师在内部控制审计的实施中发现内部控制的不健全或重要缺陷的情况下，当然应向管理层报告并寻求修正，即使在内部控制的设立等阶段，也应根据需要与管理层等交换意见，与内部控制的设立等有关的工作或决定，不是由审计师确定，审计师在由企业、管理层进行决定的前提下，可以对有效的内部控制的设立等进行适当的建议。

3. 审计计划和评价范围的研讨

（1）审计计划的制定

> 审计师应根据企业所处的环境或事业的特性等，充分了解管理层实施的内部控制的建立和运用情况以及评价状况，考虑审计所需的重要性水平，制定审计计划。
>
> 如果审计师在作为审计计划制定的前提的事项或情况发生变化的情况下，或在审计过程中发现内部控制不健全和重要缺陷的情况下，实施对内部控制的改善进行评价的程序等，应适时修正审计计划。

审计师为了有效果且有效率的评价实施内部控制，应根据企业所处的环境或事业的特性等，充分了解管理层实施的内部控制的建立和运用情况以及评价状况，考虑审计上的重要性，制定审订计划。

内部控制审计原则上由财务报表审计的同一审计师实施，审计师将内部控制审计计划包含在财务报表审计的审计计划中制定。

①了解企业所处的环境或事业的特性等

审计师应了解如下该企业所处环境或事业特性等：

· 市场、客户、股东、母公司、地域特性、产业政策等企业外部条件。

· 该企业的历史、规模、业务内容、员工构成等企业内部条件。

但是，多数情况，审计师通过财务报表审计，已经了解了这些方面，在这种情况下，不需要特别程序。

②了解内部控制的建立和运用情况

审计师通过阅览记录、询问管理层和适当的管理人员或负责人等，了解包括以下事项的企业的内部控制的建立和运用情况：

· 关于与企业的财务报告有关的内部控制的规定。

· 关于与企业的事业或财务报告有关的内部控制，最近有无变更。

· 企业集团内营业据点的情况和与其财务报告有关的内部控制的相关记录及保存情况、监督体制的实施情况。

③管理层对内部控制评价的理解

审计师通过阅览记录、询问管理层和适当的管理人员或负责人员等，了解管理层对与包括如下事项的财务报告有关的内部控制的有效性进行评价的评价内容，也包括其计划的把握、了解。

· 评价范围的决定等，重要程序的内容和其实施时间。

· 对内部控制的不健全是否符合重要缺陷进行判断所依据的重要性的判断标准

等的规定情况。

　　·已经报告给管理层、审计员或审计委员会、董事会的内部控制的不健全、有无重要缺陷和其内容。

　　·通过内部审计等实施的工作结果。

　　关于上述②和③，通过财务报表审计，审计师有了一定了解，审计师可以利用其理解和判断。

　　④审计计划的制定

　　审计师考虑上述①～③，注意财务报告的重要事项发生虚假记录的风险，另外，考虑以前年度的审计结果，制定审计计划，以便能够有效果、有效率地实施审计。

　　审计师应在成为审计计划制定的前提的事项或情况发生变化时，或在审计实施过程中发现新的重要事实时，适当对审计计划进行修改。

　　（2）研讨评价范围的妥当性

　　审计师为了判断管理层决定的内部控制评价范围的妥当性，应对管理层决定该范围的方法和根据的合理性进行研讨。

　　特别是管理层因不得已的事情，不能对内部控制的一部分充分地实施评价程序，编制不包括未能实施评价程序的范围的内部控制报告时，审计师应对管理层去除该范围的事由是否合理，以及去除该范围带给财务报表审计的影响进行充分研讨。

　　①重要事业地点的选定

　　审计师对管理层是否了解作为评价对象的重要事业地点的决定过程、管理层是否依照"Ⅱ与财务报告有关的内部控制的评价和报告"适当的选定重要事业地点进行确认。

　　此时，作为审计师实施的程序，举例如下：

　　·取得包括子公司、关联公司等在内的，该公司的合并基础的所有事业地点的事业地点一览。

　　·事业地点有时按照企业的事业状态，对总公司、子公司、分公司、分店、事业部等进行识别，但是应确认该识别方法和识别结果是否适当。

　　·确认管理层采用的指标对照"Ⅱ与财务报告有关的内部控制的评价和报告"是否适当。主营业务收入等是选定重要事业地点而依据的基本指标。

　　·确认重要事业地点是否按照管理层采用的指标适当地选定。

　　·如果判断管理层进行的重要事业地点的选定过程或结果不恰当，要求管理层进行重要事业地点选定的修正等追加工作。

　　②识别作为评价对象的业务程序

　　A. 涉及重要事业地点中的企业的经营目标的业务程序

　　关于重要事业地点，审计师对达到与主营业务收入、应收账款、存货等企业的经营目标有很大关系的重要核算科目的业务程序，按照"Ⅱ与财务报告有关的内部控制的评价和报告"对是否适当地选定为评价对象进行确认。

　　另外，管理层因为与该重要事业地点的事业相关性较低，对财务报告的影响的重要性很小，而不将其作为评价对象的业务程序，这种情况下，审计师应对其适当性进行确认。

关于这些内容,审计师通过阅览"Ⅱ 与财务报告有关的内部控制的评价和报告"3(7)①C、D、E、F 中记载的内部控制的记录、询问管理层和适当的管理人员或负责人员,对成为评价对象的业务程序的选定的适当性进行确认。

如果审计师判断管理层决定的评价对象业务程序不适当,则要求管理层对评价对象业务程序的修正等进行追加工作。

B. 带给财务报告重要影响的业务程序

在重要事业地点和其以外的事业地点中,如果存在带给财务报告重要影响的业务程序,审计师应将该业务程序与"Ⅱ 与财务报告有关的内部控制的评价和报告"进行对照,确认是否将其追加为适当的评价对象。

此时,审计师通过阅览"Ⅱ 与财务报告有关的内部控制的评价和报告"3(7)①C、D、E、F 中记载的内部控制的记录、询问管理层和适当的管理人员或负责人员,进行确认,如果通过财务报表审计,进行了与带给财务报告重要影响的业务程序是否存在有关的验证,则可以使用验证结果。

审计师判断对进行风险较大的交易的事业或事业的识别,管理层决定作为评价对象的业务程序不适当,这种情况下,要求管理层对作为评价对象的业务程序的修正等进行追加工作。

C. 根据全公司的内部控制的评价结果进行的评价范围、方法等的调整

根据全公司的内部控制评价结果,如果管理层对与业务程序有关的评价范围、方法等进行调整(参照"Ⅱ 与财务报告有关的内部控制的评价和报告"3(2)③,关于该调整的妥当性,审计师通过"Ⅱ 与财务报告有关的内部控制的评价和报告"3(7)①C、D、E、F 中记载的阅览内部控制的记录、询问管理层和适当的管理人员或担当的方法,进行确认。

而且,审计师判断管理层进行的调整不适当的情况下,要求管理层对适当的评价范围、方法等做的修正进行追加工作。

③与管理层的协议

审计师对评价范围妥当性进行研讨,判断管理层决定的评价范围不适当,这种情况下,管理层需要就新的评价范围进行评价修正,但是估计该程序的实施也伴随着时间上的限制等困难。因此,审计师在管理层决定了内部控制的评价范围后,关于该范围的决定方法和根据等,应该根据需要与管理层进行协商。

4. 内部控制审计的实施

(1)研讨全公司的内部控制评价

审计师就管理层对全公司内部控制的评价的妥当性进行研讨。审计师在进行此研讨时,应对董事会、审计员或审计委员会、内部审计等,经营决策上的内部控制的建立和运用情况进行充分考虑。

审计师了解全公司的内部控制概要,例如,注意"Ⅱ与财务报告有关的内部控制的评价和报告"参考 1(与财务报告有关的全公司的内部控制相关的评价项目之

例）中的评价项目之例，对管理层的评价的妥当性进行研讨。

①研讨全公司的内部控制的建立和运用情况

审计师在研讨全公司的内部控制的建立情况时，管理层采用的评价项目，例如，对照前述参考 1（与财务报告有关的全公司的内部控制的相关评价项目之例）中的评价项目之例，确认是否适当。此时，按"Ⅱ 与财务报告有关的内部控制的评价和报告"3（7）①C、D、E、F 中记载的阅览内部控制的记录、询问管理层等方法，对管理层关于各评价项目的评价结果，管理层得出该评价结果的根据等进行确认，判断管理层的评价结果的适当性。

而且，与控制环境有关的数个项目，也有不编制内部控制运用情况的相关记录的实例。在这种情况下，审计师通过对相关人员进行询问或观察等，确认运用情况。

②研讨董事会以及审计员或审计委员会的监督作用

关于有价证券报告等的财务报告文件，最终由管理层负责编制发表，到发表为止的过程中，董事会或审计员或审计委员会的监督机能对适当的信息披露起到了重要作用，在研讨全公司的内部控制的建立和运用情况时，关于董事会或审计员或审计委员会的监督机能，例如，注意确认以下方面：

A. 是否存在记录董事会或审计员或审计委员会的责任的规定。

B. 是否存在董事会或审计员或审计委员会的开会记录或议事录。

C. 董事会或审计员或审计委员会的构成人员，因实施内部控制的建立和运用的相关监督体制，是否对适当的监督、监视管理层的责任进行了解后，适当地实行。

D. 审计员或审计委员会是否谋求与内部审计师和审计师适当的协作。

但是，关于上述①和②，审计师在实施财务报表审计的过程中，一般会取得一定的审计证据，这种情况下，可以使用此证据。

③研讨全公司的内部控制的不健全

审计师在认为全公司的内部控制不健全的情况下，包括带给与业务程序有关的内部控制的影响，慎重研讨带给财务报告重要影响的可能性，确认管理层的评价是否妥当。

关于全公司的内部控制的不健全是否为重要缺陷，考虑"Ⅱ 与财务报告有关的内部控制的评价和报告"3（4）①全公司的内部控制有效性的判断中记载的事项，进行判断。

（2）研讨与业务程序有关的内部控制的评价

审计师对管理层的与业务程序有关的内部控制评价的妥当性进行研讨。审计师在进行研讨时，应考虑管理层的与业务程序有关的内部控制的评价情况，对业务程序进行充分了解后，对管理层是否适当地选定了控制上的要点进行评价。

审计师关于管理层评价的各个控制上的要点，对内部控制的基本要素是否适当的发挥作用进行判断，应取得符合存在性、完整性、权利和义务的归属、计价的准确性、期间分配的适当性和披露的恰当性等审计要点的审计证据。

而且，在判断业务程序中的内部控制的基本要素是否发挥作用时，应对内部控制的建立和运用情况（包括 IT 对策）进行充分的研讨。

①研讨与业务程序有关的内部控制的评价

审计师对与成为评价对象的业务程序有关的内部控制的建立和运用情况进行了解，对管理层的评价的妥当性进行研讨。

A. 研讨与业务程序有关的内部控制的建立情况

审计师需要了解与成为评价对象的业务程序有关的内部控制的建立情况。因此，审计师在取得与管理层的内部控制的建立情况有关的"Ⅱ 与财务报告有关的内部控制的评价和报告" 3（7）①C、D、E、F 中记载的记录的同时，对已成为评价对象的业务程序，实施以下程序：

a. 通过阅览取得的内部控制建立情况的相关记录，或对管理层和适当的管理人员或负责人员进行询问等，在已成为评价对象的业务程序中，包括交易如何开始、认可、记录、处理和报告，把握交易流程。另外，了解从交易的发生到合计、记账的会计处理的过程。在阅览记录或询问中，关于内部控制的建立情况比较难理解的情况下，审计师根据需要，通过到业务程序现场进行观察，从而对该业务程序实施的程序是否适当进行确认。

b. 审计师在确实了解内部控制的建立情况的基础上，对每个成为评价对象的业务程序，选择一个或多个代表性的交易，根据"Ⅱ 与财务报告有关的内部控制的评价和报告" 3（7）①C、D、E、F 中记载的内部控制的记录等，对从交易开始到将交易记录记在财务报表上为止的流程，实施跟踪程序比较有用。

另外，审计师应注意内部控制的适当管理人员和负责人员关于内部控制的建立，是否拥有必要的权限、能力。

c. 通过阅览取得的内部控制的建立情况的相关记录，或对管理层和适当的管理人员或担当进行负责人员等，把握管理层如何识别财务报告的重要事项发生虚假记录的风险。

d. 通过阅览取得的内部控制的建立情况的相关记录，或对管理层和适当的管理人员或负责人员进行询问等，把握管理层如何为降低发生虚假记录的风险，发挥中心作用的内部控制（控制上的要点）。

e. 如果上述 d 的内部控制（控制上的要点）是按既定政策运行的，审计师对能否充分降低财务报告的重要事项发生虚假记录的风险进行研讨。此时，通过能否为确保编制具有存在性、完整性、权利和义务的归属、计价的准确性、期间分配的适当性、披露的恰当性的适当的财务报告所需的必要条件，提供合理的保证，进行判断。审计师根据此判断，对内部控制的建立情况的有效性相关的管理层的评价的妥当性进行验证。

关于上述内部控制的建立情况，审计师在实施财务报表审计的过程中，通常会取得一定的审计证据，可以使用此证据。

B. 研讨与业务程序有关的内部控制的运用情况

关于成为评价对象的业务程序，审计师对内部控制是否如设计般的那样适当地运用，以及实施控制的负责人是否拥有有效实施该控制所需的权限和能力等进行把握，对内部控制运用情况的有效性相关的管理层的评价的妥当性进行研讨。

a. 运用情况的研讨内容和实施方法

审计师应了解与已成为评价对象的业务程序有关的内部控制的运用情况。因此，审计师通过取得与管理层的内部控制的运用情况有关的"Ⅱ 与财务报告有关的内部控制的评价和报告"3（7）中记载的内部控制记录，阅览相关文件、对适当的管理人员或负责人员进行询问等，验证内部控制的实施情况（包括自我检查的情况。）。

另外，在通过阅览记录或询问等很难验证的情况下，通过观察业务，或按照需要对适当的管理人员或负责人员再次实施程序来进行验证。

关于以上程序，基本上，实施通过采用审计师自行选择的样品试查，取得适当的证据的方法（例如，关于日常反复继续的交易，以统计上的正态分布为前提，得到90％的可信度，每个成为评价对象的控制上的要点，至少需要25件样品。）。

此时，例如，关于反复继续发生的定型的交易，管理层随机抽出样品的情况下，审计师自行采取同样的方法选择其他样品的做法效率很低，因此，在对管理层抽出的样品的妥当性进行研讨，以及管理层的工作结果的一部分进行验证的基础上，可以将管理层在评价中选择的样品作为自行选择的样品使用。

b. 运用情况研讨的实施时间

审计师应在适当的时间对内部控制的运用情况进行研讨，以便能够对截止到期末日内部控制是否有效的运用进行判断。审计师对运用情况实施研讨的时间，根据成为研讨对象的内部控制的性质或成为对象的内部控制的实行频度不同而不同。

在管理层实施评价到期末日为止的期间内，如果内部控制发生了重要变更，审计师对管理层是否对照"Ⅱ 与财务报告有关的内部控制的评价和报告"，对与变更有关的内部控制的建立和运用情况的把握和评价，实施必要的追加程序进行确认。

而且，关于与结算、财务报告程序有关的内部控制的运用情况评价，当期为确保适当的结算、财务报告程序，假定存在不健全，应在早期修正，另外，由于考虑与财务报表审计的内部控制评价程序有很多重复的部分，截至期末日存在内部控制的相关重要变更的情况下，以实施适当的追加程序为前提，以以前年度的运用情况为基础，早期实施是比较有效率且有效果的。

关于上述 a 和 b，审计师在实施财务报表审计的过程中，通常会取得一定的审计证据，这种情况下，可以使用此证据。

c. 运用情况的研讨方法的决定的相关注意事项

关于与已成为评价对象的业务程序有关的内部控制，为判断管理层的评价的妥当性，审计师应取得充分且适当的证据。决定实施的程序时，考虑以下事项：

• 内部控制的性质

在决定研讨方法时，应考虑内部控制的重要性和复杂程度，以及运用内部控制判断的重要性、内部控制的实施者的能力、内部控制的实施频度和以前年度的研讨结果或其后的变更情况等。

· 结算、财务报告程序

与结算、财务报告程序有关的内部控制，关于财务报告的可靠性加上重要业务程序，其实施频度很低，因此审计师能够研讨的实例数量很少。因此，与结算、财务报告程序有关的内部控制，需要进行比其他内部控制更慎重的运用情况研讨工作（结算、财务报告程序，关于用全公司的观点进行评价、与作为固有的业务程序进行评价，参照"Ⅱ 与财务报告有关的内部控制的评价和报告"2（2）和3（3）Db）。

②研讨使用 IT 的内部控制的评价

A. 使用 IT 的内部控制的把握

审计师在取得"Ⅱ 与财务报告有关的内部控制的评价和报告"3（7）中记载的内部控制记录，把握使用 IT 的内部控制的概要的同时，对管理层作为评价对象的 IT 相关的全盘控制和业务处理控制作为评价对象是否适当进行研讨。

审计师在企业对业务程序使用 IT 的情况下，关于使用人工控制的部分，实施前述的"①研讨与业务程序有关的内部控制评价"，关于使用 IT 控制的部分，通过验证以下与 IT 有关的全盘控制和业务处理控制的评价，对与业务程序有关的管理层的评价的妥当性进行验证。

B. 验证与 IT 有关的全盘控制的评价

审计师应了解与 IT 有关的全盘控制，研讨管理层的评价的妥当性。此时，研讨以下事项：

a. 系统的开发、变更、维护

审计师对企业与财务报告相关联，新开发、筹备或变更系统、软件时，是否适当地进行了批准和导入前的试验进行确认。此时，审计师应留意以下方面：

· 关于系统、软件的开发、筹备或变更，事先得到管理层或适当的管理人员规定的批准。

· 导入新系统、软件时，充分进行试验，其结果由使用该系统、软件的部门的适当管理人员和 IT 部门的适当管理人员认可。

· 关于新系统、软件的开发、筹备或变更，适当的记录并保存该过程的同时，如果发生变更，则更新与变更前的系统、软件有关的内部控制的建立情况的相关记录。

· 在新系统、软件中保管数据或转移时，应采取防止错误、舞弊等的对策。

· 在使用新系统、软件时，使用的员工按照适当的计划接受教育研修。

系统的运用、管理

审计师对与财务报告有关的系统的运用、管理的有效性进行确认。此时，应注意以下方面：

· 关于构成系统的重要数据或软件，预防因障碍或故障等发生的数据消失等，保存其内容，采取力图迅速复原的对策。

· 系统、软件发生障碍或故障等时，适当地进行障碍或故障等情况的把握、分析、解决等应对。

b. 系统安全性的确保

审计师对企业为了防止对数据、系统、软件等的舞弊使用、篡改、破坏等，是否对有与财务报告有关的内部控制的相关系统、软件等并制定了适当的存取管理等的政策进行确认。

c. 外部委托的相关合同的管理

如果企业与财务报告相关联，将与 IT 有关的业务委托给外部，审计师对企业是否对外部委托的相关合同实施了适当的管理进行研讨。

关于上述 a～d，在实施财务报表审计的过程中，一般会取得一定的审计证据，这种情况下，可以使用该证据。而且，拥有可直接使用被出售的软件包的比较简单的系统的企业，需要将重点放在与 IT 有关的全盘控制上。

A. 研讨与 IT 有关的业务处理控制的评价

审计师遵从以下程序，对与 IT 有关的业务处理控制的建立和运用情况评价进行研讨。

a. 审计师通过阅览系统设计书，对编制的系统是否执行的是企业所预想的会计处理进行确认。

b. 此时，审计师，对以下评价事项需注意：
· 是否采取了确保输入信息的完整性、正确性、正当性等的手段。
· 是否适当地进行了错误数据的修正和再处理。
· 是否对供应商、销售商等的主要数据进行适当的维护管理。
· 是否实施了与系统的使用有关的认证、操作范围的限定等适当的存取管理。

c. 审计师对业务处理控制的运用情况进行确认。

审计师通过对上述 A 取得的记录等的阅览、对适当的管理人员或负责人员进行询问等，对业务处理控制的事实情况和自我检查情况进行研讨。

此时，针对每个与成为评价对象的业务处理控制有关的控制上的要点，抽出一部分交易（抽查），将与该交易有关的系统的输入信息和系统的输出信息进行比较，验算是否得到预想的输出信息，例如通过按照输入数据进行验算来确认。

审计师，如前所述，基本上，通过使用审计师自行选择的样品进行试查，取得适当的审计证据，审计师在对管理层抽出的样品的妥当性进行研讨，以及对管理层的工作结果的一部分进行验证的基础上，可以将管理层在评价时选择的样品作为自行选择的样品的一部分使用。

而且，使用 IT 的内部控制是反复持续一贯的处理，在评价其建立情况为有效的情况下，以与 IT 有关的全盘控制的有效性为前提，比人工内部控制，例如在减少样品数、缩短样品的对象期间方面等，一般可以减少运用情况的研讨工作。另外，关于使用 IT 自动化的内部控制，考虑上年度的研讨结果，从研讨的时点开始内部控制没有变更，没有发生障碍、错误等不良情况，以及相关全盘控制的建立和运用情况的研讨结果，可以判断全盘控制有效地发挥作用的情况下，通过记录其结果，可以继续使用该研讨结果。

关于上述内容，财务报表审计的实施过程中，一般会取得一定的审计证据，这种情况下，可以使用其证据。

B. IT 专家的使用

审计师在制定审计计划和实施内部控制审计时，应对企业的 IT 使用情况和 IT 带给与财务报告有关的内部控制的有效性评价的影响进行研讨，判断是否使用专家的业务。如果使用专家的业务，审计师在考虑该专家是否不仅单纯地拥有 IT 知识，还拥有带给信息系统的相关财务报告重要影响的风险的评价所需的知识等，在考虑专家的能力的同时，还要考虑该专家的业务立场是否具有充分的客观性。

③研讨委托业务的评价

如果管理层委托给外部受托公司的业务，构成成为评价对象的业务程序的一部分，关于该委托业务，例如，审计师应对如下内部控制的有效性进行研讨。

A. 关于与委托业务有关的内部控制，了解针对受托公司和受托公司提供的业务，企业实施的内部控制。

B. 企业针对受托公司的业务自行实施内部控制的情况下，确认管理层实施验证的情况。

C. 关于委托业务，企业从受托公司取得记载了受托公司实施的内部控制的建立和运用情况的相关确认结果的报告等，这种情况下，对该报告是否提供了充分的证据进行研讨。

④研讨与业务程序有关的内部控制的不健全

如果内部控制的不健全被识别出来，审计师对该不健全各单项或组合是否符合重要缺陷，进行如下判断：

A. 对由业务程序发现的不健全可能给哪个核算科目等在多大范围内带来影响进行研讨。

如果发现与业务程序有关的不健全，在判断不健全的重要性时，对与该业务程序有关的内部控制的不健全给哪个核算科目在多大范围内带来影响进行研讨。

例如，在有的事业地点，在与有的商品销售有关的业务程序中出现问题，该问题影响的是主营业务收入，该销售程序贯穿该事业地点（例如，在有的事业地点，所有的出货是经过定型化的销售程序进行的，在该出货程序中发现不健全的情况）的情况下，带给该事业地点全体的主营业务收入影响的一方面，如果出现问题的业务程序是与特定商品有关的销售程序的固有程序，那么可以认定仅对该商品的主营业务收入产生影响。

另外，如果在其他事业地点，也贯穿使用与产生问题的业务程序同样的业务程序（例如，在别的事业地点，也按照统一程序等，经过与刚才的事业地点同一程序进行销售），上述问题的影响，也涉及该其他事业地点全体的主营业务收入。但是，关于最终的内部控制的不健全程度，如以下 B 所示，在该其他业务据点，考虑实际发生问题的概率的高低等来决定。

B. 研讨实际发生影响的可能性

审计师对上述 A 研讨的影响实际发生的可能性进行研讨。此时，用对发生概率抽样检查的结果统计导出，如果认为比较困难的话，例如，注意以下列举的事项，定性把握风险的程度（例如，发生可能性的高、中、低），据此将预先制定的比率作为发生概率使用。

这种情况，如果判断发生概率比能无视影响的发生的可能性的程度低，也可以从判断中去除。

· 检出的例外事项的大小、频率

例如，试查得出的研讨结果，检出的错误等的规模越大，检出频率越高，影响发生的可能性越高。

· 检出的例外事项的原因

例如，在事业地点，虽然遵守了内部控制的相关规定，但是因疏忽发生错误，也比完全不遵守内部控制规定，发生影响的可能性低。

· 有的内部控制与其他内部控制的替代可能性

例如，如果内部控制认可替代可能性，有的内部控制的不健全可能由其他内部控制补充，这种情况下，发生影响的可能性就会降低。

C. 内部控制的不健全的实质性的、金额性的重要性的判断

考虑上述 A、B 所要求的因素得出的金额和发生可能性，研讨该不健全带给财务报告的潜在影响额，对照"Ⅱ 与财务报告有关的内部控制的评价和报告"1②重要缺陷的判断准则，判断其实质性的、金额性的重要性。如果业务程序不健全带来的影响具有实质性的或金额性的重要性，判断该不健全符合重要缺陷。

而且，如果内部控制的不健全为复数存在，对合计影响额（扣除重复额）后，是否不符合重要缺陷进行研讨。

D. 对使用 IT 的内部控制有关的 IT 全盘控制的不健全的处理

与使用 IT 的内部控制有关的 IT 全盘控制，是为对与 IT 有关的业务处理控制有效发挥作用的环境进行保证的内部控制，假定，全盘控制不健全的情况下，即使是为业务处理控制有效地发挥作用而建立的，也有可能无法继续维持其有效运行。因此，发现全盘控制不健全的情况下，要求及时对其进行改善。

但是，与 IT 有关的全盘控制的不健全，其自身不一定与财务报告的重要事项发生虚假记录的风险有直接联系，只要能够验证业务处理控制现在有效发挥作用，不能将全盘控制不健全评价为重要缺陷。

（3）内部控制的重要缺陷的报告和更正

审计师在实施内部控制审计中，如果发现了内部控制的重要缺陷，向管理层报告并要求更正的同时，应对该重要缺陷的更正情况进行研讨。另外，审计师应该把该重要缺陷的内容和其更正结果，报告给董事会和审计员或审计委员会。

审计师发现了内部控制的不健全，也应向适当人员报告。

审计师关于内部控制审计的结果，应向管理层、董事会和审计员或审计委员会会报告。

（注）审计师在内部控制审计的过程中发现的内部控制的重要缺陷，需要在法定审计的终了日之前，向管理层、董事会和审计员或审计委员会报告。

①重要缺陷等的报告

〔内部控制审计中发现的重要缺陷等的报告〕

审计师如果在审计过程中发现重要缺陷,应将其内容向管理层报告并要求更正。另外,审计师应将向管理层报告的该重要缺陷的内容要点,向董事会和审计员或审计委员会报告。

虽然没有要求审计师积极发现重要缺陷以外的不健全,但是如果在审计过程中,发现与财务报告有关的内部控制的其他不健全,应及时向适当的管理负责人报告。

在审计师的报告中,应明确报告对象的不健全之处,是内部控制上的问题还是重要缺陷。但是如需要迅速报告的情况下,在该时点不要明确该区别而及时报告,关于该区别应另行报告。

②重要缺陷的更正情况的研讨

〔期中存在的重要缺陷的更正情况的确认〕

审计师如果在审计过程中,发现内部控制的重要缺陷,向管理层报告并要求更正的同时,应适时确认该重要缺陷的更正情况。

即使管理层或审计师发现了重要缺陷,包括以前年度发现的重要缺陷,只要在内部控制报告的评价时点(期末日)之前将其更正,就可以认定内部控制有效。

审计师应将重要缺陷的更正结果向董事会和审计员或审计委员会报告。

而且,如果在评价时点(期末日)之前,对重要缺陷实施更正措施,审计师对管理层关于实施的更正措施进行的评价是否适当进行确认。

③期末后的更正措施

A. 期末日后实施的更正措施的研讨

如果在内部控制报告中附注期末日后实施的重要缺陷的更正措施,审计师为了对与该更正措施有关的内部控制报告的附注事项等的记录内容的妥当性进行研讨,实施例如以下程序。

a. 取得与该更正措施有关的请示书等内部管理文件,并确认其内容。

b. 关于更正措施的内容,询问财务、会计和相关职务的负责职员等。

c. 在合并子公司实施更正措施,该合并子公司由其他审计师审计,这种情况下,由该审计师确认与该更正措施的内容有关的审计师见解等。

B. 关于期末日后实施的更正措施的追加记录

关于管理层作为附注事项记载在内部控制报告中的期末日后实施的更正措施内容,审计师判断为适当的情况下,再作为追加信息记载在内部控制审计报告中。

如果审计师认为更正内容的记载不恰当,应发表附有该不恰当的记载的例外事项的保留意见,或发表否定意见的内部控制报告,并记录其理由。

另外,在内部控制报告的提交日之前,建立有效的内部控制,确认其运行的有效性,这种情况下,管理层将完成更正措施的要点和实施的更正措施内容一起记录,在存在这样的记录时，审计师应对记录内容的适当性进行确认。

但是，关于这些记录事项，在实施财务报表审计的过程中，如果获得一定的审计证据，注意适当地使用这些审计证据。

（4）舞弊等的报告

审计师在实施内部控制审计的过程中，如果发现舞弊或违反法令的重大事实，应在向管理层、董事会和审计员或审计委员会报告并寻求适当应对的同时，对带给内部控制有效性的影响程度进行评价。

审计师在实施内部控制审计的过程中，如果发现舞弊或违反法令的事实，在向管理层、董事会和内部审计员或审计委员会报告并寻求适当应对的同时，对带给内部控制有效性的影响程度进行研讨，其结果，如果该事实符合内部控制不健全或重要缺陷，则采取上述（3）中记载的应对措施。

（5）与审计员或审计委员会的协作

审计师为了有效果且有效率地实施审计，应决定与审计员或审计委员会协作的范围和程度。

审计师为了有效果且有效率的事实审计，应决定与内部审计员或审计委员会协作的范围和程度。在此，关于协作的方法、时间和信息、意见、应交换的事项等，根据被审计公司所处的情况，审计员等协议决定。

（6）其他审计师等的使用

审计师如果要使用由其他审计师实施的内部控制审计的结果，应考虑由该其他审计师实施的内部控制审计结果的重要性和其他审计师的可靠性程度，对其他审计师实施的审计是否适当进行评价，决定其他审计师实施的审计结果的使用程度和方法。

审计师应在对构成内部控制基本要素监督的一部分的企业内部审计情况进行评价的基础上，确定内部审计结果的使用范围和程度。

①其他审计师的使用

对于内部控制审计中其他审计师的审计结果使用，依据财务报表审计一般认为公允妥当的基准进行判断。

而且，关于驻外子公司中的其他审计师的审计结果的使用，如果国外审计师按照国内基准以外的审计准则实施内部控制审计，审计师能够做出与按照国内基准实施实质上等同的判断，此时，可以使用按照该审计基准实施的审计结果。

②专家业务的使用

关于与财务报告有关的内部控制审计中的专家业务的使用，也是依据财务报表审计中的一般认为公允妥当的基准来判断。

③内部审计师等的工作的使用

A. 内部审计师等的工作的验证

内部审计师进行与内部控制有效性的评价相关的工作时，审计师虽然不能用内部审计师等的工作代替自己的验证，但是在对内部审计师等的工作质量和有效性实施验证的基础上，可以作为对管理层的评价的审计证据使用。

B. 验证内部审计师等的工作时应实施的程序

审计师在验证内部审计师等的评价工作的质量和有效性时，应实施以下程序：

a. 工作实施者的能力和独立性的研讨

审计师对评价工作的实施者是否具备适当的专业能力，以及是否与实施评价的业务独立，进行研讨。

b. 关于该工作的一部分的研讨

审计师为判断内部审计等的评价工作的质量和有效性，对其工作的一部分进行验证。

5. 审计师的报告

（1）与意见相关的例外

> 审计师在内部控制报告中，关于管理层决定的评价范围、评价程序以及评价结果有不适当的内容，不能发表无保留意见的情况下，判断该影响对内部控制整体虚假表示不重要时，应发表附例外事项的保留意见。这种情况下，在对内部控制报告的意见中，应记载例外的不适当事项，和其对财务报表审计的影响。
>
> 审计师在内部控制报告中，关于管理层决定的评价范围、评价程序以及评价结果有明显不适当的内容，判断内部控制整体为虚假表示时，应发表否定意见的内部控制报告。这种情况下，应记录内部控制报告不适当的要点和理由，以及对财务报表审计的影响。

[保留意见的发表]

管理层决定的评价范围、评价程序以及评价结果不适当，审计师不能发表无保留意见的情况下，判断该影响将内部控制整体虚假表示不重要时，应发表保留意见。

例如，管理层的评价结果，与财务报告有关的内部控制的相关重要缺陷是一致的，在内部控制报告中记录期末日后实施的更正措施的情况下，说明审计师判断该更正措施的相关管理层记录不适当的情况。

（2）审计范围的规定

> 审计师因不能实施重要的审计程序，而不能发表无保留意见的情况下，如果判断该影响没有重要到不能发表对内部控制报告的意见，那么应发表附有例外事项的保留意见。这种情况下，应在实施的审计概要中记录不能实施的审计程序，在对内部控制报告的意见中记录该事项对财务报表审计的影响。
>
> 审计师因不能实施重要的审计程序，而不能获得对内部控制发表意见的合理的基础时，不能发表意见。这种情况下，应记录不发表对内部控制报告的意见要点和其理由。

[与评价范围的规定有关的审计上的处理]

审计师应对因是否认可"不可抗拒事项",不能对内部控制的一部分实施充分的评价程序的正当理由进行研讨。除因不得已的事情不能实施充分的评价程序的范围外,审计师在判断依据一般认为公允妥当的内部控制评价标准,关于财务报告有关的内部控制评价,认为在所有重要方面适当地表现的情况下,在内部控制审计报告中发表无保留意见。此时,审计师应在内部控制审计报告中追加记录,管理层因不得已的事情,排除评价范围以外的范围和其理由。

而且,在认可管理层不能实施一部分评价程序的正当理由,发表无限定适当意见的情况下,应注意以下方面:

A. 管理层除因不得已的事情不能充分实施评价程序的一部分内部控制外,整体适当的实施了对与财务报告有关的内部控制有效性的评价。

B. 因不得已的事情不能实施充分的评价程序的内部控制范围,未达到对财务报告有关的内部控制整体的金额上、实质上的影响符合重要缺陷的程度。

（3）追加信息

> 审计师应在内部控制审计报告中追加以下事项:
>
> ①管理层在内部控制报告中记录了与财务报告有关的内部控制存在重要缺陷的要点和未修正的理由,这种情况下,判断该记录适当并发表无保留意见时,应追加记录该重要缺陷和未修正理由以及该重要缺陷对财务报表审计的影响。
>
> ②对与财务报告有关的内部控制有效性的评价产生重要影响的期后事项。
>
> ③期末日后实施的更正措施等。
>
> ④认可管理层是因不得已的事情,不能实施一部分评价程序,而发表无保留意见的情况下,未能实施充分的评价程序的范围及其理由。

[在内部控制报告中记载的期后事项的研讨]

有无对与财务报告有关的内部控制的有效性评价产生重要影响的期后事项发生,及在存在应记载在内部控制报告中的期后事项的情况下,审计师对是否适当地记录了该期后事项进行确认。

对有无重要期后事项的发生进行确认的程序如下:

A. 关于是否发生了应确认为重要期后事项的事项,向财务、会计负责职员等进行询问。

B. 阅览结算日后召开的股东大会、董事会、内部审计员会议和常务会等重要会议的会议记录。在不能取得会议记录的情况下,对会议中讨论的事项进行询问。

但是,审计师在实施财务报表审计的过程中,对重要的期后事项进行把握,这种情况下,可适当的使用在财务报表审计的实施过程中获得的重要期后事项的相关审计证据。

（参考图1）

与财务报告有关的内部控制的构筑程序

1. 基本计划和政策的制定

管理层根据与内部控制的基本政策有关的董事会决定，要区别整个公司水平和组织内部的业务程序水平，实施与财务报告有关的内部控制，而制订基本计划和政策。

※作为管理层应制定的基本计划和政策，列举如下：

①应构筑的内部控制的政策、原则、范围和水平。

②构筑内部控制时的负责人和全公司的管理体制。

③内部控制构筑的程序和日程。

④与内部控制的构筑有关的人员和其编成、教育、训练方法。

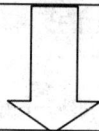

2. 内部控制的建立情况的把握

把握内部控制的建立情况，并记录、保存其结果。

①关于全公司的内部控制，按照现存的内部控制的相关章程、惯例和其遵守情况等，把握全公司的内部控制建立情况，并记录、保存。

※如果有实行的公司惯例等，将其明文规定。

②关于重要业务程序，把握、记录、保存内部控制的建立情况。

·对于组织上的重要业务程序，整理并了解交易流程、会计处理的过程。

·关于整理并了解的业务程序，识别发生虚假记录的风险，对那些风险与财务报告或核算科目等相关的，通过纳入业务中的内部控制是否能充分降低进行研讨。

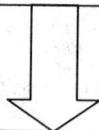

3. 已掌握的不健全的应对和更正

掌握的不健全已经适当地更正

（参考图2）
与财务报告有关的内部控制的评价、报告流程

全公司的内部控制评价
（原则上，对所有的事业地点，用全公司的观点进行评价）

与结算、财务报告有关的业务程序的评价
（用全公司的观点进行的评价适当，关于这一点依据全公司的内部控制评价）

结算、财务报告程序以外的业务程序评价

1. 重要事业地点的选定

采用主营业务收入等金额较高比例的据点，选择达到整体的一定比例（大概 2/3）的据点作为事业地点

※事业地点包括总公司、子公司、分公司、分店、事业部等。

※ 有时因企业所处的环境或事业特性不同而采用不同的指标或追加指标。

⬇

2. 作为评价对象的业务程序的识别

①在重要事业地点中，与企业的营业目的有很大关系的核算科目（一般的事业公司，原则上是主营业务收入、应收账款和存货）的相关业务程序，原则上，全部都是评价对象。

※与该重要事业地点进行的事业或业务的相关性较低，对财务报告的影响的重要性很小的业务程序，可以不作为评价对象。

②在重要事业地点和其以外的事业地点中，考虑对财务报告的影响，对于重要性高的业务程序，个别追加评价对象。

（例）

• 与进行风险大的交易的事业或业务有关的业务程序。

• 与运用估计或管理层的预测的重要核算科目有关的业务程序。

• 发生非定型、不规则的交易等虚假记录的风险高的，应特别留意的业务程序。

③根据全公司的内部控制的评价结果，调整与业务程序有关的评价范围、方法等。

※如果全公司的内部控制无效，需要采取扩大评价范围、追加评价程序等措施

※如果全公司的内部控制有效，选择缩小抽样检查的范围等简单的评价程序，或考虑重要性等，对于评价范围的一部分，可以进行多个会计期间的评价。

⬇

关于评价范围，按照需要与审计师商议

⬇

3. 作为评价对象的业务程序的评价

①把握并整理成为评价对象的业务程序的概要。

②识别业务程序中发生虚假记录的风险和降低风险的控制。

③通过阅览相关文件、询问、观察等，对内部控制的建立情况有效性进行评价。

④通过阅览相关文件、询问、观察、对内部控制实施记录的验证、对自我检查情况的研讨等，评价内部控制的运行情况的有效性。

※在全公司的内部控制评价结果良好的情况下，缩小抽样检查的范围。

⬇

4. 内部控制的报告

如果发现内部控制不健全，在期末日之前修正。

在期末日存在重要缺陷的情况下，进行披露。

（参考图 3）

与业务程序有关的内部控制不健全的研讨

与业务程序有关的内部控制有效性的确认

·通过抽样检查进行确认（获得 90%的可信度，每个控制上的要点至少需要 25 个样本）

※对于反复连续发生的定型交易等，可以降低样本数等。

⬇

把握与业务程序有关的内部控制不健全

⬇

1. 不健全影响范围的研讨

对从业务程序中发现的不健全、对哪个核算科目等、在多大范围内产生影响进行研讨

·如果在有的事业地点，有的商品销售程序发现问题，该销售程序贯穿该事业地点的情况下，会对该事业据点整体的主营业务收入产生影响。

·如果有问题的销售程序是特定商品固有 的，会对该商品的销售收入产生影响。

·即使在其他事业地点采用相同的销售程序的情况下，上述问题的影响会涉及其他事业地点的销售收入。

⬇

2. 影响的发生可能性的研讨

对①中研讨的影响实际发生的可能性进行研讨

·采用抽样检查的结果，统计计算发生概率

·如果计算困难，可估计风险水平发生的可能性，例如，按照高、中、低把握，选用预先制定的比率。

※如果判断低于可以忽视影响发生的可能性的程度，则从判定中去除。

3. 内部控制不健全的实质性的、金额上的重要性的判断

※不健全为复数存在的情况下，进行加计（减去重复数额）。

如果认为是实质性的或金额上的重要性，则判断为重要缺陷

附录9　关于《审计时间估计的相关研究报告（中期报告）》的修正

公开草案：审计、鉴证实务委员会研究报告第 18 号

日本注册会计师协会（审计、鉴证实务委员会）根据 2008 年 4 月 1 日以后开始的事业年度开始执行的财务报告的相关内部控制审计（以下简称"内部控制审计"）和季度财务报表审阅（以下简称"季度审阅"），对审计、鉴证实务委员会研究报告第 18 号"审计时间估计的相关研究报告（中期报告）"的修正进行了研讨。

此次得出了大体的结论，于 2008 年 3 月 18 日发表"审计、鉴证实务委员会研究报告第 18 号关于《审计时间估计的相关研究报告（中期报告）》的修正（公开草案）"。

公开草案例示的审计时间估计例是在制定的前提条件下，由预计需要的工作积累起来的，而不是实施财务报表审计、内部控制审计和季度审阅时的标准时间。在估计实际的审计时间时，需要考虑被审计公司的固有情况。另外，本项公开草案是设想内部控制审计和季度审阅能够顺利实施的情况后，进行估计的，未考虑制度执行初期所特有的事情。

（摘录自日本注册会计师协会网站）

关于《审计时间估计的相关研究报告（中期报告）》的修正

公开草案：审计、鉴证实务委员会研究报告第 18 号

年　月　日

日本注册会计师协会

审计、鉴证实务委员会研究报告第 18 号关于《审计时间估计的相关研究报告（中期报告）》的修改如下：

公开草案	现行
审计、鉴证实务委员会研究报告第 18 号	审计、鉴证实务委员会研究报告第 18 号
审计时间估计的相关研究报告	**审计时间估计的相关研究报告**
2006 年 9 月 25 日 修正　年　月　日	2006 年 9 月 25 日 修正　年　月　日
Ⅰ　前言 　　日本注册会计师协会（以下简称"协会"）发出会长通告"审计实务的充实——确保充分的审计时间的必要性"（2004 年 9 月 16 日），为提高审计的可靠性，各位会员深刻认识到需要确保充分的审计时间，呼吁努力充实审计实务。 　　另外，协会设置了审计充实强化对策的相关研究小组，为支持企业内容披露制度的审计实务，积极呼吁确保适当的审计时间的重要性，取得了被审计公司或投资者等利害关系者的理解，总结发表了"审计充实强化对策的相关建议（中期报告）"（2005 年 6 月 13 日）。此建议中讲述了"协会为取得审计制度的相关利害关系者的充分理解，对前提条件等进行研讨…… 应迅速推进将审计时间预估例作为内容的研究"。 　　审计、鉴证实务委员会接受此建议，关于预估审计时间进行研讨，2006 年 9 月 25 日总结了本研究报告。 　　此次，关于依据 2008 年 4 月 1 日以后开始的营业年度引入的与财务报告有关的内部控制审计（以下简称"内部控制审计"）和季度财务报表审阅（以下简称"季度审阅"）的	Ⅰ　前言 　　日本注册会计师协会（以下简称"协会"）发出会长通告"审计实务的充实——确保充分的审计时间的必要性"（2004 年 9 月 16 日），为提高审计的可靠性，各位会员深刻认识到需要确保充分的审计时间，呼吁努力充实审计实务。 　　另外，协会设置了审计充实强化对策的相关研究小组，为支持企业内容披露制度的审计实务，积极呼吁确保适当的审计时间的重要性，取得了被审计公司或投资者等利害关系者的理解，总结发表了"审计充实强化对策的相关建议（中期报告）"（2005 年 6 月 13 日）。此建议中讲述了"协会为取得审计制度的相关利害关系者的充分理解，对前提条件等进行研讨…… 应迅速推进将审计时间预估例作为内容的研究"。 　　审计、鉴证实务委员会接受此建议，关于预估审计时间进行研讨，总结了本研究报告。

公开草案	现行
审计时间估计，进行研讨，决定修正本研究报告。 　公开草案例示的审计时间，是在制定的前提条件下，由预计需要的工作积累起来的，而不是实施财务报表审计、内部控制审计和季度审阅时的标准时间。另外，本项公开草案是设想内部控制审计和季度审阅能够顺利实施的情况后，进行估计的，未考虑制度引入初期所特有的事情。 　需注意本研究报告从确保审计业务质量的观点出发，在估计实际的审计时间时，以有助于会员作实务参考为目的，预计在具体地考虑了被审计公司固有情况并作必要修正后使用。	 　本研究报告从确保审计业务质量的观点出发，在估计实际的审计时间时，以有助于会员作实务参考为目的，正在预计在具体地考虑了被审计公司固有情况并作必要修正后使用。 　而且，本研究报告根据审计环境的变化，成为审计师实施严格审计的基础。另外，为得到利害关系者的理解，作为审计时间的估计例而编制，如果导入了与财务报告有关的内部控制审计或季度审阅等新制度，需要根据这些情况的变化进行修正，因此本研究报告作为中期报告。
1. 审计环境的变化 （1）利用风险导向 　通过事业上的风险（商业风险）的高度化，经济交易的多样化、复杂化以及会计实务的 IT 化进展等会计交易复杂性的增加，或会计准则的重复修正，以达到审计水平严格度增加。另外，以事业上的风险等的风险研究为依据的审计基准，要求在审计中更严格地评价重要虚假表示的风险。在这样的审计环境下，要维持审计质量是需要相当的审计时间的。 （2）与管理层的讨论及与审计人员等的交流的充实 　与管理层的讨论，即使从重视事业上的风险等风险导向的观点出发，其充实也是必要的。	1. 审计环境的变化 （1）利用风险导向 　通过事业上的风险（商业风险）的高度化，经济交易的多样化、复杂化以及会计实务的 IT 化进展等会计交易复杂性的增加，或会计准则的重复修正，以达到审计水平严格度增加。另外，以事业上的风险等的风险研究为依据的审计基准，要求在审计中更严格地评价重要虚假表示的风险。在这样的审计环境下，要维持审计质量是需要相当的审计时间的。 （2）与管理层的讨论及与审计人员等的交流的充实 　与管理层的讨论，即使从重视事业上的风险等风险导向的观点出发，其充实也是必要的。

公开草案	现行
一方面，与审计师和审计人员或审计委员议会或审计委员会（以下称为审计人员等）的交流，对发现由于管理层舞弊而导致的财务报表虚假记录是比较有效的。最近审计的事件多为管理层舞弊或管理层与外部合谋。如果对此进行考虑，就需要再确认其沟通的重要性。 （3）在注册会计师、审计审查会的监督体制下的审计质量的管理 　　注册会计师、审计审查会发出"进一步提高质量管理审阅的作用——日本注册会计师协会质量管理审阅的真实情况把握和建议"（2005 年 2 月 8 日），"关于……存在未能确保充分的审计时间之疑义的审计业务……在质量管理审阅的实施上要严格处理，需要进行必要的改善劝告"。此外，"审计时间反映了包括一般的社会要求、审计会计规范的其他审阅对象的事业内容、经营环境和 IT 使用的内部控制情况等或审计事务所的体制。因此，审计时间是对审计质量有重要影响的指标"。对于上述内容，审计师应按照经济社会要求的审计期待，确保比以往增加充分的审计时间，实施严格审计。 2. 审计时间估计的重要性 （1）有关配合与充分审计时间的确保为利害关系者的理解和同意 　　充分的审计时间是为确保审计质量而要求的。但是，要确保充分的审计时间，不可否认，在某些方面很难得到利害关系者的理解。为此，审计人员关于审计的实施内容，需要通过审计业务进行说明。审计事务所的质量管理体制、独立性的验证、审查体制的强化等，自我审计业务确保适当的质量，关于这一点，尽到说明责任所需的时间包括在这个审计时间中，也需要得到利害关系者的理解。	一方面，与审计师和审计人员或审计委员议会或审计委员会（以下称为审计人员等）的交流，对发现由于管理层舞弊而导致的财务报表虚假记录是比较有效的。最近审计的事件多为管理层舞弊或管理层与外部合谋。如果对此进行考虑，就需要再确认其沟通的重要性。 （3）在注册会计师、审计审查会的监督体制下的审计质量的管理 　　注册会计师、审计审查会发出"进一步提高质量管理审阅的作用——日本注册会计师协会质量管理审阅的真实情况把握和建议"（2005 年 2 月 8 日），"关于……存在未能确保充分的审计时间之疑义的审计业务……在质量管理审阅的实施上要严格处理，需要进行必要的改善劝告"。此外，"审计时间反映了包括一般的社会要求、审计会计规范的其他审阅对象的事业内容、经营环境和 IT 使用的内部控制情况等或审计事务所的体制。因此，审计时间是对审计质量有重要影响的指标"。对于上述内容，审计师应按照经济社会要求的审计期待，确保比以往增加充分的审计时间，实施严格审计。 2. 审计时间估计的重要性 （1）有关配合与充分审计时间的确保为利害关系者的理解和同意 　　充分的审计时间是为确保审计质量而要求的。但是，要确保充分的审计时间，不可否认，在某些方面很难得到利害关系者的理解。为此，审计人员关于审计的实施内容，需要通过审计业务进行说明。审计事务所的质量管理体制、独立性的验证、审查体制的强化等，自我审计业务确保适当的质量，关于这一点，尽到说明责任所需的时间包括在这个审计时间中，也需要得到利害关系者的理解。

公开草案	现行
（2）审计报酬的披露 　　在有价证券报告和事业报告中，进行审计报酬的披露，可以使利害关系者就管理层和审计人员等是否有充分的审计时间及该审计时间是否有适当的等价审计报酬支付进行判断。利害关系者，特别是股东，可以在股东大会上要求管理层或审计人员等对审计报酬的披露内容进行说明。管理层或审计人员等为了尽到此说明责任，审计师因为需要对管理层或审计人员等对审计时间进行充分的说明，而需要更详细的估计。 （3）审计质量的提高 　　从审计效率性的观点出发，也应制订适当的审计计划，并按照其计划的估计实施审计，以期待在对人力资源配置的效率化或结算报告的早期化等方面推进管理。 Ⅱ 估计审计时间的方法 1. 审计时间的估计方法 　　审计时间的估计技巧很广，分为从研究整体的规模概算的"下达估计"、通过使用特定的系数计算规模或工时算出的"系数模式估计"、对每个工时的成本进行累积的"上传估计"三类。它们各自分别采用工学手法，重视客观性的技巧和经验的手法，重视过去的实绩的技巧。 　　一般来说，在研究中，对"规模"、"工时、期间"、"成本"、"制定卖价"分别估计，但是因会计审计原则上每年反复实施，大概决定其范围、程序、成果等，可以说重视经验或过去的实绩的"上传估计"是适合的方法。 2. "上传估计"的程序 　　会计审计中的"上传估计"，按照以下程序实施：首先，清查全年业务所需的工作。此时，以预先设想的审计风险评价结果为前提，制定访问审计事务所数量、成本对象和程序等工作范围。其次，按签订审计合同等	（2）审计报酬的披露 　　在有价证券报告和事业报告中，进行审计报酬的披露，可以使利害关系者就管理层和审计人员等是否有充分的审计时间及该审计时间是否有适当的等价审计报酬支付进行判断。利害关系者，特别是股东，可以在股东大会上要求管理层或审计人员等对审计报酬的披露内容进行说明。管理层或审计员等为了尽到此说明责任，审计师因为需要对管理层或审计人员等对审计时间进行充分的说明，而需要更详细的估计。 （3）审计质量的提高 　　从审计效率性的观点出发，也应制订适当的审计计划，并按照其计划的估计实施审计，以期待在对人力资源配置的效率化或结算报告的早期化等方面推进管理。 Ⅱ 估计审计时间的方法 1. 审计时间的估计方法 　　审计时间的估计技巧很广，分为从研究整体的规模概算的"下达估计"、通过使用特定的系数计算规模或工时算出的"系数模式估计"、对每个工时的成本进行累积的"上传估计"三类。它们各自分别采用工学手法，重视客观性的技巧和经验的手法，重视过去的实绩的技巧。 　　一般来说，在研究中，对"规模"、"工时、期间"、"成本"、"制定卖价"分别估计，但是因会计审计原则上每年反复实施，大概决定其范围、程序、成果等，可以说重视经验或过去的实绩的"上传估计"是适合的方法。 2. "上传估计"的程序 　　会计审计中的"上传估计"，按照以下程序实施：首先，清查全年业务所需的工作。此时，以预先设想的审计风险评价结果为前提，制定访问审计事务所数量、成本对象和程序等工作范围。其次，按签订审计合同等

公开草案	现行
管理业务、制订审计计划、分析和评价风险、实证程序、表示的研讨、形成审计意见、审计报告、其他沟通事项为工作单位，分配至每个程序后，每个程序按审计团队中的职务估计时间。 　　而且，为提高估计的精度，如果继续审计，将以前年度的实绩作为参考，实施以前年度估计时间和实际时间的差异分析，将其结果反映在当期的估计中。 Ⅲ 估计审计时间时应考虑的事项 1. 基于风险导向审计 　　在实施基于审计的风险研究中，要求将忽视所造成的财务报表使用者判断错误的虚假表示和形成错误意见的可能性（审计风险）合理地控制在低水平。为此，审计师有责任对体现财务报表发生重要虚假表示的可能性，即"重要虚假表示的风险"（"固有风险"和"控制风险"两个要素相结合），进行评价，在制定对财务报表层面的重要虚假风险的全面对策的同时，按照财务报表层面的重要虚假表示的风险程度，制定"发现风险"的程度，实施风险对应程序、制定其实施时间和范围。基于审计的风险研究，由于审计资源的限制，应通过将审计员或时间重点安排在重要虚假表示风险程度高的审计领域，以便更有效果且有效率地实现审计。在基于审计的风险研究中，通过审计师对重要虚假表示的风险评价制定的以下事项，会给人员或时间带来影响，因此需要考虑这些估计审计时间。 （1）审计团队的经验和能力； （2）专家业务的使用程度； （3）审计程序的种类、实施的时间和范围； （4）对审计团队的指示、监督和审计记录的查阅方法。 　　另外，在审计基准中，对于与会计估计	管理业务、制订审计计划、分析和评价风险、实证程序、表示的研讨、形成审计意见、审计报告、其他沟通事项为工作单位，分配至每个程序后，每个程序按审计团队中的职务估计时间。 　　而且，为提高估计的精度，如果继续审计，将以前年度的实绩作为参考，实施以前年度估计时间和实际时间的差异分析，将其结果反映在当期的估计中。 Ⅲ 估计审计时间时应考虑的事项 1. 基于风险导向审计 　　在实施基于审计的风险研究中，要求将忽视所造成的财务报表使用者判断错误的虚假表示和形成错误意见的可能性（审计风险）合理地控制在低水平。为此，审计师有责任对体现财务报表发生重要虚假表示的可能性，即"重要虚假表示的风险"（"固有风险"和"控制风险"两个要素相结合），进行评价，在制定对财务报表层面的重要虚假风险的全面对策的同时，按照财务报表层面的重要虚假表示的风险程度，制定"发现风险"的程度，实施风险对应程序、制定其实施时间和范围。基于审计的风险研究，由于审计资源的限制，应通过将审计员或时间重点安排在重要虚假表示风险程度高的审计领域，以便更有效果且有效率地实现审计。在基于审计的风险研究中，通过审计师对重要虚假表示的风险评价制定的以下事项，会给人员或时间带来影响，因此需要考虑这些估计审计时间。 （1）审计团队的经验和能力； （2）专家业务的使用程度； （3）审计程序的种类、实施的时间和范围； （4）对审计团队的指示、监督和审计记录的查阅方法。 　　另外，在审计基准中，对于与会计估计

公开草案	现行
或确认收入等重要的会计判断有关的事项，存在导致财务报表虚假表示的可能性的事项，怀疑存在舞弊的交易、非关联方之间惯例的交易等异常交易等，应作为"需要特别研讨的风险"处理。在实施审计的过程中，需要对其进行特别研讨。具体来说，对于"需要特别研讨的风险"，要求为查明其是否未导致财务报表的重要虚假表示而实施实质性程序，以及根据需要实施内部控制建立情况的调查和运用情况的评价。为此，在估计审计时间时，应充分考虑对"需要特别研讨的风险"的对应。	或确认收入等重要的会计判断有关的事项，存在导致财务报表虚假表示的可能性的事项，怀疑存在舞弊的交易、非关联方之间惯例的交易等异常交易等，应作为"需要特别研讨的风险"处理。在实施审计的过程中，需要对其进行特别研讨。具体来说，对于"需要特别研讨的风险"，要求为查明其是否未导致财务报表的重要虚假表示而实施实质性程序，以及根据需要实施内部控制建立情况的调查和运用情况的评价。为此，在估计审计时间时，应充分考虑对"需要特别研讨的风险"的对应。
2. 影响审计时间估计的主要原因　　审计师在估计审计时间时，也需要考虑除审计风险以外的以下主要原因。根据金融商品交易法，从2008年4月1日以后开始的营业年度引入内部控制审计和季度审阅，为此，需要对该工作需要的时间进行适当的估计。在进行此估计时，应将财务报表审计和内部控制审计作为一体进行。此外，季度审阅以财务报表审计为前提，进行有效果且效率的实施。	2. 影响审计时间估计的主要原因　　审计师在估计审计时间时，也需要考虑除审计风险以外的以下主要原因。
（1）被审计公司的规模和复杂性　　由于被审计公司的大规模化、国际化企业活动的复杂化，导致作为审计对象的事务所、子公司等数量增加，使得审计范围扩大，并且变得复杂。审计师被要求进行繁重的工作和高度的判断，需要考虑审计时间。审计师关于被审计公司的规模和复杂性，需要考虑例如以下事项：①审计程序的实施范围（例如访问审计事务所或子公司等的数量或实施程序的范围等）；②其他审计师审计的子公司等的审计研究；③对于合并财务报表审计的对象子公司等进行单独审计的必要性；	（1）被审计公司的规模和复杂性　　由于被审计公司的大规模化、国际化企业活动的复杂化，导致作为审计对象的事务所、子公司等数量增加，使得审计范围扩大，并且变得复杂。审计师被要求进行繁重的工作和高度的判断，需要考虑审计时间。审计师关于被审计公司的规模和复杂性，需要考虑例如以下事项：①审计程序的实施范围（例如访问审计事务所或子公司等的数量或实施程序的范围等）；②其他审计师审计的子公司等的审计研究；③合并财务报表审计的对象子公司等的单独审计的必要性；

公开草案	现行
④对持续经营企业的前提抱有疑义的事项或情况； ⑤复杂事项的相关专家业务的使用。 （2）被审计公司以往审计结果的使用 　　审计师有无在被审计公司的审计经验或审计经验年数，会影响审计师对被审计公司的业务内容和被审计公司内外的经营环境以及内部控制的理解程度，因此在估计审计时间时需考虑这些情况。初次审计通常与持续审计不同，审计师在制订审计计划时，由于没有对被审计公司进行审计的以往经验供参考，因此，要求审计师实施更广泛的计划活动。关于以往审计结果的使用，需要考虑例如以下事项： ①使用上年度审计中取得的审计证据的可能性（例如通过风险评价程序取得的审计证据）； ②上年度对内部控制有效性进行评价的审计结果（例如发现内部控制不健全和针对该不健全内部控制的改善措施）； ③审计程序实施中 IT 的有效性（例如使用数据或计算机审计技巧的可能性）； ④使用内部审计的可能性； ⑤有无关于被审计公司的业务内容和被审计公司所属行业的专业知识。 （3）被审计单位的固有事项 　　被审计单位的固有事项也有可能对审计时间的估计产生较大影响，例如（以下事项也需要考虑）： ①被审计公司的结算体制和掌握会计知识的程度； ②新会计准则等的影响； ③被审计公司采用的会计政策； ④财务报告的预定时间和审计报告的期限； ⑤影响被审计公司的重要业务展开（例如 IT 或业务程序的变更和主要管理层的更替，以及	④对持续经营企业的前提抱有疑义的事项或情况； ⑤复杂事项的相关专家业务的使用。 （2）被审计公司以往审计结果的使用 　　审计师有无在被审计公司的审计经验或审计经验年数，会影响审计师对被审计公司的业务内容和被审计公司内外的经营环境以及内部控制的理解程度，因此在估计审计时间时需考虑这些情况。初次审计通常与持续审计不同，审计师在制订审计计划时，由于没有对被审计公司进行审计的以往经验供参考，因此，要求审计师实施更广泛的计划活动。关于以往审计结果的使用，需要考虑例如以下事项： ①使用上年度审计中取得的审计证据的可能性（例如通过风险评价程序取得的审计证据）； ②上年度对内部控制有效性进行评价的审计结果（例如发现内部控制不健全和针对该不健全内部控制的改善措施）； ③审计程序实施中 IT 的有效性（例如使用数据或计算机审计技巧的可能性）； ④使用内部审计的可能性； ⑤有无关于被审计公司的业务内容和被审计公司所属行业的专业知识。 （3）被审计单位的固有事项 　　被审计单位的固有事项也有可能对审计时间的估计产生较大影响，例如（以下事项也需要考虑）： ①被审计公司的结算体制和掌握会计知识的程度； ②新会计准则等的影响； ③被审计公司采用的会计政策； ④财务报告的预定时间和审计报告的期限； ⑤影响被审计公司的重要业务展开（例如 IT 或业务程序的变更和主要管理层的更替，以及

公开草案	现行
收购、合并和业务的出售)。	收购、合并和业务的出售)。

（4）内部控制审计

在实施内部控制审计的情况下，审计师在估计审计时间时，需要追加考虑如下事项。

①重要事业地点的数量和成为评价对象的业务程序的数量；

②内部控制审计与财务报表审计的关联性（例如在内部控制审计的过程中获得的审计证据作为财务报表审计的内部控制评价中的审计证据使用，在财务报表审计的过程中获得的审计证据也作为内部控制审计的证据使用）；

③使用被审计公司编制的资料的可能性（例如使用流程图、业务记录、风险控制矩阵等相关文件的可能性等）；

④评价范围变更的可能性（例如管理层的评价范围的妥当程度，选定为重要事业地点的子公司、分店等范围扩大的可能性以及业务程序运用情况评价中的管理层评价的使用程度等）；

⑤内部控制的重要缺陷等存在的可能性（例如在内部控制重要缺陷等存在的情况下，需要其合计、评价、向管理层的报告、更正情况的确认工作）；

⑥集团全体适用统一的政策或程序等的确立程度。

（5）季度审阅

在实施季度审阅的情况下，审计师在估计审计时间时需要追加考虑如下事项：

①季度审阅程序的实施程度（例如，季度审阅程序主要由询问和分析性复核程序组成，虽然未要求实质性测试程序，但是需要详细的分析程序）；

②季度审阅和财务报表审计的相关性（例如，通过使用季度审阅等的工作结果来减轻以前在期末实施的分析性复核程序工作）；

③有无编制第二季度的中期财务报表。

公开草案	现行
3. 审计的效率化 （1）审计实施的效率化 　　为了确保审计质量，提高审计的可信性，需要确保比以前更多的审计时间。一方面，通过审计效率化的努力，必须增加已估计的审计时间。关于这一点，需要得到利害关系者的充分理解。伴随着此次内部控制审计和季度审阅的引入，需要适当地估计这些工作所需的时间。由于内部控制审计与财务报表审计作为一体实施以及季度审阅以财务报表审计为前提，需要为其有效果且有效率地进行而努力。具体来说，需要为如下项目的审计效率化而努力： ①辅助人员空闲时间的削减 　　虽然有时因被审计公司迟交审计所需资料，造成空闲的情况，但是通过安排其他工作，可以尽可能减少空闲时间。 ②事前彻底对被审计公司的负责人进行委托 　　为了减少空闲时间，需要事前的彻底委托。通过在事前对被审计公司委托审计所需资料的准备，可以更有效地实施审计。 ③在审计现场对辅助人员适时地进行指导 　　经验少的辅助人员在编制审计记录时，有时由于不习惯而花费超出预定的时间，或者对审计上不重要的项目实施过度详细的程序而花费超出需要的时间。为了辅助人员有效率地进行审计记录的编制等，需要由更有经验的成员在现场适时地进行指导。 ④被审计公司的账票管理方法的改善 　　如果被审计公司的证据文件参考正确，不仅能节约证据文件的检索所花费的时间，还能保证证据文件的网罗性。将证据文件整理方法的改善委托给被审计公司，也与审计的效率化相联系。 ⑤内部控制审计中的内部审计人员等工作的使用	3. 审计的效率化 （1）审计实施的效率化 　　为了确保审计质量，提高审计的可信性，需要确保比以前更多的审计时间。一方面，通过向更深一层审计效率化的努力，必须增加已估计的审计时间。关于这一点，需要得到利害关系者的充分理解。具体来说，需要为如下项目的审计效率化而努力： ①辅助人员保有时间的削减 　　虽然有时因被审计公司迟交审计所需资料，造成空闲的情况，但是通过安排其他工作，可以尽可能减少空闲时间。 ②事前彻底对被审计公司的负责人进行委托 　　为了减少空闲时间，需要事前的彻底委托。通过在事前对被审计公司委托审计所需资料的准备，可以更有效地实施审计。 ③在审计现场对辅助人员适时地进行指导 　　经验少的辅助人员在编制审计记录时，有时由于不习惯而花费超出预定的时间，或者对审计上不重要的项目实施过度详细的程序而花费超出需要的时间。为了辅助人员能够有效率地编制审计记录等，需要由更有经验的成员在现场适时地进行指导。 ④被审计公司的账票管理方法的改善 　　如果被审计公司的证据文件参考正确，不仅能节约证据文件的检索所花费的时间，还能保证证据文件的网罗性。将证据文件整理方法的改善委托给被审计公司，也与审计的效率化相联系。

公开草案	现行
如果内部审计人员对内部控制的有效性进行评价，审计人员虽然不能用内部审计人员等的工作代替自己的验证，但是在对内部审计人员等的工作质量和有效性进行验证的基础上，可作为对于管理层评价的审计证据使用。为了有效地使用内部审计人员等的工作，并能够有效果且有效率地实施内部控制审计，最好对内部审计人员等进行的内部控制有效性的评价范围、实施时间、实施程序、已实施的程序结果的记录样式等，在事前与被审计公司进行充分的沟通。	
（2）商谈业务	（2）商谈业务
审计时间比当初增加的原因之一是商谈业务。最近只以审计负责人或现场负责人的判断不能答复的问题也存在，除有需要与审计事务所内的质量管理部门或审查部门商议的复杂案件以外，也有需要询问年金计算人等专家意见的商谈事项。而且，伴随着内部控制报告制度和季度报告制度的引入，也应预想到与该制度引入有关的商谈事项的增加。另外，关于当初预定的商谈业务，应该在事前估计时间时包含进去。	审计时间比当初增加的原因之一是商谈业务。最近只以审计负责人或现场负责人的判断不能答复的问题也存在，也有需要与审计事务所内的质量管理部门或审查部门商议的复杂案件。另外也有需要询问年金计算人等专家意见的商谈事项。关于当初预定的商谈业务，应该在事前估计时间时包含进去。
4. 不作为估计对象的事项	4. 不作为估计对象的事项
（1）准备上市公司的预备调查	（1）准备上市公司的预备调查
如果为准备上市公司进行预备调查，被审计公司采用的会计准则大多需要再研讨，关于内部控制也多会有改善的余地。但是，由于审计师对被审计公司的情况不是充分的了解，或者由于被审计公司对审计有不习惯的情况，大多需要比通常更多的时间。由于本研究报告是以已经上市的公司为前提的，如果是准备上市公司的审计，为准备上市进行的预备调查的时间需要另行估计。	如果为公开准备公司进行预备调查，被审计公司采用的会计准则大多需要再研讨，内部控制制度也多有改善的余地。但是，由于审计师对被审计公司的情况不是充分的了解，或者由于被审计公司对审计有不习惯的情况，大多需要比通常更多的时间。由于本研究报告是以已经上市的公司为前提的，如果是准备上市公司的审计，为准备上市进行的预备调查的时间需要另行估计。
	（2）季度财务报表审阅
	本研究报告是以实施上市公司的中期和年度审计为前提进行研讨的。在实施季度财务报

公开草案	现行
	表的审阅时，该业务的相关时间需要另行估计。
	（3）与财务报告有关的内部控制审计
	关于现在企业会计审议会研讨的与财务报告有关的内部控制审计，由于内容还未确定，本研究报告中不包括估计时间。该审计业务引入时，审计时间需要另行估计。
（2）基于日本的会计准则的英文财务报表的审计	（4）基于日本的会计准则的英文财务报表的审计
在实施基于日本会计准则的英文财务报表（以下简称"年度报告"）审计的情况下，在研讨与该部分有关的表示和编制审计报告的同时，还需要进行年度报告的相关审查。此外，一般还要对英文本身进行确认。关于年度报告的审计，不作为本研究报告的对象。在实施该审计的情况下，其审计时间需要另行估计。	在实施基于日本会计准则的英文财务报表（以下简称"年度报告"）审计的情况下，在研讨与该部分有关的表示和编制审计报告的同时，还需要进行年度报告的相关审查。此外，一般还要对英文本身进行确认。关于年度报告的审计，不作为本研究报告的对象。在实施该审计的情况下，其审计时间需要另行估计。
（3）基于国际财务报告准则或美国会计准则的英文财务报告的审计	（5）基于国际财务报告准则或美国会计准则的英文财务报告的审计
关于基于国际财务报告准则或美国会计准则的英文财务报告的审计，需要分别实施遵行性该审计基准的审计，但是不包括在本研究报告的对象中。在实施该审计的情况下，审计时间需要另行估计。	关于基于国际财务报告准则或美国会计准则的英文财务报告的审计，需要分别实施遵行性该审计基准的审计，但是不包括在本研究报告的对象中。在实施该审计的情况下，审计时间需要另行估计。
（4）免税、财务调查、达成协议程序	（6）免税、财务调查、达成协议程序
免税、财务调查、达成协议程序也不作为本研究报告的对象，因此在实施该业务的情况下，该业务的时间需要另行估计。	免税、财务调查、达成协议程序也不作为本研究报告的对象，因此在实施该业务的情况下，该业务的时间需要另行估计。
IV　审计时间的估计案例	IV　审计时间的估计案例
1. 本研究报告的审计时间估计的前提	1. 本研究报告的审计时间估计的前提
在本研究报告中，关于估计审计时间的过程尽可能具体地体现，假设典型的被审计公司，估计审计工作所需的时间，但是，出于为估计工作的提供方便的目的，在估计审计时间时，为符合各具体审计局面，估计时确定的前提条件还需要变更。此次，在进行审计时间的估计时，假设合并的销售收入和资产总额在 2 000 亿日元的水平，总公司在外拥有 10 家分店、6	在本研究报告中，关于估计审计时间的过程尽可能具体地体现，假设典型的被审计公司，估计审计工作所需的时间，但是，出于为估计工作提供方便的目的，在估计审计时间时，为符合各具体审计局面，估计时确定的前提条件还需要变更。此次，在进行审计时间的估计时，假设合并的销售收入和资产总额在 2 000 亿日元的水平，总公司在外拥有 10

公开草案	现行
家工厂、10家国内子公司、4家海外子公司、3家适用权益法的公司和1个物流中心。假设从上一年度以前持续实施金融商品交易法审计鉴证（包括内部控制审计和季度审阅）和公司法审计，过去未发生大的审计上的问题，当期的审计计划中也对审计风险作了大体低的判断。另外，管理层适当地计划了内部控制评价，预测管理层会按照该评价推进评价工作。 　　在审计基准中，原则上，对包含内部控制的重要虚假表示的风险进行评价，并据此实施运行评价程序和实证程序，但是本报告中为便于说明，将固有风险和控制风险区分表示。	家分店、6家工厂、10家国内子公司、4家海外子公司、3家适用权益法的公司和1个物流中心。假设从上一年度以前持续实施证券交易法审计鉴证（包括内部控制审计和季度审阅）和公司法审计，过去未发生大的审计上的问题，当期的审计计划中也对审计风险作了比中度低的判断的公司。 　　对审计时间的估计结果详细记录在附录中，其要点如下： 　　而且，在审计基准中，原则上，对包含内部控制的重要虚假表示的风险进行评价，并据此实施运行评价程序和实证程序，但是在本报告中，将固有风险和控制风险分别按照评价方法表示。

工作内容	中项目	上半期时间合计	下半期时间合计	年度时间合计	对总时间的分割	对总时间的分割
计划	审计合同	18	0	18	0.4%	
	审计计划	170	89	259	5.7%	11.9%
	固有风险的评价	190	74	264	5.8%	
控制风险的评价	控制风险的评价	731.5	593.5	1,325	29.2%	29.2%
实证程序	实证程序	702.5	898	1,600.5	35.2%	43.3%
	表示的研讨	130	238	368	8.1%	
意见形成等	审计意见的形成	93	116	209	4.6%	
	审计报告	67.5	70.5	138	3.0%	15.6%
	商谈事项等	116	144	260	5.7%	
	质量管理	35	65	100	2.3%	
总合计		2,253.5	2,288	4,541.5	100.0%	100.0%

公开草案	现行
以下对在进行此估计时的前提事项进行说明。	以下对在进行此估计时的前提事项进行说明。
（1）审计团队的构成和职务分担	（1）审计团队的构成和职务分担
在审计报告中，鉴于一般多数审计事务所采用的审计团队构成，将审计团队中的职务区分为审计负责人（合伙人）、现场负责人（经理）和助理人员（职员）。此处预想的各个职务大体如下：	在审计报告中，鉴于一般多数审计事务所采用的审计团队构成，将审计团队中的职务区分为审计负责人（合伙人）、现场负责人（经理）和助理人员（职员）。此处预想的各个职务大体如下：
①审计负责人（合伙人）职务	①审计负责人（合伙人）职务
审计负责人职务负责整体管理审计团队，把握大局，指示、监督审计整体工作；制定审计基本政策，指导现场负责人编制详细的审计计划；亲临审计现场，查阅审计记录或听取报告，把握实施情况；除根据需要给予现场负责人指示以外，如有需要，对被审计公司进行建议或要求；查阅审计记录，或征求现场负责人的意见后，形成审计意见。	审计负责人职务负责整体管理审计团队，把握大局，指示、监督审计整体工作；指导现场负责人制定审计政策和审计计划大纲；亲临审计现场，查阅审计记录或听取报告，判断情况，根据需要给予现场负责人指导；如有需要，对被审计公司进行建议或要求；查阅审计记录，或征求现场负责人的意见后，形成审计意见。
②现场负责人（经理）职务	②现场负责人（经理）职务
现场负责人职务与被审计公司和审计负责人紧密联系，负责带领审计团队，有效率地实施审计；根据审计负责人的审计基本政策制订审计计划，获得审计负责人的批准；给辅助人员分配任务，对审计现场工作进行指导；查阅、整理审计记录，向审计负责人报告审计情况；总结重要的问题事项，附上自己的意见向审计负责人提交。	现场负责人职务与被审计公司和审计负责人紧密联系，负责带领审计团队，有效率地实施审计；根据审计负责人的指示制订审计计划，获得审计负责人的批准；给辅助人员分配任务，对审计现场工作进行指导；查阅、整理审计记录，向审计负责人报告审计情况；总结重要的查出事项，附上自己的意见向审计负责人提交。
在本研究报告的估计时间案例中，上述职务全部由2名现场负责人担当，现场负责人的工作时间就增多了，但是如果被审计公司有规模大、辅助人员多的情况等，则可以将对经验较少的辅助人员进行指导的工作或将一部分审计记录查阅工作委任给更有经验的成员等；在计划制订阶段，现场负责人也可以将自己的一部分职务让辅助人员代行。	在本研究报告的估计时间案例中，上述职务全部由1名现场负责人担当，现场负责人的工作时间就增多了，但是如果被审计公司有规模大、辅助人员多的情况等，则可以将对经验较少的辅助人员进行指导的工作或将一部分审计记录查阅的工作委任给更有经验的成员等；在计划制订阶段，现场负责人也可以将自己的一部分职务让辅助人员代行。
③辅助人员（职员）职务	③辅助人员（职员）职务
辅助人员职务是根据给予的任务有计划	辅助人员职务是根据给予的任务有计划

公开草案	现行
地实施审计程序,将已实施的审计程序与所发现的问题记录在审计记录中并报告。 　　在本研究报告中,现场负责人职务主要负责领导审计团队。现场负责人拥有查阅辅助人员编制的审计记录的时间。 （2）审计实施的前提 ①审计团队的编制分为 3 个部分,分别估计时间 ・审计负责人（合伙人）　2 名 ・现场负责人（经理）　2 名 ・辅助人员（职员）　12 名 　　此外,作为 IT 控制风险评价的担当,系统审计部门有 2 名辅助人员参加审计团队。 ②分店、工厂、子公司等的现场审计实施政策 　　公司除总公司外,拥有 10 家分店、6 家工厂、10 家国内子公司、4 家海外子公司、3 家适用权益法的公司、1 个物流中心。符合内部控制审计重要事业地点的是母公司、1 家国内销售子公司和 1 家国内制造子公司。与这些有关的审计的实施政策如下: ・分店:以对各地方客户的销售为业务,所有分店为同一交易形态。因为按照统一的章程实施业务,业务意思决定所需的信息和传达良好,实施对内部控制的统一性进行监督的内部控制。当期,对 10 家分店中的 3 家进行现场审计,对与销售循环有关的控制风险进行评价。 ・工厂:所有的工厂制造统一产品。按照统一的章程实施业务,业务意思决定所需的信息和传达良好,实施对内部控制的统一性进行监督的内部控制。对 6 家工厂中的 2 家进行现场审计,对与采购循环,制造、库存管理循环和工资循环有关的控制风险进行评价。 ・子公司:没有单独签订审计合同的子公司。 －　国内子公司:选择内部控制审计中符合重要事业地点的 1 家国内销售子公司和 1 家国内	地实施审计程序,将已实施的审计程序与所发现的问题记录在审计记录中并报告。 　　在本研究报告中,现场负责人职务主要负责领导审计团队。现场负责人拥有查阅辅助人员编制的审计记录的时间。 （2）审计实施的前提 ①审计团队的编制分为 3 个部分,分别估计时间 ・审计负责人（合伙人）　2 名 ・现场负责人（经理）　1 名 ・辅助人员（职员）　10 名 　　此外,作为 IT 控制风险评价的担当,系统审计部门有 1 名辅助人员参加审计团队。 ②分店、工厂、子公司等的现场审计实施政策 　　公司除总公司外,拥有 10 家分店、6 家工厂、10 家国内子公司、4 家海外子公司、3 家适用权益法的公司、1 个物流中心。对那些公司的现场审计的实施政策如下: ・分店:各分店的业务内容大体相同,因此各分店实施的审计程序也几乎通用。通过每个年度的轮换,当期对 10 家分店中的 3 家进行现场审计。 ・工厂:对 6 家工厂中重要的 2 家进行现场审计。 ・子公司:没有单独签订审计合同的子公司。 －　国内子公司:考虑重要性和每个年度的轮换后,对 10 家中的 5 家进行现场审计。预定

公开草案	现行
制造子公司进行访问审计，对与销售循环，采购循环，制造、库存管理循环和结算处理程序有关的控制风险进行评价。	现场审计的 5 家中，对 2 家实施控制风险评价，对其中 1 家的销售循环、另 1 家的生产循环（包括成本计算）进行控制风险的评价。
— 海外子公司：将海外子公司的现场审计委托给合作事务所，仅实施对其报告内容的研讨和财务报表的内容研讨。	— 海外子公司：将海外子公司的现场审计委托给合作事务所，仅实施其报告内容的研讨和财务报表的内容研讨。
— 适用权益法的公司：不实施现场审计，仅对财务报表的内容实施研讨。	— 适用权益法的公司：不实施现场审计，仅对财务报表的内容实施研讨。
③分店、工厂的审计内容	③分店、工厂的审计内容
·分店：现场审计仅在期中实施。	·分店：现场审计仅在期中实施。
·工厂：各工厂期中进行 1 次控制风险评价，另外期末执行 1 次实质性测试程序。	·工厂：各工厂期中进行 1 次控制风险评价，或期末进行 1 次实质性测试程序。
	④控制风险评价的实施对象的程序
	公司的营业活动分为财务报告循环、销售循环、采购循环、生产循环（包括成本核算）、财务循环、工资循环、固定资产循环。评价控制风险时，在将各个循环进一步详细分别的水平上实施程序。例如销售循环，按每个不同的产品种类、市场、销售形态进行细分。各个业务程序由不同的复数种类的销售循环集中构成，各个循环由更小的复数循环集中构成。通过将各个循环分为更小的循环，可以将业务流通归结在一张共同性较高的流程图中，使内部控制变得容易，因此在本研究报告中，将此更小的循环称为"过程"，用该单位实施控制风险评价。
	关于各个循环，作为实施对象的选择过程的详细说明，参考Ⅳ2（4）的说明。
④盘点的现场监督 在 6 家工厂和 1 个物流中心实施现场监督。	⑤盘点的现场监督 在 6 家工厂和 1 个物流中心实施现场监督。
⑤实际检查 实际检查仅在总公司实施。	⑥实际检查 实际检查仅在总公司实施。
（3）审计日程概略 以 3 月结算为例，展示审计日程概略，大体如下：	（3）审计日程概略 以 3 月结算为例，展示审计日程概略，大体如下：

公开草案		现行	
实施时间	实施项目	实施时间	实施项目
7 月	关于内部控制管理层选定的评价范围、评价体制、评价日程的研讨和与公司的协商	7 月	签订审计业务约定书、编制审计计划
7 月	审计业务约定书的签订	7 月—9 月	固有风险的评价
7 月	审计日程计划的制订		控制风险的评价(包括分店、工厂和子公司的现场审计)
7 月—8 月	第 1 季度审阅	9 月—12 月	中期审计中的实质性测试程序的实施(盘点现场监督、实际检查等)
7 月—8 月	固有风险的评价	11 月—12 月	中期报告等的披露的研讨
9 月	全公司的内部控制评价的研讨	12 月	中期报告中的审计意见的形成
9 月	结算、财务报告程序的评价结果的研讨(上期未结算和第 1 季度结算)	1 月—3 月	固有风险的评价
10 月	IT 全盘控制的评价结果的研讨		控制风险的评价(包括分店、工厂和子公司的现场审计)
10 月—11 月	第 2 季度审阅	3 月—6 月	年度审计中的实质性测试程序的实施(盘点现场监督、实际检查、确认等)
11 月—12 月	业务程序控制的建立情况、运行情况的评价结果的研讨(包括分店、工厂和子公司的现场审计)	4 月—5 月	计算文件等的表示方法的研讨
1 月	IT 全盘控制的评价结果跟踪	5 月	会计法审计中的审计意见的形成
1 月	关于发现的内部控制不健全之处,与公司协议	5 月—6 月	有价证券报告等的披露的研讨
1 月	固有风险的评价的修正	6 月	有价证券报告中的审计意见的形成
1 月—2 月	第 3 季度审阅		
2 月	业务程序控制的建立情况、运行情况的评价结果的研讨(包括分店、工厂和子公司的现场审计)		
2 月—3 月	期中进行改善的内部控制的不健全的再测试		
3 月	结算商谈		
4 月	业务程序控制的建立情况、		

公开草案		现行
	运行情况的评价结果的再次研讨（ROLLFORWARD程序）	
4月—5月	结算、财务报告程序的评价结果的研讨	
4月—6月	年度审计中的实证程序的实施（盘点现场监督、实际检查、确认等）	
4月—5月	计算文件等的表示方法的研讨	
5月	公司法审计中的审计意见的形成	
5月	关于内部控制，管理层的评价结果妥当性的研讨	
5月—6月	有价证券报告等的披露的研讨	
6月	对于内部控制报告的审计意见的形成	
6月	有价证券中的审计意见的形成（财务报表审计）	

2. 估计过程的说明

（1）审计业务约定书

关于在审计业务约定书中约定的各程序，以前年度也实施同样的程序；关于约定书的延续，以没有需要与以前年度不同的判断的事项为前提。

审计业务约定书的业务完成时间，也包括审计时间估计所需要的时间和对被审计公司进行说明所需要的时间。

（2）审计计划

给其他审计师编制的指示书，以给担当4家海外子公司的审计的合作事务所发送指示书为前提。

另外，海外子公司的会计处理准则与母公司统一，以母公司的审计师不需要追加程序为

2. 估计过程的说明

（1）审计业务约定书

关于在审计业务约定书中约定的各程序，以前年度也实施同样的程序；关于约定书的延续，以没有需要与以前年度不同的判断的事项为前提。

审计业务约定书的业务完成时间，也包括审计时间估计所花费的时间和对被审计公司进行说明所需要的时间。

（2）审计计划

给其他审计师编制的指示书，以给担当4家海外子公司审计的合作事务所发送指示书为前提。

海外子公司的审计一般不实施与中期结算有关的工作，在中期审计中也发送与年度同

公开草案	现行
前提。	样的指示书。
审计计划的审查时间包括审查资料的制作时间和有关审计业务的审查负责人（以下称为"审查担当"）的时间。	审计计划的审查时间包括审查资料的制作时间和有关审计业务的审查负责人（以下称为"审查担当"）的时间。
审计程序书在计划阶段暂定做成，反映实施控制风险的评价的结果，假设进行必要的修正。	审计程序书在计划阶段暂定做成，反映实施控制风险的评价的结果，应进行必要的修正。
团队会议（审计计划阶段／审计实施政策的传达）假定为集合审计负责人以下全员进行的会议。审计负责人和现场负责人的时间包括准备会议的时间。	团队会议（审计计划阶段／审计实施政策的传达）假定为集合审计负责人以下全员进行的会议。审计负责人和现场负责人的时间包括准备会议的时间。
（3）固有风险的评价	（3）固有风险的评价
①被审计公司全盘事项的把握	①被审计公司全盘事项的把握
关于被审计公司全盘事项的把握（组织、管理体制以及关于企业环境的理解和审计风险的研讨），需要对管理层、财务负责人、内部审计员、处理内部审计担当、复杂的交易或非惯例交易的员工、法务部门、市场活动和营业担当等询问的准备、实施以及审计记录的编制等所需要的时间进行估计。另外，对被审计公司的经营管理者的访问等希望更有经验的成员自行进行，因此关于审计团队内的工作分配，主要由审计负责人或现场负责人负责。这些工作主要在上半期进行，下半期估计关于企业环境的变化进行跟踪所需的时间。	关于被审计公司全盘事项的把握（组织、管理体制以及关于企业环境的理解和审计风险的研讨），需要对管理层、财物负责人、审计员、处理内部审计担当、复杂的交易或非惯例交易的员工、法务部门、市场活动和营业担当等询问的准备、实施以及审计记录的编制等所需要的时间进行估计。另外，对被审计公司的经营管理者的访问等希望更有经验的成员自行进行，因此关于审计团队内的工作分配，主要由审计负责人或现场负责人负责。这些工作主要在上半期进行，下半期估计关于企业环境的变化进行跟踪所需的时间。
②舞弊风险主要原因的研讨和讨论的实施	②舞弊风险主要原因的研讨和讨论的实施
舞弊风险主要原因的研讨和讨论的实施包括在对管理层、审计员、内部审计担当进行询问的同时，在审计团队内就财务报表是否存在进行虚假表示的可能性进行讨论的时间。关于对管理层的询问，希望由对被审计单位全盘事项的把握更有经验的成员自行进行，因此设想由审计负责人或现场负责人担当。审计团队内的讨论由审计负责人、现场负责人以外的辅助人员中的主要成员参加。	舞弊风险主要原因的研讨和讨论的实施包括在对管理层、审计员、内部审计担当进行询问的同时，在审计团队内就财务报表是否存在进行虚假表示的可能性进行讨论的时间。关于对管理层的询问，希望由对与被审计单位全盘事项的把握更有经验的成员自行进行，因此设想由审计负责人或现场负责人担当。审计团队内的讨论由审计负责人、现场负责人以外的辅助人员中的主要成员参加。
（4）控制风险的评价	（4）控制风险的评价
①控制风险的评价的基本思考方法	①控制风险的评价的基本思考方法

公开草案	现行
在本研究报告中，由同一审计师将财务报表审计和内部控制审计作为一体实施，在内部控制审计的过程中取得的审计证据作为财务报表审计的内部控制评价中的审计证据使用。另外，以在财务报表审计的过程中取得的审计证据作为内部控制审计的证据使用的一体审计为前提，关于内部控制有效性的评价对象作如下规定： ·全公司的内部控制。 ·用全公司的观点进行评价的结算、财务报告程序。 ·个别追加为评价对象的结算、财务报告程序。 ·达到与企业的经营目标有很大关系的核算科目的业务程序： 　销售循环； 　采购循环； 　制造、库存管理循环。 ·其他业务程序： 　财务循环； 　工资循环； 　固定资产管理循环。 ·与上述程序有关的 IT 全盘控制。 ·再测试、补充的控制的成本。 ·不健全的合计、评价（包括对重要缺陷的修正情况的确认）。 　　与 IT 有关的业务处理控制的评价的相关时间数包括对个别追加为评价对象的结算、财务报告程序，达到与企业的经营目标有很大关系的核算科目的业务程序，以及对个别追加为评价对象的其他业务程序进行估计。	审计师立足于控制风险的评价，识别、了解并评价事业运营全盘的相关全盘内部控制。全盘内部控制是指，在被审计公司全公司的水平上，确实支援交易循环中的内部控制的持续建立、运用的行为或结构，包括管理层为了面向目的运营各交易循环，构筑、运用的风险评价的作用或独立评价、各交易循环通用，其基础设施控制环境或信息传达的作用。应识别、了解的事项包括信息系统，但是关于此部分，预定一边接受系统审计部门的支援，一边实施评价。IT 全盘控制的评价和业务应用程序的内部控制评价分开进行估计。在此过程中，对个别应用程序进行评价和验证。 　　本研究报告中，评价控制风险时，将以下交易循环作为对象： ·财务报告循环。 ·销售循环（被审计公司和其子公司中的1家）。 ·采购循环。 ·生产循环（被审计公司和其子公司中的1家）。 ·财务循环。 ·工资循环。 ·固定资产循环。 　　通常，在基于风险研究的审计的实施中，审计师为取得作为财务报表整体的风险评价的基础以及为取得管理层的每个主张的风险评价基础，而需要了解被审计公司的内部控制。内部控制的了解包括，对内部控制设计的评价和对其是否适用于业务进行判断。审计师为取得内部控制是否被适当的设计、是否适用于业务的审计证据而实施风险评价程序，预想内部控制的建立情况评价和运用情况评价。 　　作为风险评价程序的结果，审计师在对管理层的每个主张的重要虚假表示的风险相关评价中，在预想内部控制被有效运用的情况下，为了审计对象在期间内，关于内部控制有效运行，取得充分且适当的审计证据，实施运行评价

公开草案	现行
	程序。运行评价程序的时间间隔在于职业专家的判断。如果依据从上年度确认运行情况的有效性开始没有变更的内部控制，应至少 3 年对内部控制的运行情况的有效性进行 1 次确认。 一方面，作为风险评价程序的结果，不依靠内部控制，主要通过实质性测试程序取得审计证据。审计师从审计的有效性和效率性的观点出发，在判断此做法妥当的情况下，不实施运行评价程序。 在本研究报告中，考虑上述内容，在内部控制没有变更的情况下，3 年 1 轮换，实施运行评价程序。因此，在实施确认内部控制有无变更的程序的基础上，关于内部控制没有变更的重要程序中的一部分，在当期实施运用评价程序。关于其他重要程序，依据上年度的运用评价程序的结果，省略当期的运用评价程序。按照是否实施运用评价程序，关于如下各程序的标准审计时间，设定模型，进行估计。 一般，内部控制的评价在期中实施。关于到期末日为止的期间（以下称为"剩余时间"），应验证内部控制有无变更和其有效性。此程序称为倒推。在倒推的过程中，根据剩余期间的长度或内部控制变更的有无，增减时间。
②用全公司的内部控制和全公司的观点进行评价的结算、财务报告程序 关于全公司的内部控制，假定为没有被判断为发生虚假记录的风险高的事业地点，和母公司的政策统一向子公司展开的企业集团，全公司的内部控制的建立情况和运用情况评价，根据母公司收集的各事业地点的凭证文件，在母公司进行验证。	②为了评价控制风险而设定的预定审计时间模式 关于评价控制风险所需要的时间，制定以下预定审计时间模式，进行估计。

关于评价控制风险所需要的时间表：

		审计负责人	现场负责人	辅助人员	合计
内部控制设计的了解和评价	（注 1）	0.5	3	21	24.5
	（注 2）	（0）	（1）	（7）	（8）
运用评价程序的设计和实施（注 3）		0.5	3	28	31.5
实施倒推(注 4)		0	1	7	8
合计		1	7	56	64

公开草案	现行
	（注1）在此次开始实施控制风险评价的程序中，如果实施对内部控制的设计的了解和评价，对被审计公司的业务程序担当进行询问，了解业务流程并在流程图等中记述。以下已了解的内容是否正确，通过选择数件交易实施穿行测试进行确认。然后，在对被审计公司的内部控制作特别规定的基础上，对其设计在该程序中是否有效地防止固有的风险或者发现已发生的错误进行评价。
	（注2）括号内的数字是，在以前年度的审计中成为评价对象的程序，在当期审计中，从以前年度的变更点等再次评价内部控制的设计的情况下的估计时间。
	（注3）在运用评价程序的设计和实施中，特别指定应作为运用评价程序对象的重要内部控制，为判断测试的程序内容、测试的样品数、测试结果而制定基准，并遵从该基准，实施运用评价程序。关于样品数，成为运用评价程序对象的控制因使用信息系统的自动化内部控制或人工操作的内容控制的不同而不同。这将影响审计时间的估计。如果人工操作的内部控制成为运用评价程序的对象，通常需要从复数月中选择数十件样品。
	（注4）仅在有的程序的运用评价程序已在上半年实施的情况下，在下半年实施倒推。关于这些程序，实施运用评价程序以后到期末之间的期间很长。剩余期间产生的信息系统、处理程序、担当的变更等，与内部控制有关的重要变更的内容和范围的相关审计证据的取得非常有必要。
③个别追加为评价对象的结算、财务报告程序和各业务程序 　关于各程序的建立情况和运用情况的评价，通过分别按每种程序制定1个程序所对应的时间，再乘以每种程序的程序数，进行估计。	③按交易循环估计的前提条件等
A. 个别追加为评价对象的结算、财务报告程序 　在个别财务报表编制时的结算整理的相	A. IT全盘控制的评价 　由系统审计部门的担当，在上半期实施IT

公开草案	现行
关程序中，准备金的计提和税务会计等 5 个程序以及合并结算程序中，位于重要事业地点的 2 家子公司的计算处理程序，考虑对财务报告的影响，个别增加为评价对象，将建立情况的评价所需时间数制定为——前者 1 个程序 18 小时，后者 1 个程序 15 小时。 　　结算、财务报告程序，通过以前年度结算的运用情况和第 1 季度的结算工作，在第 2 阶段验证进行暂定评价，并在年末修正该评价。	全盘控制的评价，在下半期估计其追踪时间。评价对象包括程序和数据的存取、程序的变更、程序开发、计算机运用、终端用户计算。此外，工作时间也包括审计团队和系统审计部门商议所需要的时间、发行审计团队提交的审计结果的相关报告所需要的系统审计部门负责人和现场负责人的审阅时间。 B. 业务应用程序的内部控制评价 　　被审计公司因在年度中预定销售管理系统的重要变更，以在下半年实施销售管理系统的相关业务应用软件的内部控制评价为前提。审计团队在进行各个循环的内部控制评价时，不仅是对人工操作的内部控制进行检查，还要尽可能对使用 IT 的自动化内部控制进行检查。为此，关于实施重要系统变更的销售循环以外的循环，通过审计团队实施的控制风险的评价程序，视同弥补 IT 控制风险。 C. 财务报告循环 　　在财务报告循环中，关于个别和财务报表编制的一连串业务流程，上半年在被审计公司的财务部门实施，并预想下半年没有变更。如果下半年有变更，关于下半年变更的内部控制，需要实施运用评价程序，增加审计时间。 D. 销售循环 　　销售循环由 8 个不同的主要程序构成（A 产品销售、B 产品销售、C 商品销售等）。假定仅其中 1 个程序是这次初次实施控制风险评价的程序。关于运用情况，作为轮换的一环，当期对 8 个程序中的 4 个（上半年 2 个程序、下半年 2 个程序）实施运用评价程序。对于当期不实施运用评价程序的 4 个程序，仅对内部控制的设计进行了解和评价（上半年 2 个程序、下半年 2 个程序）。 E. 采购循环 　　假定采购循环由 6 个主要程序（总公司经费、工厂经费、总公司采购、工厂采购等）构成，仅其中 1 个程序是这次初次实施控制风险评价的程序。关于运用情况，作为轮换的一环，
B. 销售循环 　　销售循环，假定总公司和分店的主要程序 8 个（A 产品销售、B 产品销售等）和重要业地点销售子公司 2 个，合计为 10 个程序。 　　制定建立情况的评价所需要的时间数为 1 个程序 21 小时。关于运用情况的评价，确定为 1 个程序 44 小时。 C. 采购循环 　　假定采购循环由总公司和工厂的主要程序 6 个（A 产品和 B 产品相关购买、C 产品制造相关购买）和重要事业地点中制造子公司 2 个，合计 8 个程序构成。	

公开草案	现行
建立情况的评价所需要的时间数制定为 1 个程序 21 小时。关于运用情况的评价，确定为 1 程序 30 小时。	当期对 6 个程序中的 3 个（上半年 2 个程序、下半年 1 个程序）实施运用评价程序。对于当期不实施运用评价程序的 3 个程序，仅对其相关的内部控制的设计进行了解和评价（上半年 2 个程序、下半年 1 个程序）。
D 制造、库存管理循环 假定制造、库存管理循环由总公司和工厂的主要程序 8 个（C 产品成本计算、物流中心在库管理等）和重要业务据点的 2 家子公司各 1 个，合计 10 个程序构成。 建立情况的评价所需要的时间数制定为 1 程序 21 小时。关于运用情况的评价，确定为 1 程序 30 小时。	**F. 生产循环** 假定生产循环由 8 个主要程序（A 工厂成本计算、B 工厂成本计算、C 物流中心在库管理等）构成，仅其中 1 个程序是这次初次实施控制风险评价的程序。关于运用情况，作为轮换的一环，当期对 8 个程序中的 4 个（上半年 2 个程序、下半年 2 个程序）实施运用评价程序。对于当期不实施运用评价程序的 4 个程序，仅对与其相关的内部控制的设计进行了解和评价（上半年 2 个程序、下半年 2 个程序）。
E. 财务循环 已假定财务循环，因考虑对财务报告的影响，很可能发生重要虚假记录、个别追加为评价对象的程序有 3 个主要程序（资金筹备、资金运用、现金管理）。每期实施 3 个程序的运用评价程序。 建立情况的评价所需要的时间数设定为 1 程序 28 小时。关于运用情况的评价，确定为 1 程序 25 小时。	**G. 财务循环** 假定财务循环有 3 个主要程序（资金筹备、资金运用、现金管理）。每期实施 3 个程序的运用评价程序（上半年 2 个程序、下半年 1 个程序）。关于资金筹备、资金运用、现金管理，也可以有确认复数程序的情况。在此情况下，增加时间。
F. 工资循环 已假定工资循环，因考虑对财务报告的影响，很可能发生重要虚假记录、个别追加为评价对象的程序有 2 个主要程序（总公司、分店和工厂）。每期实施 2 个程序的运用评价程序。 建立情况的评价所需要的时间数设定为 1 程序 28 小时。关于运用情况的评价，确定为 1 程序 25 小时。	**H. 工资循环** 假定财务循环有 2 个主要程序（总公司、分店和工厂）。每期实施 2 个程序的运用评价程序（上半年 1 个程序、下半年 1 个程序）。而且，一般关于工资循环，与销售程序或采购程序比较，内部控制的评价可以在短时间内实施，用比前述的预定审计时间模型少的时间进行估计。
G. 固定资产循环 对固定资产循环仅进行对内部控制的了解和评价。实施实质性程序为主的审计。	**I. 固定资产循环** 对固定资产循环仅进行对内部控制的了解和评价。实施实质性程序为主的审计。 **J. 子公司的销售循环** 子公司的销售循环，对子公司中 1 家的销

公开草案	现行
④IT 全盘控制的评价 　　由系统审计部门的担当在第 2 季度实施 IT 全盘控制的评价,在第3季度估计其跟踪时间。评价对象包括对程序和数据的存储、程序变更、程序开发、计算机运用、终端用户计算,而且工作时间也包括审计团队和系统审计部门商议所需要的时间、发布审计团队提交的审计结果的相关报告所需要的系统审计部门负责人和现场负责人的审阅时间。 　　建立情况的评价所需要的时间数设定为 1 基础设施 65 小时。关于运用情况的评价,确定为 1 基础设施 85 小时。以被审计公司拥有 3 个基础设施进行估计。 　　特别是在 IT 全盘控制无效的案例中,应注意预测其补充的控制的成本需要庞大的时间。 ⑤再测试、补充的控制的成本等所需要的时间 　　以个别追加为评价对象的结算、财务报告程序以及业务程序的评价时间数的10%估计。 ⑥影响控制风险评价的时间数的主要原因 　　控制风险的评价所需要的时间数,根据公司业态和内部控制情况的不同而大有不同。例如进行事业多样化的公司,在海外拥有多家销售子公司,拥有多个不能看作同一性质据点的公司,另外其 IT 的应用程序系统(多数是重要的自动计算或自动处理等)复杂,拥有多个成为 IT 的全盘控制对象的基础设施的公司,需要特别慎重地进行估计。 　　在本研究报告中,以全公司的内部控制的评价结果是有效的为前提,在与业务程序有关的内部控制的运用评价程序中,没有扩大样品	售循环进行内部控制设计的了解和评价以及实施运用评价程序。 K. 子公司的生产循环 　　子公司的生产循环,对子公司中 1 家的生产循环进行内部控制设计的了解和评价以及实施运用评价程序。

公开草案	现行
数与补充程序，现场审计目的地的选定也可以通过抽查轮换对应，并据此进行估计。 　　一般来说，作为对估计时间数影响大的主要原因主要有如下几种： A. 只对重要事业地点和全公司的控制进行评价的据点数的估计。 B. 成为对象的程序数或IT的全盘控制的基础数。 C. 各程序包括的控制上的要点数。 D. 在将内部审计师等的工作作为审计证据使用时，审计师关于工作的一部分进行验证的比例。 E. 实施测试的结果，认定为不健全的控制而实施再测试的比例，或补充的控制测试所需要的时间。 　　特别是，由于管理层的评价结果的使用，受公司的风险控制矩阵等的书面化、测试时的抽查方法和测试的实施结果的记录方法等的影响，成为大的变动主要原因，但是本研究报告在管理层的评价结果相当一部分可以使用的前提下，进行估计。 　　另外，外部审计师的控制风险评价，包括公司为实施抽查的验证程序而进行的准备情况，以及根据公司是否及时提供必要资料等，测试所需时间会有很大变动，但是在本研究报告中，假设能够有效率地实施审计的情况而进行估计。 （5）季度审阅程序 　　在估计季度财务报表项目和季度合并财务报表编制的相关季度审阅程序时，考虑以下方面的估计： A. 为谋求季度审阅程序实施的效率化，决定按业务程序实施。对各业务程序包含的核算科目作如下假设。 a. 结算、财务报告程序相关科目（或项目）：作为核算科目，包括递延资产、应付税金、递延税务资产（负债）、坏账准备、奖金准备、退休福利准备、其他准备、或有负债、期后事项等。 b. 销售程序相关科目：作为核算科目，包括应收	

公开草案	现行
票据、应收账款、主营业务收入、主营业务成本等。 c. 采购程序相关科目（或项目）：作为核算科目，包括存货、其他流动资产、应付票据、应付账款、预提费用、其他流动负债、采购金额、原材料费、制造经费、人件费以外的销售费用和一般管理费等。 d. 生产程序相关科目：作为核算科目，包括制造成本等。 e. 财务程序相关科目：作为核算科目，包括现金、有价证券、投资有价证券、贷款、借款、债券、净资产、金融衍生工具交易、与这些核算科目有关的营业外损益和特别损益等。 f. 工资程序相关科目：作为核算科目，包括销售费用和一般管理费中的人件费、制造成本中的劳务费、与这些核算科目有关的其他流动负债等。 g. 固定资产程序相关科目：作为核算科目，包括有形固定资产、无形固定资产、投资以外的资产、租赁资产、应付款、与这些核算科目有关的营业外损益和特别损益等。 B. 基本上 3 个季度一起估计相同的时间。但是，例外地，关于季度合并财务报表的开始分项的研讨，在第 2 季度基本上已经研讨完毕，因此这一点反映在估计时间上。 C. 工作主要由辅助人员进行，现场负责人查阅辅助人员的工作结果，审计负责人更进一步地查阅现场负责人的工作和查阅结果，并为此设置了时间。 D. 特别是关于 2 家重要子公司（相当规模的公司）的季度审阅程序的实施，以 1 名现场负责人和 2 名辅助人员进行现场审计。1 家的现场审计天数是 2 天，工作 1 天 7 小时。辅助人员进行基本的工作，对企业和企业环境的了解、对管理层或要职等的询问、会计政策的把握和有无变更的研讨以及期间比较、财务分析等的分析程序的实施，对总括的事项，现场负责人也实施。另外，审计负责人为把握情况等，也进行 1 家 2 小时的现场审计。与季度审阅有关的估计时间，每个研	

公开草案	现行
讨项目记录在从第 2 季度到第 4 季度栏中。	
（6）实质性测试程序	（5）实证程序
在估计实质性测试程序的时间时，考虑从以下方面进行估计：	在估计实质性测试程序时，考虑从以下方面进行估计：
• 关于实质性测试程序的实施，也和季度审阅一样，按业务程序估计。	
• 实地盘点监督的实施是在 6 家工厂和 1 个物流中心实施的。	• 实地盘点监督的实施是中期、期末在规模比较小的 3 家工厂实施的，期末在规模大的 3 家工厂和 1 个物流中心实施。
• 财务部门在总公司集中管理，小额现金除外，而实际检查仅在总公司实施。	• 财务部门在总公司集中管理，小额现金除外，而实际检查仅在总公司实施。
	• 实际检查，原则上在中期实施，但是可以省略函证。
• 控制风险的判断结果，以发现风险作为中度为前提。	• 控制风险的判断结果，以发现风险作为中度为前提。
• 现场负责人查阅辅助人员的工作结果，审计负责人进一步查阅现场负责人的工作和查阅结果，并为此设置时间。	关于合并财务报表编制的相关实证程序，基本上，上半年、下半年一起估计相同的时间，但是关于开始分项的研讨，由于基本上在上半年已经研讨完毕，所以将这一点反映在估计时间上。
	• 关于部分信息的研讨，上半年的中期合并财务报表不要披露资产、折旧费和资本的支出，而将这一点反映到估计时间上。
关于合并财务报表编制的相关实证程序，工作基本上是辅助人员进行，但是对合并会计政策的把握和有无变革的研讨以及期间比较、财务分析等的分析程序的实施，对总括的事项，现场负责人也实施。另外，现场负责人查阅辅助人员的工作结果，审计负责人进一步查阅现场负责人的工作和查阅结果，并为此设置时间。	工作基本上是辅助人员进行的，但是对合并会计政策的把握和有无变革的研讨以及期间比较、财务分析等的分析程序的实施，对总括的事项，现场负责人也实施。另外，现场负责人审阅辅助人员的工作结果，审计负责人进一步审阅现场负责人的工作和审阅结果，并为此设置时间。
合并子公司等相关程序，考虑以下方面的估计：	合并子公司等相关程序，考虑以下方面的估计：
• 关于海外子公司的结算书内容的研讨，辅助人员对 4 家公司实施各 4 个小时的结算书内容的研讨（包括其他审计师的报告内容的研讨）。在实务中，在海外的小规模子公司没有当地财务担当或兼职其他职务等，结算书内容的研讨	• 关于海外子公司的结算书内容的研讨，辅助人员在上半年、下半年对 4 家公司都实施各 4 个小时的结算书内容的研讨（包括其他审计师的报告内容的研讨）。在实务中，在海外的小规模子公司没有当地财务担当或兼职其他职务等，结算书

公开草案	现行
不能顺利进行的案例也可以现实存在，但是要以4家公司都能顺利进行为前提。	内容的研讨不能顺利进行的案例也可以现实存在，但是要以4家公司都能顺利进行为前提。
·关于现场审计对象是国内子公司的结算书内容的研讨，7家。辅助人员实施每家4小时的审阅。	·关于现场审计对象是国内子公司的结算书内容的研讨，上半年8家、下半年7家。辅助人员实施每家4小时的审阅。
·关于现场审计对象是国内销售子公司的实质性测试程序的实施，以1名现场负责人和2名辅助人员进行2家现场审计。1家的现场审计天数是2天，工作1天7小时。辅助人员进行基本的工作，现场负责人从事现场的监督工作。	·关于现场审计对象是国内销售子公司的实质性测试程序的实施，以1名现场负责人和2名辅助人员，进行上半年1家、下半年2家的现场审计。1家的现场审计天数是2天，工作1天7小时。辅助人员进行基本的工作，现场负责人从事现场的监督工作。
·现场审计对象是国内生产子公司的实证程序的实施，以1名现场负责人和2名辅助人员进行1家现场审计。1家的现场审计天数是2天，工作1天7小时。辅助人员进行基本的工作，现场负责人从事现场的监督工作。	·现场审计对象是国内生产子公司的实证程序的实施，以1名现场负责人和2名辅助人员进行上半年1家、下半年1家的现场审计。1家的现场审计天数是2天，工作1天7小时。辅助人员进行基本的工作，现场负责人从事现场的监督工作。
·关于适用权益法的公司的结算书内容的研讨，辅助人员对3家实施每家4小时的结算书内容的研讨。	·关于适用权益法的公司的结算书内容的研讨，辅助人员对3家在上半年、下半年都实施每家4小时的结算书内容的研讨。
·现场负责人查阅辅助人员的工作结果，审计负责人进一步查阅现场负责人的工作和查阅结果，并为此设置时间。	·现场负责人审阅辅助人员的工作结果，审计负责人进一步审阅现场负责人的工作和审阅结果，并为此设置时间。
（7）披露的研讨 　　在被审计公司的结算发表前，实施季度财务结果或财务结果的核对，在此作为季度报告或有价证券报告的核对工作的事前工作。季度报告或有价证券报告的核对时间包括季度财务结果或财务结果的核对。另外，根据来自被审计公司的要求，包括不直接作为审计对象的财务状况以外的部分，设置详细披露的研讨时间。	（6）表示的研讨 　　在被审计公司的结算发表前，实施财务结果的核对，在此作为有价证券报告的核对工作的事前工作。有价证券报告的核对时间包括财务结果的核对。另外，因有被审计公司的要求，包括不直接作为审计对象的财务状况以外的部分，实施详细表示的研讨。
（8）审计意见的形成 　　与季度审阅、审计业务有关的审查，假定该审阅和年度审计都是首先由审计担当（1名）进行审查，其次由审查机构进行审查（审查员5名）的二审制。每一次审查都由审计团队中审计负责人2名和现场负责人1名参加。	（7）审计意见的形成 　　与审计业务有关的审查，假定中期审计、年度审计都是首先由审计担当（1名）进行审查，其次由审查机构进行审查（审查员5名）的二审制。每一次审查都由审计团队中审计负责人2名和现场负责人1名参加。

公开草案	现行
附录"审计时间的估计案例"的"（季度）报表审查的接受审查"的审计负责人一栏中，除显示审计负责人 2 名以外，还包括审计担当 1 名和审查员 5 名的人数和估计时间。另外，对内部控制的不健全的合计、评价所要求的时间，以个别追加为评价对象的结算、财务报告程序和业务程序的评价时间数的 5%估计。	附录"审计时间的估计案例"的报表审查的接受审查的审计负责人一栏中，除显示审计负责人 2 名以外，还包括审计担当 1 名和审查员 5 名的人数和估计时间。
（9）季度审阅、审计结果的报告 在季度审阅、审计结果的报告会上，审计负责人和现场负责人，原则上每次都要参加。关于辅助人员，担当主要报告事项的人员也要参加。	（8）审计报告 在审计结果的报告会上，审计负责人和现场负责人，原则上每次都要参加。关于辅助人员，担当主要报告事项的人员也要参加。
（10）商谈事项等 关于商谈事项的研讨、报告和个别审查事项的审查，不能预测发生，但是根据内部控制报告制度等的适用，可以对一定比例的必要时间进行估计。如果预计将大幅超过，则需要就估计时间和审计报酬的追加与被审计公司另行商议。	（9）商谈事项等 关于商谈事项的研讨、报告和个别审查事项的审查，因不能预测发生，可以根据上年度的平均水平估计必要时间。如果预计将大幅超过，则需要就估计时间和审计报酬的追加与被审计公司另行商议。
（11）质量管理的实施情况的检查 ①审计事务所内的季度审阅、审计记录的查阅 估计接受审计事务所实施质量管理系统监视时的查阅负责人和进行其对应的审计团队的时间。 审计事务所内的季度审阅、审计记录的查阅，估计以查阅负责人 1 名、审计负责人 2 名、现场负责人 1 名、辅助人员 1 名，合计 5 名，实施 2 天。 ②对协会的质量管理审阅等的对应 协会的质量管理审阅等，选定一部分被监视公司，不一定所有的被监视公司都成为对象。从审计事务所整体来看，必须选择一定比例的被审计公司作为对象，因此需要估计对应的时间。因此，将审计事务所整体需要对应的时间合计，采取平均分配给所有的被审计公司的方法。假定审计事务所整体选定被审计公司中的 10%作为对象，分配给 1 家的时间估计为 33 小时。	（10）质量管理的实施情况的检查 ①审计事务所内的审计记录审阅 估计接受审计事务所实施的质量管理的系统监视时的审阅负责人和进行其对应的审计团队的时间。 审计事务所内的审计记录审阅，估计以审阅负责人 1 名、审计负责人 2 名、现场负责人 1 名、辅助人员 1 名，合计 5 名，实施 2 天。 ②对协会的质量管理审阅等的对应 协会的质量管理审阅等，选定一部分被监视公司，不一定所有的被监视公司都成为对象。从审计事务所整体来看，必须选择一定比例的被审计公司作为对象，因此需要估计对应的时间。因此，将审计事务所整体需要对应的时间合计，采取平均分配给所有的被审计公司的方法。假定审计事务所整体选定被审计公司中的 10%作为对象，分配给 1 家的时间估计为 30 小时。
3. 估计的结果 估计的结果概括如下。关于工作内容的详	3. 估计的结果 关于估计的结果，参照附录"审计时间的

公开草案	现行
细内容，参照附录"审计时间的估计案例（3月结算公司）"。	估计案例"。估计每个必要工作所需要的时间，积累的结果，估计时间合计约4 500小时。如果和日本同规模的被审计公司的现在的审计时间相比较，这是相当多的。其主要原因如下：

左栏表格：

工作内容		4月—6月	7月—9月	10月—12月	1月—3月	期末后	合计	对总时间的分割	对总时间的分割
大项目	中项目								
计划	审计合同	5	21				26	0.3%	11.7%
	审计计划	37	322	52	185	22	618	7.7%	
控制风险的评价	固有风险的评价		222		74		296	3.7%	39.2%
	控制风险的评价		438	2247	116	352	3153	39.2%	
实证程序	季度审阅程序		431	425	425		1281	15.9%	32.8%
	实证程序					907	907	11.3%	
	表示的研讨		70	70	70	242	452	5.6%	
意见形成等	季度审阅、审计意见的形成等		78	78	140	253.5	549.5	6.8%	16.3%
	季度审阅、审计报告		52.5	31.5	11.5	126	221.5	2.8%	
	商谈事项等		83	67	97	181	428	5.3%	
	质量管理		110				110	1.4%	
合计		42	1827.5	2970.5	1118.5	2083.5	8042	100.0%	100.0%

由于在实施内部控制审计的第1年，必须从零开始设计审计程序的事项较多，或者在管

右栏续：

（1）控制风险的评价所需要的时间

以财务报告循环为首的主要循环，全部在当期的审计中作为对象，同时，关于各循环中包含的所有主要程序，对内部控制设计的理解和对业务适用进行评价。另外，关于一个程序的评价所需要的时间，正值运用评价程序，估计从多个月选择数十件的交易样本。为此，即使比较一个程序的估计时间，与现在日本的审计实务花费的平均时间相比，也是相当多的。关于运用评价程序，从确认运用情况的有效性的时候开始，在内部控制没有变更的情况下，通过轮换实施。在这种情况下，需要实施为确认内部控制有无变更的程序，即使是这一点控制风险的评价花费的时间也变得相当多。

（2）审计记录的编制和为质量管理而执行程序所需时间的确保

为了能向第三方充分说明已实施必要的审计程序，审计记录更适当的文件化的必要性越来越高，但是，如果不能确保时间，最容易牺牲的就是审计记录的文件化。因此，在估计此次的审计时间时，为了能够编制更明了的审计记录，对各审计程序的时间进行确保。另外，关于给辅助人员指示或审计记录的查阅所需时间，也通过纳入日程计划，来确保预先估计其所需时间。

不仅是被审计公司现场审计的时间，而且在审计事务所实施质量管理而执行的程序所需的时间的重要性也在增加，因此关于这些工作，也单独估计时间。

公开草案	现行
理层进行初次内部控制评价时，公司的评价工作没有如预定般推进，因此充分预测不能有效地使用管理层的评价结果，审计师也还不熟悉内部控制审计或季度审阅的技巧，不能有效率地工作。然而，在此，不考虑那些第 1 年特有的情况，以预测内部控制审计或季度审阅达到顺利实施的状态，进行估计。 　　另外，由于内部控制审计是以管理层进行内部控制评价为前提的，根据公司的状况，实际的审计时间会有大幅变化。审计时间大幅增加的主要原因是以下事项（在此假设这些事项都不存在的状况，进行估计）： （1）并非管理层已实施评价的可靠性充分，只是审计师能够使用管理层的评价结果的程度。 （2）内部控制存在文件化未完成的部分、内部控制不能适时地完成评价等导致公司的评价工作没有实施完成，而不能有效地使用管理层的评价结果。 （3）全公司的内部控制无效，需要扩大评价范围。 （4）已识别的内部控制的不健全之处较多，修正后的再测试需要的工作量变大。 （5）IT 全盘控制无效，需要加大相关业务处理控制评价的实施范围，并且会产生修正财务报表审计中的实证检查的影响。 （6）由于判断海外重要事业地点的外部审计师的能力不充分，不能依据当地审计师的结果。母公司审计团队对该据点的内部控制审计需要另行实施。 　　此外，即使在季度审阅中，根据公司事前在多大程度上实施了能够利用审计师的分析程序的分析工作，季度审阅工作所需的时间也大有不同。 Ｖ　最后 　　如上所述，本研究报告是从确保审计业务的质量的观点出发，在估计实际的审计时间	Ｖ　最后 　　如刚才所述，本研究报告是从确保审计业务的质量的观点出发，在估计实际的审计时间

公开草案	现行
时，以有助于会员的实务参考为目的的编制的。本研究报告出示的估计案例的审计时间是在一定的前提条件下，积累工作的结果例示，由于被审计公司的情况各异，需要按照具体情况应对。	时，以有助于会员的实务参考为目的的编制的。
在为审计的更加效率化而努力的同时，参考本报告，在按每个审计合约适当地评价风险的基础上，在审计工作的各阶段，针对不同级别的人员需要花的时间数，对该审计期间和时间进行研讨。另外，关于审计时间的内容，明确地说明，以便取得被审计公司等的利害关系者的理解和认可，期待通过努力能够确保维持审计工作的质量所需要的审计时间。	在为审计的更加效率化而努力的同时，参考本报告，在按每个审计合约适当地评价风险的基础上，在审计工作的各阶段，针对多高水平的人员需要多大程度的时间数，对该审计期间和时间进行研讨。另外，关于审计时间的内容，明确地说明，以便取得被审计公司等的利害关系者的理解和认可，期待通过努力能够确保维持审计工作的质量所需要的审计时间。
以上	以上

附录：审计时间的估计案例（3月结算公司）

注：各时间段（4月~6月、7月~9月、10月~12月、1月~3月、期末后、全体）下设四列：审计负责人（时间）、主审（时间）、辅助者（时间）、年度时间合计。

大项目	小项目	4月~6月 负	主	辅	合	7月~9月 负	主	辅	合	10月~12月 负	主	辅	合	1月~3月 负	主	辅	合	期末后 负	主	辅	合	全体 负	主	辅	合
审计合约	继续承接审计的风险研讨	1	2		3																	1	2		3
	审计合同的编制（包括审计时间的预算）					4	15		19													4	15		19
	合同登录、事务所管理等程序的实施						2		2														2		2
	第一年审计中的追加审计（审计人交接程序等）																								
	开始工作前签订合约的协议	2			2																	2			2
	审计合约 合计	3	2		5	4	17		21													7	19		26
计划	审计基本策略的制定	4	10		14																	4	10		14
	重要性水平的制定					1	3		4													1	3		4
	关于IT专家必要性的研讨					1	2		3													1	2		3
	与业务系统有关的运营风险等时间化的实施					1	5		6													1	5		6
	内部控制有效性的评价和使用时间的研讨					4	24		28													4	24		28
	使用其他审计师的研讨					2	10		12													2	10		12
	编制给其他审计师的指示书	2	12		14	4	24		28	2	12		14	4	24		28					12	72		84
	制订详细的审计计划					4	24		28													4	24		28
	基本策略和详细审计计划文件化的实施					8	40		48													8	40		48
	审计程序书的编制	2	7		9	3	15		18	2	7		9	3	15		18					10	44		54
	审计日程计划的编制													1	9		10	1	9		10	2	18		20
	与客户的日程调整					1	9		10	1	9		10	1	9		10	1	9		10	4	36		40
	编制审计团队成员的任务、审计工作分工表	1	4		5					1	4		5	1	4		5	1	4		5	4	16		20
	小组会议（审计计划阶段审计策略的传达）	12	6	40	58	12	6	40	58													24	12	80	116

大项目	中项目	工作内容（小项目）	4月-6月 审计负责人	主审	辅助者	年度时间合计	7月-9月 审计负责人	主审	辅助者	年度时间合计	10月—12月 审计负责人	主审	辅助者	年度时间合计	1月-3月 审计负责人	主审	辅助者	年度时间合计	期末后 审计负责人	主审	辅助者	年度时间合计	全体 审计负责人	主审	辅助者	年度时间合计
	审计计划	审计员等和管理层的沟通					6	2		8					2	1		3					8	3		11
		接受审计计划审查者担当人的审查					5	5		10													5	5		10
		审计期间中的审计计划的修正									2	12		14	4	24		28	1	6		7	7	42		49
		关于评价范围妥当性的研讨					4	24		28					2	5		7					6	29		35
		关于评价范围，与管理层的研讨					6	3		9					6	3		9					12	6		18
		关于管理层的评价实施时间的协议					6	3		9					6	3		9					12	6		18
		审计计划 合计	8	29		37	70	212	40	322	8	44		52	42	103	40	185	3	19		22	131	407	80	618
	固有风险的评价	把握解审计公司的盈亏状况（关于缩小、管…）					36	39	24	99					6	10	4	20					42	49	28	119
		理解制、金地对风险的了解和审计规划的研讨					14	13	16	43					2	1	3	6					16	14	19	49
		研讨舞弊风险的主要原因和实施讨论					2	7	7	16					2	7	7	16					4	14	14	32
		实施审计计划阶段的分析程序					4	14	14	32					2	7	7	16					6	21	21	48
		研讨将定的核算和交易的特性					4	28		32					2	14		16					6	42		48
		制定每个核算科目的审计方法																								
		固有风险的评价 合计					60	101	61	222					14	39	21	74					74	140	82	296
	控制风险的评价	评价全公司的IT整体控制					10	21	76	107	2	4	25	31									12	25	101	138
		评价全公司的内部控制(包括子公司)									18	36	322	376	4	8	62	74					22	44	384	450
		评价全公司的结算、财务报告程序																								
		了解和评价内部控制的设计					15	30	112	157													15	30	112	157
		设计和实施运用评价程序									4	8	69	81									4	8	69	81
		小计					15	30	112	157	4	8	69	81									19	38	181	238
		个别加以评价的数的核算，财务报告程序																								
		了解和实施内部控制的设计					4.5	9	76.5	90									2	4	40	46	6.5	13	116.5	136
		设计和实施运用评价程序					2	4	78	84									0.5	1	19.5	21	2.5	5	97.5	105
		小计					6.5	13	154.5	174									2.5	5	59.5	67	9	18	214	241
		销售循环																								

工作内容			4月-6月				7月-9月				10月-12月				1月-3月				期末后				全体			
大项目	中项目	小项目	审计负责人(时间)	主审(时间)	辅助者(时间)	年度时间合计	审计负责人(时间)	主审(时间)	辅助者(时间)	年度时间合计	审计负责人(时间)	主审(时间)	辅助者(时间)	年度时间合计	审计负责人(时间)	主审(时间)	辅助者(时间)	年度时间合计	审计负责人(时间)	主审(时间)	辅助者(时间)	年度时间合计	审计负责人(时间)	主审(时间)	辅助者(时间)	年度时间合计
	采购循环	·了解和评价内部控制的设计									10.5	21	178.5	210									10.5	21	178.5	210
		·设计和实施运用评价程序									9	18	303	330					3	6	101	110	12	24	404	440
		小计									19.5	39	481.5	540					3	6	101	110	22.5	45	582.5	650
	生产、库存循环	·了解和评价内部控制的设计									8.5	17	142.5	168									8.5	17	142.5	168
		·设计和实施运用评价程序									4.5	9	166.5	180					1.5	3	55.5	60	6	12	222	240
		小计									13	26	309	348					1.5	3	55.5	60	14.5	29	364.5	408
	财务循环	·了解和评价内部控制的设计									10.5	21	178.5	210									10.5	21	178.5	210
		·设计和实施运用评价程序									6	12	207	225					2	4	69	75	8	16	276	300
		小计									16.5	33	385.5	435					2	4	69	75	18.5	37	454.5	510
	工资循环	·了解和评价内部控制的设计									4	8.5	71.5	84									4	8.5	71.5	84
		·设计和实施运用评价程序									1.5	3	55.5	60					0.5	1	13.5	15	2	4	69	75
		小计									5.5	11.5	127	144					0.5	1	13.5	15	6	12.5	140.5	159
	固定资产循环	·了解和评价内部控制的设计									3	5.5	47.5	56									3	5.5	47.5	56
		·设计和实施运用评价程序									1	2	37	40					0.5	1	8.5	10	1.5	3	45.5	50
		小计									4	7.5	84.5	96					0.5	1	8.5	10	4.5	8.5	93	106
	复核、补充控制的检查										3	6	19	28									3	6	19	28
		小计									3	6	19	28									3	6	19	28
	控制风险的评价										17	34	117	168	6	12	24	42	2	4	9	15	25	50	150	225
	合计						31.5	64	342.5	438	102.5	205	1939.5	2247	10	20	86	116	12	24	316	352	156	313	2684	3153

工作内容	小项目	4月—6月				7月—9月				10月—12月				1月—3月				期末后				全体			
		审计负责人(时间)	主审(时间)	辅助者(时间)	年度时间合计	审计负责人(时间)	主审(时间)	辅助者(时间)	年度时间合计	审计负责人(时间)	主审(时间)	辅助者(时间)	年度时间合计	审计负责人(时间)	主审(时间)	辅助者(时间)	年度时间合计	审计负责人(时间)	主审(时间)	辅助者(时间)	年度时间合计	审计负责人(时间)	主审(时间)	辅助者(时间)	年度时间合计
季度审阅程序																									
	结算、财务报告相关科目程序							21	21			21	21			21	21							63	63
	销售相关科目程序							33	33			33	33			33	33							99	99
	购买相关科目程序							28	28			28	28			28	28							84	84
	生产相关科目程序							3	3			3	3			3	3							9	9
	财务相关科目程序							21	21			21	21			21	21							63	63
	工资相关科目程序							5	5			5	5			5	5							15	15
	固定资产相关科目程序							16	16			16	16			16	16							48	48
	复核计算底稿（包括指示、监督）					10	20		30	10	20		30	10	20		30					30	60		90
	小计					10	20	127	157	10	20	127	157	10	20	127	157					30	60	381	471
年度审阅程序（合并）																									
	季度合并及报表编制的季度审阅程序						6	92	98		6	86	92		6	86	92						18	264	282
	复核审计底稿（包括指示、监督）					10	20		30	10	20		30	10	20		30					30	60		90
	小计					10	26	92	128	10	26	86	122	10	26	86	122					30	78	264	372
合并子公司等相关程序																									
	针对物别重要的子公司等的季度审阅程序					4	28	56	88	4	28	56	88	4	28	56	88					12	84	168	264
	针对上述子公司以外的子公司等的季度审阅程序							46	46			46	46			46	46							138	138
	复核审计底稿（包括指示、监督）					4	8		12	4	8		12	4	8		12					12	24		36
	小计					8	36	102	146	8	36	102	146	8	36	102	146					24	108	306	438
季度审计程序	合计					28	82	321	431	28	82	315	425	28	82	315	425					84	246	951	1281
期末审计程序（个别）																									
	实地盘点																		14	63	77		14	63	77
	期末财务报告相关科目程序																			47	47			47	47
	销售相关科目程序																			86	86			86	86

大项目 / 中项目 / 小项目（工作内容）	4月—6月 审计负责人(时间)	4月—6月 主审(时间)	4月—6月 辅助者(时间)	4月—6月 年度时间合计	7月—9月 审计负责人(时间)	7月—9月 主审(时间)	7月—9月 辅助者(时间)	7月—9月 年度时间合计	10月—12月 审计负责人(时间)	10月—12月 主审(时间)	10月—12月 辅助者(时间)	10月—12月 年度时间合计	1月—3月 审计负责人(时间)	1月—3月 主审(时间)	1月—3月 辅助者(时间)	1月—3月 年度时间合计	期末后 审计负责人(时间)	期末后 主审(时间)	期末后 辅助者(时间)	期末后 年度时间合计	全体 审计负责人(时间)	全体 主审(时间)	全体 辅助者(时间)	全体 年度时间合计
购买相关科目程序																			95	95			95	95
生产相关科目程序																			7	7			7	7
财务相关科目程序																			62.5	62.5			62.5	62.5
工资相关科目程序																			12	12			12	12
固定资产相关科目程序																		60	56.5	56.5		60	56.5	56.5
复核审计底稿（包括指示、监督）																	30	60		90	30	60		90
小计																	30	60	366	456	30	60	366	456
期末审计程序（合计）																		6	114	120		6	114	120
与编制合并财务报表有关的审计程序																	11	22		33	11	22		33
复核审计底稿（包括指示、监督）																	11	28	114	153	11	28	114	153
小计																								
合并子公司等相关程序																			56	56			56	56
研讨海外与公司的立场书的内容																			56	56			56	56
实施访问审计对象为国内销售子公司的审计程序																		28	56	84		28	56	84
复核审计底稿（包括指示、监督）																			28	42			28	42
实施访问审计对象为国内生产子公司的审计程序																	13	14	28	39	13	14	28	39
复核审计底稿（包括指示、监督）																	13	26	140	221	13	26	140	221
小计						7	14	49	70	7	14	49	70	7	14	49	70								
审计程序 合计																	54	170	683	907	54	170	683	907
核核公司账（合并）模文档、隔离调查						7	14	49	70	7	14	49	70	7	14	49	70	6	15	65	86	21	42	147	210
核核内部控制报告																	1	1	2	4	1	1	2	4
季度报告																	1	1	2	4	1	1	2	4
确认有价证券报告（包括）																	10	30	112	152	10	30	112	152
研讨表示的研讨 合计																	17	46	179	242	38	88	326	452

大中项目	小项目	4月—6月				7月—9月				10月—12月				1月—3月				期末后				全体			
		审计负责人(时间)	主审(时间)	辅助者(时间)	年度时间合计	审计负责人(时间)	主审(时间)	辅助者(时间)	年度时间合计	审计负责人(时间)	主审(时间)	辅助者(时间)	年度时间合计	审计负责人(时间)	主审(时间)	辅助者(时间)	年度时间合计	审计负责人(时间)	主审(时间)	辅助者(时间)	年度时间合计	审计负责人(时间)	主审(时间)	辅助者(时间)	年度时间合计
季度审阅、审计意见的形成，审计结果的形成	（季度）结算审计会					6	20		26	6	20		26	6	20		26	6	20		26	24	80		104
	（季度）财务报表的总体考虑					1	2	2	5	1	2	2	5	1	2	2	5	1	2	2	5	4	8	8	20
	研讨、归集季度审阅、审计差异					1	1	1	3	1	1	1	3	1	1	1	3	0.5	2	2	4.5	3.5	5	5	13.5
	编制季度审阅、审计遗漏情况的完整性					1	1	1	3	1	1	1	3	1	1	1	3	1	4	4	9	4	7	7	18
	归拢季度审阅、审计结果（财务报表审计）					1	2	2	5	1	2	2	5	1	2	2	5	1	2	2	5	4	8	8	20
	接受（季度）结算审查					14	10		24	14	10		24	14	10		24	32	24		56	74	54		128
	接受内部控制相关意见形成的审查																	14	42		56	14	42		56
	研讨计管理层声明书					1	2		3	1	2		3	1	2		3	4	8		12	7	14		21
	与特殊经营者有关的研讨（议决公司）																								
	总结专家工作利用情况					0.5	2	2	4.5	0.5	2	2	4.5	0.5	2	2	4.5	1	4	4	9	2.5	10	10	22.5
	总结其他审计师审计结果的使用情况					0.5	2	2	4.5	0.5	2	2	4.5	0.5	2	2	4.5	1	4	4	9	2.5	10	10	22.5
	归集、评价内部控制不健全（包括编认真重载略的更正情况）													9	18	35	62	9	18	35	62	18	36	70	124
	季度审阅、审计意见的形成　合计					26	42	10	78	26	42	10	78	35	60	45	140	70.5	130	53	253.5	157.5	274	118	549.5
年度审阅、审计意见的形成，审计结果的形成等	编制季度报告					1	2		3	1	2		3	1	2		3	4	8		12	7	14		21
	编制季度审阅、审计结果报告									4	8	8	20					8	16	16	40	12	24	24	60
	审计小组总结会					2	2	1	5	2	2	1	5	2	2	1	5	4	4	2	10	10	10	5	25
	审计季度工厂审阅、审计结果的报告（编制报告会）					3	3	3	9									3	3	3	9	6	6	6	18
	分店季度审阅、审计结果的报告（编制报告会）					4	6	6	16									2	3	3	8	6	9	9	24
	子公司季度审阅、审计结果的报告（编制报告会）					4	6	6	16									10	15	15	40	14	21	21	56
	编制年度审阅、审计报告					0.5	2	1	3.5	0.5	2	1	3.5	0.5	2	1	3.5	1	4	2	7	2.5	10	5	17.5
	季度审阅、审计报告　合计					14.5	21	17	52.5	7.5	14	10	31.5	3.5	6	2	11.5	32	53	41	126	57.5	94	70	221.5

工作内容			4月—6月				7月—9月				10月—12月				1月—3月				期末后				全体			
大项目	中项目	小项目	审计负责人(时间)	主审(时间)	辅助者(时间)	年度时间合计	审计负责人(时间)	主审(时间)	辅助者(时间)	年度时间合计	审计负责人(时间)	主审(时间)	辅助者(时间)	年度时间合计	审计负责人(时间)	主审(时间)	辅助者(时间)	年度时间合计	审计负责人(时间)	主审(时间)	辅助者(时间)	年度时间合计	审计负责人(时间)	主审(时间)	辅助者(时间)	年度时间合计
	商谈事项	商谈事项的研讨、报告					5	12	3	20	5	12	3	20	12.5	30	7.5	50	12.5	30	7.5	50	35	84	21	140
		个别调查对象的审查					15	16		31	15	16		31	15	16		31	15	16		31	60	64		124
		研讨时针对新会计准则的商谈、对应					2	10	4	16		3			2	3			2	10	4	16	4	20	8	32
		整理季度审阅、审计记录					3	8	10	16	3	3	10	16	3	49	10	97	12	24	48	84	21	33	78	132
		合计					25	41	17	83	23	31	13	67	30.5	49	17.5	97	41.5	80	59.5	181	120	201	107	428
	质量管理	实施审计事务所内的季度审阅、审计					47	15	15	77													47	15		77
		底稿检查																								
		协会的质量管理检查者等					11	22		33													11	22		33
		合计					58	37	15	110													58	37	15	110
		合计					174	161	672.1	462	202	435	133.5	2708	170	179	175	1185	120	22	133.5	0065	937	1 989	5 116	8 042